基于互联网大数据的政府监管创新

方案论证、概念验证与原型开发

冯彦杰◎著

GOVERNMENT REGULATION INNOVATION
BASED ON INTERNET BIG DATA
PROJECT DEMONSTRATION,
PROOF OF CONCEPT AND PROTOTYPE DEVELOPMENT

经济管理出版社
ECONOMY & MANAGEMENT PUBLISHING HOUSE

图书在版编目（CIP）数据

基于互联网大数据的政府监管创新：方案论证、概念验证与原型开发 / 冯彦杰著 . —北京：
经济管理出版社，2021. 1
ISBN 978-7-5096-7672-1

Ⅰ . ①基… Ⅱ . ①冯… Ⅲ . ①互联网络—应用—金融风险—政府监督—研究—中国 Ⅳ .
① F832.29

中国版本图书馆 CIP 数据核字（2021）第 018036 号

组稿编辑：王格格
责任编辑：王格格　畅同欢
责任印制：赵亚荣
责任校对：陈　颖

出版发行：经济管理出版社
　　　　　（北京市海淀区北蜂窝 8 号中雅大厦 A 座 11 层　100038）
网　　　址：www.E-mp.com.cn
电　　　话：（010）51915602
印　　　刷：北京晨旭印刷厂
经　　　销：新华书店
开　　　本：710mm×1000mm/16
印　　　张：20.25
字　　　数：353 千字
版　　　次：2021 年 5 月第 1 版　2021 年 5 月第 1 次印刷
书　　　号：ISBN 978-7-5096-7672-1
定　　　价：88.00 元

前 言
Preface

网络借贷本质上是一种新型业态，在其发展初期并不需要在政府相关部门获取相关业务的许可证和备案。2015年e租宝事件爆发，全国几十万老百姓遭受了几百亿元的损失，相关监管部门为此开始深刻反思并采取各种可能的措施，预防之后再发生类似的问题。所以，对于e租宝这种业务的风险排查，监管部门首先面临着如何确定哪些企业在做这种业务的挑战。本着高度的工作责任心，相关监管部门采取网络人海战术和扫楼战术，对照辖区内所有注册企业的名单，采取网络和驻地的地毯式风险探测和排查。但由于人手实在有限而注册企业数量庞大，有效监管面临极大的困难。

结合这样一个非常有现实意义的课题，笔者以"基于大数据的新业态金融风险监测预警模型"为题目，撰写了当年教育部人文社科规划项目申请书，提出了结合政府基础数据和互联网大数据进行新业态金融风险监测预警的技术路线和框架。

此后，我和我的研究团队一头扎入这个课题的研究。我们首先对互联网数据进行了广泛的筛查。在北京邮电大学技术团队的支持下，采集了网贷之家等第三方平台的几千家平台的数据，通过比对，将从事网络借贷业务同时在网贷之家上进行登记的企业名单提交给了相关监管部门，使监管部门立即找到了监管的方向。

之后，我们结合企业ICP备案数据和辖区企业名单，以及我们当时开发的网络借贷企业网站首页业务要素知识图谱，通过互联网对辖区企业进行了基于大数据的业务排查，排查出三类、几百家高风险类金融企业的名单。其中除了从事网络借贷业务的企业近200家外，还包括未经备案开展各类产品交易所业务的企业若干家、未经备案开展网络股权众筹业务的企业若干家。

在重点监管名单确定后，我们重点针对鱼龙混杂的网络借贷P2P企业开展了风险评估。风险评估的数据来源包括相关政府部门跨部门数据平台的300多维的数据，来自天眼查和龙信公司数据库的600多维的数据，来自网贷之家和网贷天眼等第三方平台的300多维的数据等。网络大数据信息密度稀疏的特点在研究过程中实时困扰着我们。我们走了很多弯路，比如我们曾经试图将企业注册时声明的注册业务范围、注册时的高管人数等工商登记数据与网络借贷业务风险联系起来，但是多种分析方法和数据回归后都失败了。功夫不负有心人，庆幸的是多次试验之后，很多有极强指征性的数据和信息还是被我们发现了。根据这些数据，我们对研究对象行政区内的网络借贷企业进行了风险分级，一些企业被我们划定为高危企业。其实当时我们并不十分确定这些分析是否正确，但是一个又一个的消息从监管部门传来：被我们刚刚判定为高风险企业不久的几家企业跑路了；我们判定为风险巨大、危害规模可能不亚于e租宝的一家企业被公安部立案了；我们判定为违规开展业务的一些企业在辖区相关部门采取措施后，很快纠正了自己的行为；等等。

在首年的研究中，我们和相关政府部门先后开会八次，每次都是三个小时以上，同时我们投入了教授、副教授共四位，研究生十二位，向相关政府部门提交风险提示报告八份。相关政府部门趁热打铁，将我们的研究成果推荐给了一家工程公司，2017年该工程实施完毕，部分实现了我们研究的风险感知和定位功能。我们的研究工作和后来这套工程系统，在"打击非法集资"专项斗争中发挥了巨大的作用。在2017年和2018年网络借贷企业破产、倒闭、跑路风潮中，我们的研究课题负责排查的行政区域内鲜有再发生大规模跑路和诈骗情况。这确实是对于我们和参与相关研究、投入了巨大精力的政府同志们的最大的回报。

此后，基于互联网大数据，我们对于政府监管创新相关研究在不断向前推进，从新业态金融监测到中小企业政策性贷款的风险排查、跨境进口电商的风险排查等。可以预见，随着这些研究的不断向前推进，新的研究成果会不断出现。

在承接和研发这些项目的过程中，我们发现高校科研团队在主导基于互联网大数据的政府监管创新项目开发时，可以重点在项目论证、概念验证、原型开发三个方面着力，发挥高校科研人员的长处。高校科研人员在项目论证上具有比较全面和细致的特点，在基于大数据的算法、模型和实证方面具有较强的功底和较前沿的把握。在原型开发上可以通过组建跨学科团队迅速做出前后台相结合的信息系统原型。经过项目论证、概念验证和原型开发这样三个步骤的完整研发后，后续工程项目落地比较容易水到渠成，产学研结合容易落到实处。

在完成了一系列项目后，我对国务院在2015年发布的《促进大数据发展行动纲要》等有了更深刻的认识，同时对于中国在社会治理上快速进步，尤其是"放管服""放得开、管得住"等发展目标有了更强的信心。目前我们正在着手研究政府监管和服务的知识图谱等数据化、智能化、高效率监管的关键基础技术。希望在学界、政府和实业界的共同努力下，我们的政府监管更加高效、合理，为我国经济和社会发展营造良好的营商环境。

本书中有些内容做了脱敏处理，同时由于水平、能力和时间所限，书中谬误在所难免，希望各位读者见谅并不吝赐教！

目　录

Contents

方案篇：方案论证

实证篇：概念验证

落地篇：原型开发

| 第一章 |

绪论：基于互联网大数据的政府监管创新

第一节　互联网大数据在政府监管中的应用
——国内外研究综述

一、大数据与政府监管：起源、基本概念和各国政策

随着互联网和移动互联设备迅速普及，电子商务、网络社交工具、各种"互联网＋"业务不断涌现，云计算、物联网等技术兴起，互联网大数据正以前所未有的速度在不断地增长和累积。大数据时代无疑已经到来，其影响已经深入社会的方方面面，从商业、科技到医疗、政府、教育、经济、人文以及社会的其他各个领域。建立在大数据以及机器学习和深度学习等新型算法基础上的人工智能发展也如火如荼。

"大数据"一词最早是由美国 NASA 的研究人员 Michael Cox 和 David Ellsworth 于 1997 年提出，他俩第一次用该词描述 20 世纪 90 年代出现的数据方面的挑战——即超级计算机所生成的巨大数据量。在实验过程中，Cox 和 Ellsworth 对产生于飞机周围的大量模拟气流数据觉得无法处理，也难以可视化。他们对自己当时的感受是这样描述的："数据集相当大，对主机内存、本地磁盘甚至远程磁盘都造成挑战，我们称此问题为大数据。"这就是"大数据"一词的起源。

经过不断地变化发展，当今的"大数据"内涵已经不再局限于数据量的巨大。安德鲁等（2016）通过建立与大数据相关的行业和学术语料库，寻找主题中的共同点，并编制了一份对现有定义进行调查的问卷，最终将大数据定义为：大数据是以体量大、速度高、类型多为特征的信息资产，需要通过特定技术和分析方法转化为价值。维克托·迈尔·舍恩伯格在其《大数据时代》一书中指出，

大数据是人们在大规模数据的基础上可以做到的事情，而这些事情在小规模数据的基础上是无法完成的，并认为未来数据将会像土地、石油和资本一样，成为经济运行中的根本性资源。可见，大数据的本质特征不仅在于"大"，而更在于其价值含量。在当今的竞争中，谁掌握了大数据，谁便取得了赢得竞争的关键。

就学术界而言，*Nature* 早在 2008 年就推出了 *Big Data* 专刊。计算社区联盟（Computing Community Consortium）在 2008 年发表了报告《大数据计算：创造商业、科学和社会的突破》（*Big data computing：Creating revolutionary breakthroughs in commerce，science and society*），阐述了在数据驱动的研究背景下，解决大数据问题所需的技术以及面临的一些挑战。*Science* 在 2011 年 2 月推出专刊 *Dealing with Data*，主要围绕科学研究中大数据的问题展开讨论，说明大数据对于科学研究的重要性。

中国国家自然科学基金委员会从 2015 年开始设立"大数据驱动的管理与决策研究"重大研究计划，以大数据驱动的管理与决策为研究对象，充分发挥管理、信息、数理、医学等多学科合作研究的优势，着重研究大数据驱动的管理与决策理论范式、大数据资源治理机制与管理、大数据管理与决策价值分析与发现、大数据分析方法与支撑技术，并围绕总体目标集成相关研究成果。自然科学基金委希望通过重大研究计划的执行，使我国在大数据驱动的管理与决策研究相关领域跻身国际前列，培养一批跨学科交叉型骨干人才和创新团队，并为国家在相关领域的管理决策和智库提供支持。通过百度学术搜索引擎，以关键词"大数据"检索 2011 年的 CSSCI 数据库内容，得到 2920 条结果。同样的关键词检索 2017 年的 CSSCI 数据库内容，得到 14.7 万条结果。可见大数据方面的研究得到了爆炸式的发展。

大数据的发展，引起了各国政府的高度重视。2012 年 3 月 22 日，奥巴马宣布美国政府投资 2 亿美元启动"大数据研究和发展计划"（Big Data Research and Development Initiative），这是继 1993 年美国宣布"信息高速公路"计划后的又一次重大科技发展部署。美国政府认为大数据是"未来的新石油"，并将对大数据的研究上升为国家意志，这对未来的科技与经济发展必将带来深远影响。2015 年 5 月，中国国务院提出要"促进工业互联网、云计算、大数据在企业研发设计、生产制造、经营管理、销售服务等全流程和全产业链的综合集成应用""实施工业云及工业大数据创新应用试点，建设一批高质量的工业云服务和工业大数据平台，推动软件与服务、设计与制造资源、关键技术与标准的开放共享"。2015 年 8 月，国务院发布《促进大数据发展行动纲要》，提出要立足我国国情和现实需要，推动大数据发展和应用在未来 5~10 年逐步实现打造精准治理、多方协作的社会治理新模式等目标。

随着大数据时代的到来，政府监管和服务也面临着新的机遇与挑战。2015 年 7 月，国务院办公厅印发《关于运用大数据加强对市场主体服务和监管的若干意见》，指出要充分运用大数据先进理念、技术和资源，加强对市场主体的服务和监管，推进简政放权和政府职能转变，提高政府治理能力。2017 年 1 月，国务院发布《"十三五"市场监管规划》，指出要加强大数据监管，以市场监管信息化推动市场监管现代化，充分运用大数据等新一代信息技术，增强大数据运用能力，实现"互联网+"背景下的监管创新，降低监管成本，提高监管效率，提升市场监管的智慧化、精准化水平。

在这样的背景下，总结国内外大数据政府监管服务创新的经验、做法，剖析大数据在政府监管和服务创新中的思路、技术和方案，承前启后，继往开来，这正是本书的宗旨。

二、大数据与政府监管创新——国内研究综述

为了对大数据与政府监管的国内研究的现状有一个比较全面和最新的了解，2018 年 9 月 4 日，在百度学术搜索引擎中，以"大数据""监管"为关键词进行期刊文献搜索，将文献产生时间限定为 2016 年以后，并将期刊收录范围选为北大核心期刊，搜索结果按相关性排列，得到 280 篇文献。经人工检查后，发现 200 篇以后的文献，相关性已经很低，故而将后面 80 篇文献排除。前面的 200 篇文献，经检查后，相关性较大的文献有 89 篇。在这 89 篇文献中，页数大于 4 页的文献共 43 篇，具体见表 1-1。以下我们重点对这 43 篇文献进行分析。

表 1-1　2016 年以来大数据监管方面的研究论文

序号	篇名	期刊名	主题／行业属性	页数	发表年份
1	基于大数据采集的播出监管系统设计与实现	电视技术	传播	5	2017
2	交易安全视域下我国大数据交易的法律监管	情报杂志	大数据交易、流动	7	2017
3	欧美数据跨境流动监管立法的"大数据现象"及中国策略	情报杂志	大数据交易、流动	7	2017

续表

序号	篇名	期刊名	主题／行业属性	页数	发表年份
4	智能电网中大数据的概念、技术与挑战	电力建设	能源	10	2016
5	基于大数据的电子商务行业监管体系	中国科技论坛	电子商务	6	2016
6	日本非营利组织监管机制创新及启示	国外社会科学	非营利组织	7	2016
7	大数据背景下网络消费者个人信息侵权问题及法律救济	河北法学	信息保护	9	2016
8	大数据时代个人信息泄露及其多中心治理	内蒙古社会科学（汉文版）	信息保护	8	2017
9	消费者隐私保护的经济分析与监管思考	消费经济	信息保护	8	2016
10	大数据支持的甘肃省教育精准扶贫科学决策研究	电化教育研究	公共管理	6	2017
11	政府部门的大数据能力研究——基于组织层面的视角	公共行政评论	公共管理	24	2017
12	运用大数据强化政府预算监管	宏观经济研究	公共管理	6	2016
13	大数据时代国家治理现代化的变革与提升	技术经济与管理研究	公共管理	5	2017
14	大数据公共治理价值观：基于国家和行政层面的分析	南京社会科学	公共管理	8	2017
15	发达国家应用互联网与大数据推进政府治理的主要做法与借鉴	中国特色社会主义研究	公共管理	9	2017
16	面向第四范式的城市公共安全数据监管体系研究	情报理论与实践	公共管理（安全管理）	6	2018
17	大数据背景下寄递物流领域犯罪打防对策研究	中国人民公安大学学报（社会科学版）	公共管理（安全管理）	8	2017
18	互联网＋煤矿安全在新经济形态下的发展及展望	煤炭科学技术	能源	5	2016
19	大数据驱动公共服务供给的变革向度	北京行政学院学报	公共管理（公共服务）	7	2017

续表

序号	篇名	期刊名	主题/行业属性	页数	发表年份
20	大数据技术在行政审批制度改革中的应用分析	上海行政学院学报	公共管理（行政审批）	9	2018
21	以大数据技术应对商事改革后税收监管困境	企业经济	公共管理（市场监管）	5	2016
22	分享经济监管困境与信用监管体系构建	学习与实践	公共管理（市场监管）	8	2017
23	论国外青少年网络政治参与的监管及启示	湖南师范大学社会科学学报	教育	8	2017
24	社会主义核心价值观融入网络文化治理的大数据策略探究	毛泽东思想研究	教育	6	2017
25	大数据与高校院系治理	中国电化教育	教育	5	2018
26	金融科技监管的路径转换与中国选择	法学	金融	12	2017
27	大数据背景下互联网金融风险评价研究——基于广义 DEA 模型及 P2P 网贷视角	会计与经济研究	金融	20	2017
28	网络行为金融大数据与中国证券市场的相关性研究	金融理论与实践	金融	5	2016
29	大数据与股票市场非规范行为规制：一个分析框架	南方金融	金融	6	2017
30	金融智能化发展：动因、挑战与对策	南方金融	金融	7	2017
31	监管科技 Reg Tech 的理论框架及发展应对	上海金融	金融	7	2017
32	互联网综合理财平台的业务模式与监管路径	证券市场导报	金融	9	2016
33	"互联网＋"背景下民间融资领域非法集资风险研究	中国人民公安大学学报（社会科学版）	金融	8	2017
34	大数据背景下投资者行为研究的趋势分析：基于"内涵—思路—方法"的三重视角	中央财经大学学报	金融	11	2017

续表

序号	篇名	期刊名	主题/行业属性	页数	发表年份
35	上海市放射卫生综合监管信息系统建设	辐射防护	医疗健康	7	2017
36	食品安全大数据可视分析方法研究	计算机辅助设计与图形学学报	食品	9	2017
37	基于大数据的食品安全风险分析研究	食品工业科技	食品	5	2016
38	农产品质量安全监管信息平台的构建：基于国内外的经验	世界农业	食品	6	2017
39	运用大数据提升食药监管水平	学习与实践	卫生食品	6	2017
40	辽吉黑农产品供应链大数据平台构建研究	中国农业资源与区划	食品	5	2017
41	兽药大数据平台的应用架构研究	中国兽药杂志	医疗健康	6	2017
42	江苏省食品安全监管绩效评价研究	中国调味品	食品	8	2017
43	大数据时代药品质量监管体系发展趋势	中国新药杂志	医疗健康	6	2016

这43篇文献分别来自39本期刊,平均长度为8页,最长的一篇文章为24页。其中,CSSCI期刊论文23篇,中文核心期刊论文36篇,中文科技核心期刊论文10篇,CSCD期刊论文4篇。通过手工标注每篇文章的主题/行业领域属性,可以看出这些研究大致可以分为九类。涉及行业领域最多的是公共管理有14篇,其次为医疗健康卫生食品监管和金融监管各有8篇,思想、教育领域和信息保护领域的研究各有3篇,大数据交易流动、电子商务、传播和电力等领域有1~2篇。这些分布基本反映了大数据监管的热点领域,医疗健康卫生食品领域和金融领域确实是近年来大数据监管的热点领域。在公共管理领域中,公共安全和市场监管的研究各有2篇,其余则分散在公共预算管理、行政审批、安全生产等方面。

对这43篇论文的摘要进行词频分析,可以得到如图1-1所示的大数据监管论文摘要词云图。从中可以看出,金融、食品(相关关键词还有农产品、食品安全)、政府治理(相关关键词包括政府、治理、公共等)为频次最高的细分行业领域,与前面我们手工标注的结果基本一致。其他词频较高的词语包括信息、技术、互联网、安全、平台等,这说明大数据监管与信息技术、互联网技术、信息平台等的发展是分不开的，其中安全问题也是核心问题之一。

图 1-1　大数据监管论文摘要词云图

从研究论文的类型来看，这 43 篇论文的研究类型大致可以分为六类，具体如表 1-2 所示。

表 1-2　2016 年以来大数据监管期刊论文研究类型

编号	论文类型	数量	举例
1	宏观理论	19	大数据驱动公共服务供给的变革向度
2	应用方案设想	14	基于大数据的食品安全风险分析研究
3	实证	4	政府部门的大数据能力研究——基于组织层面的视角
4	研究综述	1	大数据背景下投资者行为研究的趋势分析：基于"内涵—思路—方法"的三重视角
5	法理探析	1	大数据背景下网络消费者个人信息侵权问题及法律救济
6	应用案例	4	大数据支持的甘肃省教育精准扶贫科学决策研究

在大数据监管的宏观发展理论方面，学者们从大数据驱动的监管与服务创新的变革方向、作用与意义、发展路径等方面进行了论述。例如，刘晓洋提出大数据驱动的公共服务供给变革的方向是供给主体协同化、供给内容清单化、

供给方式智能化和供给监管精准化。饶守艳从国家治理的民主化、法治化、制度化、科学化和效率化等方面，论述了大数据对构建国家治理现代化标准系统的作用与意义，提出了大数据引起的数据化时代信息变革将推进政府在管理及法制方面的科学化、数据化、标准化。许欢和孟庆国分析了大数据公共治理价值观对治理主体、治理客体和治理工具三个方面的影响并提出了大数据公共治理价值观的价值目标、价值尺度、价值层次的基本框架。

在具体的一些应用场景的理论研究中，学者们就如何结合大数据进行监管、治理和服务创新方面，提出了一些总体发展方向和原则。例如，在社会主义核心价值观融入网络文化治理的大数据策略方面，赵建超提出，国家政府应在借鉴国外有关政策扶持、信息立法、网络监管、国际合作等大数据经验的基础上，加强大数据条件下社会主义核心价值观的网络话语体系建设、网络危情预警机制建设和保障机制建设。在大数据时代的个人信息泄露及其多中心治理方面，肖成俊、许玉镇提出，需要坚持以法律为依据、以技术为依托，构筑政府监管、运行平台负责、个人防范等多主体参与、多中心协同的治理格局，全面强化对信息主体权利及个人信息安全的保护，以维护网络社会健康有序发展。在大数据交易的法律监管原则方面，张敏提出大数据交易应以交易安全为终极价值目标，以交易安全和数据自由流通为原则，并通过行政法规确立自律监管与行政监管并行的监管模式，由政府部门和大数据交易平台分别承担监管职责，并按照政府部门整体监管、大数据交易平台具体监管的原则各自监管。在解决分享经济监管困境方面，李鑫提出建立以信用为核心的分享经济分类监管体系，形成企业自治、行业自律、社会监督和政府监管的市场共治格局。

在大数据监管的国际经验借鉴方面，现有研究从监管立法和监管做法等方面进行了介绍和分析。陈朝兵从技术平台、应用领域、实现机制和制度保障四个方面，介绍和总结了在应用互联网与大数据推进政府治理中，发达国家形成的一些比较成熟的做法与经验。黄道丽、何治乐分析了欧美数据跨境流动的监管立法，建议我国完善数据跨境流动的管辖权，确立执法权力，增强法律的可操作性并加强国际协作，提升我国跨境数据流动的安全应对能力。燕道成就大数据时代国外青少年网络政治参与的监管方式进行分析，指出国外青少年网络政治参与的监管类型主要有韩国的实名制、以新加坡为代表的审查制和美国的选择性限制等三种方式，提出我国应该理性定位青少年与网络政治参与之间的互动关系，采取多措并举的监管方式和整合疏导的引导方式，以构建健康有序的网络政治参与机制。

　　在应用方案设想方面，现有研究针对如何将大数据技术应用到各种应用场景中进行了设计和探讨。陈谊等梳理总结了已有的适合对食品安全数据可视化以及可视分析方法和系统，并对食品安全大数据可视化及可视分析的未来发展趋势进行了展望。刘海二针对股票市场非规范行为的监管，提出运用大数据技术，对股票交易的数量、时间和价格三个变量及其组合进行精准分析，找到引起异常交易的源头并进行预警，提高对非规范行为的识别概率；同时对行为主体的证券账户和银行账户信息进行分析，对手机号码、虚拟账户、IP 地址等信息进行数据挖掘，形成交叉验证，对非规范行为进行追踪。宋林霖、何成祥指出，在实践中，大数据技术与大数据技术应用之间尚存在差距，多数地方政府仍处于"期望膨胀期"，应用大数据技术的意向性特征明显，实质性探索不足，存在概念滥用和过度炒作等问题，并基于申请、审批和监管三个制度环节的探讨，认为大数据驱动行政审批制度创新是可能的，但也存在诸多问题，亟待政务公开、信息共享、财政保障、人员培训、隐私保护等多方政策的支持。此外，学者们从以大数据技术应对商事改革后税收监管困境、城市公共安全数据监管体系、基于大数据的食品安全风险分析、农产品质量安全监管信息平台的构建、运用大数据提升食药监管水平、基于大数据的电子商务行业监管体系、辽吉黑农产品供应链大数据平台构建、兽药大数据平台的应用架构、大数据时代药品质量监管体系发展等方面，对通过大数据解决监管中的难题进行了方案构想。

　　在大数据应用的实质性探索方面，出现了数量不多但是非常宝贵的一些案例。这些大数据应用案例基本都是依托已经建成并运行的计算机信息系统。甘肃省借助大数据分析技术构建教育扶贫"大数据"应用格局，实现了全省88万教育精准扶贫对象的清单式管理和动态监控，为全面把握教育扶贫现状，实现对象精准识别、决策精准制定、政策精准落实提供了依据。精准识别"因学致贫""缺技术致贫"的扶贫对象，并针对学前教育、基础教育、职业教育等提出了一系列的教育精准扶贫政策，取得了良好的效果。在上海市经济和信息化委员会的支持下，依托上海市疾病预防控制中心，"上海市放射卫生综合管理监测系统"数据平台于2015年6月正式上线，覆盖了全市公立放射诊疗机构及部分民营放射诊疗机构、口腔诊所等一千余家单位，监测数据包括各级医院的各类放射诊疗的基本状况、各级医院（含相关诊所）日常接受放射诊疗的各月份诊治数量、每次诊断或治疗所致受检者与患者的医疗照射剂量等。这个系统的建设，为后续利用大数据推进放射卫生发展提供了坚实的基础。王钦等介绍了大数据技术在改善电力系统运行方面的四种典型应用案例：设备资产管理、运行规划、系统安全分析、分布式发电与电动汽车。

三、大数据与政府监管创新——国外研究综述

以 big data government regulation 为关键词，搜索百度学术，将来源类型限定为期刊，成果时间限定为 2016 年以来，搜索结果显示有 884 条，其中 SCIE 索引（134 条），SSCI 索引（72 条），SCI 索引（66 条），EI 索引（39 条）。分别对这些文献进行人工筛查相关性，排除重复的文献和页数低于 5 页的文献后，共得到 25 篇文献，具体如表 1–3 所示。

这 25 篇文献分别来自 22 本期刊，平均长度为 12.5 页，最长的一篇文章 25 页。其中，SCI 期刊论文 18 篇，EI 期刊论文 10 篇，SSCI 期刊论文 6 篇。通过手工标注每篇文章的主题/行业领域属性，可以看出这些研究大致可以分为四类。涉及行业领域最多的是公共管理 12 篇，其次为医疗健康监管 6 篇，信息保护领域的研究有 5 篇，大数据技术领域 2 篇。这些分布基本反映了国外大数据监管研究的热点领域，主要是公共管理领域、医疗健康卫生食品领域和信息保护领域。在公共管理领域的研究分散在公共交通、环境管理、智慧城市等方面。

表 1–3　大数据政府监管国外文献 2016~2018

编号	Year	Title	领域	Journal	页数
1	2017	A critique of the regulation of data science in healthcare research in the European Union	医疗健康	BMC Medical Ethics	16
2	2017	Real–Time or Near Real–Time Persisting Daily Healthcare Data Into HDFS and ElasticSearch Index Inside a Big Data Platform	医疗健康	IEEE Transactions on Industrial Informatics	11
3	2017	The European General Data Protection Regulation：Challenges and Considerations for iPSC Researchers and Biobanks	医疗健康	Regenerative Medicine	10
4	2016	Brain Radiation Information Data Exchange（BRIDE）：Integration of Experimental Data from Low–dose Ionising Radiation Research for Pathway Discovery	医疗健康	BMC Bioinformatics	8

续表

编号	Year	Title	领域	Journal	页数
5	2016	Toward Data–Driven Radiology Education—Early Experience Building Multi–Institutional Academic Trainee Interpretation Log Database（MATILDA）	医疗健康	Journal of Digital Imaging	6
6	2017	Wisdom within：Unlocking the Potential of Big Data for Nursing Regulators	医疗健康	International Nursing Review	5
7	2017	EU General Data Protection Regulation：Changes and Implications for Personal Data Collecting Companies	信息保护	Computer Law & Security Review	19
8	2017	Privacy as a Right or as a Commodity In the Online World：The Limits of Regulatory Reform and Self–regulation	信息保护	Electronic Commerce Research	18
9	2017	Big Data and security policies：Towards a Framework for Regulating the Phases of Analytics and Use of Big Data	信息保护	Computer Law & Security Review	14
10	2018	Understanding Privacy Violations in Big Data Systems	信息保护	It Professional	8
11	2016	Data protection legislation：A very Hungry Caterpillar	信息保护	Government Information Quarterly	7
12	2018	Perils of development funding？The Tale of EU Funds and Grand Corruption in Central and Eastern Europe	公共管理	Regulation & Governance	25
13	2016	Big data and big cities：The Promises and Limitations of Improved Measures of Urban Life	公共管理	Economic Inquiry	23
14	2016	Optimizing Bus Passenger Complaint Service through Big Data Analysis：Systematized Analysis for Improved Public Sector Management	公共管理	Sustainability	20
15	2016	"Hypernudge"：Big Data as a Mode of Regulation by Design	公共管理	Information Communication & Society	18

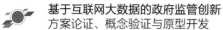
续表

编号	Year	Title	领域	Journal	页数
16	2016	Spatial–Temporal Analysis on Spring Festival Travel Rush in China Based on Multisource Big Data	公共管理	Sustainability	15
17	2018	Social Media Big Data Integration：A New Approach Based on Calibration	公共管理	Expert Systems with Applications	14
18	2016	Impact to Underground Sources of Drinking Water and Domestic Wells from Production Well Stimulation and Completion Practices in the Pavillion，Wyoming，Field	公共管理	Environmental Science & Technology	12
19	2016	Big Data for Social Transportation	公共管理	IEEE Transactions on Intelligent Transportation Systems	10
20	2016	Design of a Government Collaboration Service Map by Big Data Analytics	公共管理	Procedia Computer Science	9
21	2016	Analysis on Spatial–temporal Features of Taxis' Emissions from Big Data Informed Travel Patterns：a Case of Shanghai，China	公共管理	Journal of Cleaner Production	9
22	2017	Mobile Social Big Data：WeChat Moments Dataset，Network Applications，and Opportunities	公共管理	IEEE Network	8
23	2018	The Effects of Public Attention on the Environmental Performance of High–polluting Firms：Based on Big Data from Web Search in China	公共管理	Journal of Cleaner Production	6
24	2016	An Overview on the Roles of Fuzzy Set Techniques in Big Data Processing：Trends，Challenges and Opportunities	大数据技术	Knowledge–Based Systems	15
25	2016	Strategic Prototyping for Developing Big Data Systems	大数据技术	IEEE Software	7

对这 25 篇论文的摘要进行词频分析，可以得到如图 1-2 所示的英文文献大数据监管论文摘要词云图。从中可以看出，公共管理（相关关键词包括社会、

公共、政府、交通、监管等）、信息保护（相关关键词包括保护、信息等）、医疗健康（相关关键词包括健康、护理等）为频次最高的细分行业领域，与前面我们的手工标注结果基本相同。其他词频较高的词语包括系统、处理、网络等，说明大数据监管与信息系统、互联网技术等的发展是分不开的。

图 1-2　英文大数据监管相关文献词云图

注：词云图工具：https：//wordart.com/create 。

对比中英文文献的主题/行业领域属性，发现热点主题相同在于医疗健康和公共管理、信息保护、信息技术，不同在于大数据食品监管领域，在检索到的国外文献中没有出现，而国内文献较多。

对比中英文文献的词云图，可以发现，大数据监管在中文文献中出现的次数较多，而在外文文献中，监管一词出现的次数较少（见表 1-4）。

表 1-4　国外文献高频词汇

编号	单词	频度
1	Data	135
2	Big	50
3	Use	38
4	Develop	29
5	Inform	25
6	Social	24
7	Analysis	23
8	Transport	23
9	Public	21
10	Process	20
11	Protect	20
12	Government	19
13	Study	18
14	Stystem	18
15	Based	16

从研究论文的类型来看，这 25 篇论文的研究类型大致可以分为六类，具体见表 1-5。从国外文献来看，实证研究和应用案例是两类占比最高的研究。

表 1-5　国外文献研究类型统计

序号	研究类型	数量	举例
1	实证研究	6	The Effects of Public Attention on the Environmental Performance of High-Polluting Firms：Based on Big Data from Web Search in China
2	应用案例	7	Optimizing Bus Passenger Complaint Service through Big Data Analysis：Systematized Analysis for Improved Public Sector Management
3	法理探析	5	Data Protection Legislation：A very hungry caterpillar：The Case of Mapping Data in the European Union
4	宏观理论	5	Wisdom within：Unlocking the Potential of Big Data for Nursing Regulators
5	研究综述	1	An Overview on the Roles of Fuzzy Set Techniques in Big Data Processing：Trends，Challenges and Opportunities
6	应用方案设想	1	Design of a Government Collaboration Service Map by Big Data Analytics

在大数据的宏观理论方面，国外文献比较侧重大数据使用中的伦理和法律问题，并提出了监管的一些建议，例如 Rumbold 指出，在处理卫生保健研究数据的道德—法律方面，欧盟的司法管辖区之间存在分歧。关键问题是自主权和隐私权的问题，特别是对知情同意和匿名化的要求。对数据共享的日益关注，会使数据保护的需求变得更迫切。临床研究的参与人员和研究者可能会需要采取比通常情况更高的匿名化标准。治理机制的讨论需要更广泛的公众参与，以确保社会可以提供研究所需的许可，而研究界继续得到社会的信任。特别是在长期进行的大数据项目中，一次性获得同意的做法不再被认为是充分的。研究中的被试者不能再被视为被动的，必须保持互惠。公众参与必须包括更广泛的公众而不仅仅是参与研究者。Shamsi 等对大数据背景下的隐私问题进行了概述，将在大数据系统中的隐私侵犯归纳为对四种类型：被政府跟踪，被服务提供者收集信息，遭受身份破解和攻击、数据泄露，并评估了每种类型的保护技术的优缺点，提供了一些加强保护用户隐私的措施建议。Blumer 等讨论了如何利用大数据提高护理和卫生政策的严密性和完整性。Morrison 等讨论了新的欧洲通用数据保护条例于 2018 年生效后，将对产生、储存和允许 iPSC 研究的生物样本库产生的影响，并提出了开发适当的治理结构以解决这些新需求的一些观点。

相对中国文献，外文文献中对于大数据监管相关的法律讨论比较多，尤其是对于欧盟 2018 年出台的《通用数据保护条例》（GDPR）进行了比较多的分析和探讨。Tikkinen 等通过识别和讨论 GDPR 引入的变化及对各类企业的数据管理和使用实践的影响，确定和分类了这些变化的关键实际意义，并开发了一个框架，提出了这些影响的 12 个方面，并对如何从业务战略和实践以及组织和技术措施等方面进行准备以满足新要求提供了相应指导。Broeders 等指出国家安全、执法和打击欺诈的大数据分析有可能为国家、公民和社会带来巨大利益，但需要额外的保障措施来保护公民的基本权利。这涉及从监管大数据收集到规范分析和使用阶段的关键转变。为了从安全领域的大数据分析中获益，必须制定一个框架，为保护基本权利、防止错误和恶意使用提供新的保护。在分析和使用的层面上还需要进一步的监管，而监督机制也需要加强。在分析的层次上，大数据过程的算法核心应该引入谨慎责任，并使之成为内部审计和外部审查程序的一部分。大数据项目也应该遵守日落条款。在使用的级别上，配置文件和（半）自动化决策应该更加严格。此外，数据处理方对分析准确性的责任以及以其为基础做出的决定，应该以立法为依据。在技术专长、获取和资源方面，应加强一般和安全方面的监督职能，应扩大司法审查的可能性，以促进判例法的发展。

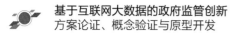

Walsh 等指出，电子商务、社交网站、在线广告和数据挖掘等增加了互联网和信息技术的使用，电子商务和社交网站发布信息和客户评论，在提高了市场效率的同时，又挑战着我们的隐私。人们越来越担心美国现行的联邦和州法律不足以保护我们处理电子交易或浏览互联网获取信息时收集到的数据隐私。效率和成本效益的分析证明，某种程度的隐私损失是合理的，因此文章认为隐私可以作为一种商品来处理，而不是被保护的权利。为了解决人们对个人隐私侵犯的担忧，我们讨论了政府监管和自我监管在保护我们隐私方面所起的作用。Loenen 等欧盟关于开放数据的政策旨在通过对公共部门信息的再利用来创造价值，比如地图数据。开放数据政策应完全遵守欧盟数据保护指令的个人数据保护原则。计算机能力的增强、数据挖掘技术的进步以及公开可用的大数据量的增加，将欧盟数据保护指令的范围扩大到比目前设想的已经监管到的更多数据。特别是，地图数据是识别单个数据主体的一个关键因素，因此受到欧盟数据保护指令和最近批准的欧盟一般数据保护条例的约束，这实际上可能会阻碍欧盟开放数据政策的实施。急迫的数据保护立法导致需要重新思考个人数据的概念以及如何使用被认为是个人数据的地图数据。Yeung 在考察了监管治理的现有学术研究成果后，认为目前被称为大数据的分析现象可以被理解为一种基于设计的监管模式。尽管大数据决策技术可以采用自动化决策系统的形式，但本研究主要关注算法决策指导技术。通过强调以往无法被观察到的数据项之间的相关性，这些技术被用来塑造个人决策的信息选择环境，目的是将注意力和决策引导到选择架构师所偏好的方向上。通过使用"轻推"——一种特定形式的选择架构，以一种可预测的方式改变人们的行为，同时并没有禁止任何选择或显著改变他们的经济激励，这些技术构成了一种"软"的基于设计的控制。但是，不像经由塞勒和桑斯坦（2008）研究得到的日益被广泛接受的静态"轻推"的概念，比如把沙拉放在意大利宽面条的前面，以鼓励健康的饮食方式。大数据分析的推动力量是非常强大的，因为它们具有网络化、持续更新、动态和无处不在的特性（因此可以被视为"超级轻推"）。笔者对这些技术采用了一种自由的、基于权利的评论，将自由理论的观点与来自科学技术研究（STS）和监视研究的一些观点进行了对比。笔者认为，对这些技术的合法性的担忧无法通过知情同意就可以令人满意地解决。如果任由商业利益驱动的大数据分析技术发展，而不进行有效和合法约束，那么这些技术将对民主和人类繁荣产生令人不安的影响。

在应用案例方面，国外文献相对丰富一些，覆盖了大数据的数据库系统和大数据支持的决策和服务系统的搭建及改进方案、大数据校准方法、大数据敏捷系统架构设计原型等，这些将为大数据技术用于政府监管，提供了各种解决方案。

Glaeser 等描述了一些新的城市数据来源，并说明了它们是如何被用来改善城市的研究和功能，并以谷歌街景地图如何用于预测纽约市不同区域的收入为例，说明了类似的图像数据可以用来绘制在发展中国家以前没有测量过的地区的财富和贫困状况，并解释了互联网数据是如何被用来提高城市服务质量的。

Valle 等提出了一种新的数据集成方法，通过基于访谈的客户调查数据来校准在线生成的大数据。客户调查的一个常见问题是回答往往过于积极，因此很难确定组织中的薄弱环节。另外，在线评论往往过于消极，阻碍了对优秀领域的准确评估。他们提出的方法是通过重新采样和利用贝叶斯网络进行数据整合来产生新的重新平衡的信息，校准不同数据源中不平衡响应的级别。本研究以案例研究为例，说明了新颖的数据集成方法是如何让企业和组织对客户满意程度的评价进行修正的。该案例基于对客户评论的在线数据和来自旧金山机场的客户满意度调查数据的整合，演示了这种整合如何在 InfoQ 的四个维度上提高了数据分析工作信息质量，即数据结构、数据集成、时间相关性及数据时间线、目标。

Chen Hongmei 等指出，将小数据系统开发的传统的水平演进原型设计用于大数据系统开发中识别、分析和降低风险，不仅不够强大并且成本太高。基于风险的、以架构为中心的战略原型（RASP）是敏捷大数据系统开发中具有较高成本效益的系统风险管理模型，它只在架构分析不能充分解决的领域使用战略原型设计。因此，开发人员使用更便宜的垂直进化原型，而不是盲目地构建完整的原型。一家全球外包公司对九个大型数据项目进行嵌入式多案例的研究验证了 RASP。从案例经验中提取的决策流程图和指导方针可以帮助架构师决定是否、何时以及如何进行战略原型设计。

Chen Dequan 等介绍了为梅奥诊所（MC）搭建的大数据数据库平台的方案。MC 每天产生大量的 HL7 V2 消息，在周末的时候是 70 万~110 万条，在工作日是 170 万~220 万条。虽然原先已经建有多个基于 RDBMS 的系统，但是大量的 HL7 消息仍然不能实时或接近实时地被企业级诊所和非诊所存储、分析和检索。为了确定大数据技术加上 ElasticSearch 技术是否可以满足 MC 将 HL7 信息用于卫生保健的日常处理需要，一个大数据平台开发了出来，它包含两个相同的 Hadoop 集群（TDH1.3.2 版），每个包含一个 ElasticSearch 集群和风暴拓扑实体——Mayo-Topology，用于处理 HL7 信息，使 MC ESB 队列输入 ElasticSearch 指数和 HDFS。这个大数据平台可以每天处理 624 万条 HL7 消息，同时 ElasticSearch 索引可以提供超快的自由文本搜索。在包含 2500 万条基于 HL7 信息的 JSON 档案数据集索引里，每个查询的响应速度达 0.2 秒。结果表明，已部署的大数据平台完全满足了 MC 企业级的医疗照护需求，并留有余量。

Chen Pohao 等介绍了住院医师考试数据库的搭建经验。美国毕业后医学教育认证委员会（ACGME）的住院医师评审委员会收集有关住院医师考试的数据，并设定最低要求。然而，这些数据并不是现成的，ACGME 也不共享他们的工具或方法。因此，很难评估数据的完整性，并确定它是否真正反映了住院医师经验的相关方面。本文描述了我们创建一个多机构案例日志的实践，它包含了来自三个美国诊断放射治疗住院医师项目的数据。这三个站点独立在各自的医院组中建立了不同的放射信息系统的自动查询通道，创建了住院医师的专门数据库。然后，三个机构住院医师案例日志数据库被聚合成单一的集中式数据库模式。在四年的时间里，积累了 3300 名住院医师的 2905923 个放射学检查案例，按照 ACGME 的 11 类划分方法进行了分类。来自大数据的挑战贯穿了我们的这个项目，信息学研究者所面临的内部数据的异质性以及外部数据差异都得到了体现。

Liu Wenkun 等介绍了台湾省利用大数据收集和分析系统提高公共交通服务质量的案例。随着工业和商业的发展，乘客对环境可持续性发展问题的认知程度越来越高。因此，现在有更多的人选择乘坐公共汽车出行。政府行政部门是公共汽车运输服务的重要组成部分，政府给予交通运输公司提供服务的权利。当服务质量低劣时，乘客可能会提出投诉。因此，消费者意识的提高和无线通信技术的发展使乘客可以方便地立即向政府机构提交有关运输公司的投诉，这给公共部门、运输公司和乘客带来了巨大的变化。该研究建议使用大数据分析技术，包括系统化的案例分配和数据可视化，以改善公共部门的管理流程、优化客户投诉服务。台湾省台中市被选为研究对象。在那里，公共部门的客户投诉管理过程得到了改善，有效地解决了诸如跳站等问题，使公共部门能够充分掌握运输公司的服务水平情况，提高公共汽车运营的可持续性，支持公共部门—运输公司—客运供应链的可持续发展。

利用大数据开展实证研究的英文文献也比较丰富，涉及的领域也非常广泛，包括了环保和污染问题研究、社交大数据分析、交通出行模式和排放分析以及政府腐败问题研究等。值得注意的是，这些实证文章中，来自中国学者的基于中国问题的研究占比较高，达到了 50%。

Digiulio 等对所有可获得的公开数据和报告进行了综合分析，以评估怀俄明州普威廉市油井增产和水力压裂对饮用水地下水源（USDWs）的影响。尽管美国环境保护署记录了所有往普威廉地区的饮用水地下水源注入的增产液体，但是这种活动对 USDWs 的潜在影响在之前没有被评估过。在采集到的水样本中，主要离子的浓度超过了风河地质构造的预期水平，增产液体已经泄漏到构造介质中，并且可能在增产过程中破坏了几个产油井的区域隔离带，这表明其对地下饮用水水源的影响已经发生。在美国环境保护署安装的两个监测井的样本中检测出用于油井增产的有机化合物，再加上其中一个监测井中水的主要离子浓度异常，这些提供了对 USDWs 影响的额外证据，并表明向上的溶质迁移到了目前地下水的深度。在小于 600 米的生活用井内探测到柴油系列有机物或者其他有机化合物，其来自 20 世纪 90 年代之前的用于处理柴油基钻井泥浆及产液的无衬砌处理池，表明传统的油气钻采处理池方式对生活用井具有影响。

Liu Yuyu 研究了公众关注度与企业环保努力水平之间的关系。中国几十年的经济快速发展，使公众越来越意识到环境保护的重要性。除了政府监管之外，公众对企业的关注也是一个重要的、被认为具有合法性的治理机制，从而可能影响企业的行为。公众关注度高的企业可能会为污染和其他环境相关的行为承担更多的成本。研究将公共网络搜索量数据作为公众对个别企业的关注度的衡量指标，探讨了公众对高污染企业环境绩效的影响。我们发现，那些受到公众关注的企业的环境表现更好，尤其是国有企业。这种相关性在环境压力大或经济发展压力低的城市中表现得更强。该分析结果有助于促使中国企业在环保方面做出更大的努力。

Zhang Yuanxing 等基于微信大数据开发了服务器资源配置模型和人口迁移预测模型。移动社交网络（MSN）服务与各种移动技术的发展并行，将我们带入了一个移动社交大数据时代，人们在社交网络上每时每刻都在创造新的社交数据。对于企业、政府和机构来说，了解人们在网络空间中的行为如何影响计算机网络或者他们的离线行为是至关重要的。为了研究这个问题，他们从微信朋友圈收集了一个数据集，叫作 WeChat-Net，它涉及 25133330 个微信用户，他们的页面上有 246369415 条链接转发记录。通过观察朋友圈的即时互动过程和所在域服务器，我们以超过 90% 的准确率预测了背后主干网的流量，这可以用来优化资源分配（也就是如何最佳配置主干网上的服务器）。基于在朋友圈中访问和转发链接的用户地理位置，我们提出了一个用于预测移动人口分布的模型。我们还讨论了使用这个已发布的数据集开发新应用的潜在研究机会。

Luo Xiao 等利用大数据分析了上海出租车的出行和排放模式。交通运输业产生的空气污染已成为一个严重的城市环境问题，特别是在城市化进程正在扩大的发展中国家。清洁技术的进步、运输活动的监管优化和相关基础设施设计的优化对解决上述问题至关重要。了解交通排放的空间和时间模式可以为设计更好的基础设施和引导低碳交通方式提供基础。全球定位系统（GPS）和新兴的大数据分析技术使对这一问题的深入分析变得可行，但是到目前为止，应用还很少见。在此背景下，文章分析了我国著名的特大城市上海的出租车能源消耗和排放及其时空分布情况，对出租车的 GPS 数据进行了大数据分析。利用地理信息系统（GIS）进一步绘制了能源消耗和污染物排放的空间和时间特征。结果表明，在空间上，能量消耗和排放呈现了双核心循环的分布结构，并在此基础上确定了两个中心。一个是城市中心，另一个是虹桥交通枢纽，其活动和排放集中于黄浦江西岸区域。短时间最高的活动和排放时间为上午 9~10 点，第二个峰值发生在下午 7~8 点，这都是交通高峰时期。最低的活动 / 排放时刻为早上 3~4 点。文章对这种分布的因果机制进行了探究，以改进驾驶行为。使用大数据分析技术探索出租车排放的空间和时间分布，为上海大都市区的决策制定者提供了启发，以便他们更好地理解出行模式和相关环境影响，并对基础设施系统进行更好规划，对需求侧进行更好的管理，以推广低碳生活方式。

春节旅行高峰是中国的一种特有现象。在中国春节前后，密集的旅行人口浪潮在短时间内爆发。这一现象是在城市化进程中产生的，它带来了巨大的交通负担和各种社会问题，引起了公众的广泛关注。Li Jiwei 等通过时间序列分析，并基于百度、腾讯和奇虎的多源出行大数据的复杂网络分析，研究了 2015 年春运高峰的时空特征。主要结果如下：第一，从基于位置的服务获得百度和腾讯的旅行大数据可能比奇虎的更准确、科学。第二，在春节前第五天和春节后第六天，出现了两个旅行高峰，旅游波谷则出现在春节当天。春节出行网络在省际范围上并没有出现小范围与省级规模相关的特征。相反，出行网络显示了多中心特征和显著的地理集群特征。此外，一些旅行路径链在该网络中发挥了主导作用。第三，经济和社会因素对出行网络的影响要大于地理位置因素。由于城乡发展不平衡、区域发展不平衡，春运高峰问题在短时间内不会得到有效的改善。然而，现代高速交通系统的发展和现代信息通信技术的发展，可以部分缓解春运带来的问题。我们建议，政府通过整合移动大数据和交通部门的官方权威数据，建立一个统一的春运高峰交通平台。

Fazekas 等研究了发展援助基金与政府腐败之间的关系。鉴于政府间发展基金的空前规模以及机制质量对人类福祉的重要性，必须准确理解发展基金对腐败的影响。在欧洲，欧盟（EU）基金在引入额外的腐败控制成本的同时，为受援成员国的公共支出带来了发展。我们调查了 2009~2012 年，欧盟基金是否增加了捷克共和国和匈牙利的高层腐败，分析了 10 多万份新收集的公共采购合同数据，以制定客观的腐败风险指标，并将它们与公共部门的机构级数据联系起来。倾向评分匹配法分析表明，欧盟基金增加了 34% 腐败风险。其负面影响主要是这些原因造成的：第一，过于形式主义的合规；第二，在完全依赖外部资金的公共组织中，欧盟基金绕过了国内问责机制。这一研究的政策影响是深远的，各国政府应通过降低繁文缛节和防止资金过度集中，来降低市场准入门槛。

四、国内外研究对比与展望

从文献的研究行业／领域来看，中外文文献的构成对比见表 1-6。可以看出，公共管理都是大数据监管的热门研究领域，在信息保护和医疗健康方面，中外文文献也都比较多。但是中文文献中比较多的是食品、金融、教育领域，国外讨论大数据监管的近期高水平文献比较少见。

表 1-6　中外文文献研究领域对比

领域	外文文献		中文文献	
	数量（篇）	占比（%）	数量（篇）	占比（%）
公共管理	12	48	13	30
信息保护	5	20	3	7
医疗健康	6	24	3	7
大数据技术	2	8	—	—
卫生食品	—	—	1	2
食品	—	—	5	12
能源	—	—	2	5
金融	—	—	9	21
教育	—	—	3	7
电子商务	—	—	1	2
大数据交易、流动	—	—	2	5%
传播	—	—	1	2%
合计	25	100%	43	100%

从表 1-7 的中外文文献研究类型比较来看，中文文献中宏观理论、应用方案设想占比最大，而外文文献中应用案例和实证研究的占比最大，形成较大的对比。另外一个明显的不同点是，外文文献中法理探析方面的文献占比较大，

远远超过中文文献中该类型的研究。

表 1-7　中外文文献研究类型对比

编号	论文类型	外文文献		中文文献	
		数量（篇）	占比（%）	数量（篇）	占比（%）
1	宏观理论	5	20	19	44
2	应用方案设想	1	4	14	33
3	实证研究	6	24	4	9
4	研究综述	1	4	1	2
5	法理探析	5	20	1	2
6	应用案例	7	28	4	9
	合计	25	100	43	100

从前述对比来看，国内研究应该在以下方面着重加强：

第一，开发更多的应用案例。中文文献中应用方案设想文献比重远远超过实际应用案例的文献。一方面说明了大数据监管理念在我国已经非常普及，这是件好事情，但是另一方面也说明距离成熟和普及运用还有很大的距离，急需更多的应用案例带动实际的运用。

第二，加强大数据监管的技术开发。外文文献在大数据模糊集技术和敏捷大数据系统的垂直战略原型开发方法方面提供了参考。

第三，在大数据与监管的法律探讨方面，国内研究还需要加强。国外对大数据监管涉及的法律、伦理探讨远远多于国内的研究。随着大数据监管应用的普及，这方面研究的需求越来越迫切。

第二节　大数据在政府监管与创新中的应用
——现状、问题及展望

2017 年 11 月 11 日和 12 日，由上海对外经贸大学和上海大数据社会应用研究会主办，上海对外经贸大学工商管理学院、上海对外经贸大学数据科学与管理决策重点实验室承办的"大数据驱动的政府监管创新"研讨会，在上海对外经贸大学贸源楼成功举办。此次研讨会吸引了来自政府监管部门、高校学者和业界人士等共 100 多名专业人士。

出席会议的主要嘉宾包括：相关政府部门的领导，中国网"阳光互金"研究院和上海知言网络科技有限公司等企业的领导，还有来自北京邮电大学、复旦大学、上海交通大学、上海大学、河海大学、美国罗伯特莫里斯大学、上海对外经贸大学等高校教授及研究生参与其中。

研讨会围绕大数据在政府监管中的"应用现状、问题难点和创新思路"三个中心内容进行了深入而热烈的研讨。与会专家认为大数据技术在政府监管中的运用是大趋势，是朝着"放得开、管得住、高效率"的监管目标前进的重要利器。推进大数据在政府监管方面的创新，可以从建立大数据征信系统、运用区块链技术解决数据集成整合难题等方面着手，使中国在基于大数据的政府监管和服务方面走在世界前列，形成新的营商环境治理、国际竞争力和生产力优势。

这次会议的内容对于深刻理解大数据在政府监管与创新中的应用现状、问题和发展前景大有裨益，因此特将会议内容录述于此。

一、大数据在政府监管中的应用现状

齐佳音教授在会议开场发言中指出，我们现在正经历着大数据时代，大数据给政府监管带来了重大机遇与挑战。充分运用大数据先进理念、技术和资源，推进简政放权和政府职能转变，提高政府监管决策水平，实现政府监管从传统模式向大数据模式转型，成为监管改革创新重点和实现政府治理现代化的重要途径。国家高度重视大数据技术在政府监管中的运用，2015 年 7 月，国务院办公厅下发《关于运用大数据加强对市场主体服务和监管的若干意见》，要求运用大数据提高市场主体服务水平，加强和改进市场监管；2017 年 1 月，国务院印发的《"十三五"市场监管规划》指出，要以市场监管信息化推动市场监管现代化，充分运用大数据技术，实现"互联网 +"背景下的监管创新，降低监管成本，提高监管效率，提升市场监管的智慧化、精准化水平。

那么目前大数据在哪些监管中已经发挥作用，效果如何呢？本次会议主要围绕这些问题开展研讨。

（1）在新型金融的监管方面，大数据监管已经成为主要的监管方法之一，并在互联网金融专项治理等工作中发挥了巨大的作用。

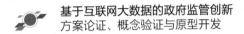

上海对外经贸大学冯彦杰副教授结合 2016 年和 2017 年为监管部门研究的两个基于大数据的新型金融监测方面的课题，从技术实现的方法和效果两个方面，报告了大数据监管的运用案例。

由于网络借贷 P2P 等新型金融企业前期并不需要进行金融业务的准入登记备案，在风险频发的状况下，属地政府对新型金融监管的一个最大的难题是并不清楚辖区内有多少家企业正在开展新型金融业务。上海对外经贸大学科研团队提出了基于属地企业网站信息，对属地企业业务性质进行排查的方法，并在 2016 年完成了模型算法。当年就通过这个方法，为监管部门排查出 100 多家正在开展网络借贷 P2P 业务的企业。而其中大多数企业并没有在国内几家权威的 P2P 第三方平台企业名单上，是属地政府首次发现这些企业正在从事 P2P 业务。

科研团队还基于企业治理结构、产品信息和信息披露状况等因素，对这些企业的风险状况进行了预测。这些研究成果直接帮助了 2016 年的互联网金融专项治理工作，其中一些具有明显诈骗嫌疑的企业由属地监管部门直接通报给了属地公安部门。

上海对外经贸大学科研团队 2017 年继续用大数据方法，对使用更加隐秘的移动 APP 开展新型金融业务的企业进行了排查，为属地监管部门提示了多家从事现金贷等新型变种金融业务的企业，在整顿现金贷业务的工作中起到了很大的帮助作用。同时，通过对信息金融企业的舆情监测，为监管部门提示了十几家负面舆情比较突出的新型金融企业。

北京邮电大学李蕾副教授也介绍了她们在项目中的企业风险评估工作。她们的工作专注在如何通过网络借贷 P2P 公司的自披露数据包括公司介绍、高管介绍、经营范围、产品收益率、成立年限等数值与文本数据，结合自然语言处理技术和机器学习算法，判断网贷企业风险的研究。研究结果表明：利用文本数据进行风险判断，准确率可以达到 90.19%；利用数值数据进行风险判断，准确率可以达到 70.7%。这说明文本型数据对风险判断的价值更大，同时也提示我们，在政府对新型金融企业进行风险监管时，应该提高对文本数据的重视和使用。研究还向相关政府部门提示了一些新型金融企业的风险。

吕蒙总监介绍了网金中国"阳光互金"互联网金融平台评级模型。"阳光互金"是网金中国·互联网金融信息查询系统对互联网金融企业进行甄选和排查后，向投资者在互联网金融投资时呈现的优质标签。该查询系统基于 7 项一级指标，20 余项二级指标对互金企业进行甄选和排查。7 项一级指标为企业规模、活跃度、背景、成本、资质、合规度、运营时间。"阳光互金"模型的数据来源包括中国网、人民网、今日头条、腾讯网等 20 余家主流媒体，还有其设立的互联网金融风险防范服务热线 400-006-2252，等等。通过新闻媒体、400 电话、双微等自媒体渠道数据，据网金中国不完全统计，截至 2017 年 10 月 31 日，全国累计共成立 6202 家为投资者提供线上固收理财产品的平台，目前还在运营的为 1934 家。通过"阳光互金"白名单评分系统检测，把阳光指数在 65 分以上的平台列入"阳光互金"白名单。从 2017 年 10 月的白名单来看，全国共有 34 家平台符合要求，占正常运营平台数量 1.76%。

（2）工商行政管理局一直在探索建设政务大数据集成数据库并在多个领域使用，目前通过大量的数据分析，已经得出很多对决策有借鉴意义的属地企业发展规律。

工商局领导介绍了上海法人数据库在多个领域进行使用探索的情况。按照国务院办公厅的要求，工商局将法人数据库作用定位为三块：服务公众，服务政府各部门的决策，服务市场监管。在服务公众层面，法人数据库的公示信息都可以通过工商局网站查询，另外很多数据已经用于消费者保护。在服务政府各部门决策上，目前做了三个层面的事情：第一层是通过数据掌握法人业务的全过程，同时对市场现状、经济结构和区域合作进行动态实时分析；第二层通过数据挖掘，探索企业发展的一些潜在的规律，如企业消亡的分布、行业发展的趋势、业务对象的关联等；第三层是做多维综合分析。现在社保跟纳税在政府内部的应用已经有一定的基础，产业信息和园区信息可能涉及企业的数据还在探索当中。利用工商大数据进行监管的目标，如同李克强总理所指示的，是要做到信用监管、精准监管、风险监管、动态监管、协同监管和社会共治。

经过大规模的数据分析，目前发现的一些有趣的规律包括：一是国家产业和宏观政策的出台能够显著提升企业的注册数量，例如交通运输业 2005 年爆发式的增长，特别是物流。因为那一年发改委发了一个促进我国现代物流发展的通知意见。文化产业突然在 2008 年快速的增长，因为有 2008 年、2009 年文化体制改革和文化税收优惠的两项政策。2013 年上海自贸区成立后，新增注册企业有快速的增长。二是注册企业数量增长可以促进就业吗？从企业申报的从业人数看，正相关关系确实存在。三是上海企业的寿命具有较强的规律性。注册后第二年到第四年，注吊销率最高，达到 70%。满五年后就大幅下降，寿命超过八年以上的企业基本就很稳定了。四是如所有的正规报告一样，上海的第三产业这两年发展迅猛，占到新注册企业 89% 的户数和新增注册资金的 90.4%。五是企业在设立的第二年到第三年违法率是最高的，到了十年以后，基本上就不违法了。这些规律对于我们精准监管和发展经济都有较强的决策借鉴意义。

（3）在大规模文本数据分析方面，大数据技术发挥了越来越重要的作用，已经用于网络舆情应对、青年思想热点分析等方面。

北京邮电大学傅湘玲副教授介绍了通过共青团中央青年之声网站的数据，挖掘青年思想热点问题和成长规律的研究成果。在前任共青团第一书记秦书记的倡导下，共青团中央建立了一个平台叫青年之声，进行网上共青团的建设工作。青年人有什么样的问题都可以在上面问，由网站来回答。在这个互动的平台上，提问量已经达到2000多万条，并且还在以每天10万条的速度增长。共青团中央希望通过平台了解青年人的心声。所以课题的任务就是通过分析这样大规模的文本数据，了解青年人到底在想什么，他们想了解什么，他们的关注焦点是什么等。

傅教授团队在研究过程中，首先建立了青年人所提问的问题分类体系，在网络上给出一个科学、合理而且覆盖范围很全的分类。因为只要有了这个分类体系的指导，后面才能用技术手段对现有问题进行自动归类。其次用机器聚类的分类方法去验证我们从理论上建立的这个体系是否是合适的。然后用了很多机器学习的算法进行实验，看使用什么算法进行自动分类是有效的。最后使用实验得出的最有效的算法分析出了一些青年思想的规律。在研究过程中，人工标注的工作量非常大，学生们标注了20万条的问题。

目前这个工作还在开展。初步做了2015年和2016年两年数据的一个对比，2015年问题相对少一点，大概是51万条语料，2016年是100万条语料。一个令人可喜的趋势是，在2016年的数据中，青年人在关注理想信念、创业就业、情感家庭等方面的比例有显著上升。

（4）在消费者利益保护方面，大数据分析也开始显现出提高政府监管效率的作用。

上海对外经贸大学陈瑶副教授介绍了她率领团队获得SODA数据大赛大奖的项目成果以及为工商局做的课题研究成果——利用消费者投诉维权大数据提高工商消保投诉维权处理效率。

工商局的消保处负责消费者维权，处理消费维权热线12315的事宜，积累有大量的消费者投诉数据。现在一年有11万件，并且每年增长30%左右，但是工作人员数量有限，工作量大，管理压力很大。工商局方面提出了几个方面的研究需求：一是文本的挖掘分析统计，能否提供一些工具，提高他们的管理效率；二是用大数据主动监控市场热点。针对这些需求，陈瑶副教授团队通过研究实现了如下功能：

第一是职业打假的识别。用自然语言处理方法来做，实现方式是传统的文本数据分析，即把文本输入电脑做训练集，用来训练各种算法，包括分词、特征选取、过滤等。模型用于识别打假等领域。

第二是群体性投诉事件的预警。一些群体性事件，往往是由一些小事件慢慢积累起来，从一件两件一直到爆发。可能在积累到 20 件的时候，其实应该有一些预警的方式。因此，研究团队编写了一个算法，它通过分析文本的相似性，做一些潜在的群体性事件的预警。

第三是高风险消费领域和事件的预警。研究团队通过分析微博数据，对一些重点企业、重点行业、重点领域进行消费舆情监测，从而使工商可以有针对性地对高风险领域提前采取一些措施。例如已经在上海以外其他区域发生过重大侵权行为的企业，在上海就可以事先采取一些应对侵权的预防措施。

第四是维权投诉文本数据的可视化。当文本数据量很大的时候，传统的 Excel 等方式是没法做文本数据可视化的。研究团队给消保处提供了一个工具，把投诉举报数据上传以后，就可以快速地拖动所有的数据项去做各种视图。这个工具的特点是后台已经做好了分词，词项、特征向量都具备后，从而可以做词云。词云出来以后，词频就有了，比如说想看携程的情况，只要在词云里面找到"携程"点一下，下面出来的所有数据就是包含"携程"这个关键词的，所以可以做关键字的快速检索，还可以把它的数据以各种方式分享出来，包括图片、网页等方式，这样可以极大地提高管理和沟通的效率。

第五是投诉受理中心的运营优化。基于中心的运营数据，研究团队编写了算法，对中心的工作组调度模型和人员排班模型进行了优化。工作组调度是针对街道监察组有效排程的一个问题，人员排班问题是一个很典型的零一规划问题。通过运营优化，可以进行科学排班，提高效率。

前文所述研究成果，工商局有些已经进行了项目采购，有些还在试用中。总体上，对于文本信息的分析和处理，政府部门的需求是非常迫切的。

二、大数据在政府监管中应用的问题难点

与会专家认为，大数据在政府监管中的运用，主要存在以下的难点和痛点：
（1）数据孤岛导致应用深度受限，给服务和监管都带来了极大的不便。
冯彦杰副教授在研讨中指出，数据的价值是在联结中产生的，孤立的数据

信息量很有限，数据孤岛问题是目前限制大数据在政府监管中应用的一个很大的难题。

工商局领导指出，目前日常监管中对法人库数据的使用，还仅限于报表统计和一些基本业务的应用，其他的挖掘不深，缺乏数据关联的手段，数据应用针对性差，远远达不到精准监管的目标。外部数据的利用目前障碍很大。除此之外，法人数据库数据的社会价值是什么？给社会共治能够提供什么？都还有待破题。

网信办领导在研讨中提到，各个政府部门都有很多数据，但是因为种种原因，并没有充分的融合，使部门之间协同不及时、不充分。这导致了类似于"开证明，证明我爸是我爸"这样的事情发生。如果我们的数据能够完全进行一个融合，数据在体制机制上如果能够进行打通的话，很多证明都不需要去证明，通过后台数据都是完全可以掌握的。同时在网络舆情工作当中也是这样，部门数据割裂会导致什么问题？举个例子，比如工商部门发生了一个舆情，宣传网信部门去应对。但宣传网信部门不知道所应对的这个事情本身是什么，同时工商部门又不知道舆情应对的技巧，从而很难保证舆情应对的效果。

（2）大数据使用中的一些公平和法律问题亟待研究和破题。

冯彦杰副教授在演讲中指出，新兴互联网金融企业以互联网为业务渠道和平台、大数据技术为技术核心和征信手段，与传统金融构成了不公平竞争，并引发了对大数据的产权和获益权是否公平的疑虑。

首先，新兴互联网金融企业，完全依靠客户自助使用互联网来完成大部分或者所有业务，省略了很多社会责任服务环节，并且主要通过互联网获客，得以低成本地运营并获得较高质量的客户，与传统金融构成了一定程度上的不公平竞争。其主要表现在三个方面：一是新兴互联网金融通过省略了线下服务，节约了大量成本。传统银行的线下服务，店铺和人员成本都很高。从社会的需求来看，老人和文化程度不太高或者对现代信息手段不适应的客户，也特别需要这种线下服务。某种角度看，传统银行承担了大量的履行社会责任的成本。二是把业务完成步骤大量地转移给客户自行去操作完成，节省了大量成本。纯互联网金融，其中的大量业务步骤首先都是由客户花时间学习如何去做，然后操作也是由客户去完成很多步骤的。通过业务环节工作量的转移，互联网金融企业节省了大量的人工，而客户的学习成本和时间成本大大增加。三是通过线上获客和线上操作，互联网金融自然地过滤掉了老人和低文化程度人群，导致其客户的起点水平都比较高。通过以上几个方面综合的结果就是，新型互联网金融在节省了大量成本的情况下，获得了比较高质量的客户。

其次，现有的以大数据为基础的征信模型使用的征信数据，其产权并不清晰，但是获利的却主要是企业。目前做得比较大的几家以大数据征信为基础的新型互联网银行企业，其征信数据来源主要有两个：一是客户自己在各种平台上由于社交或者学习、搜索、商业行为所产生的数据；二是客户在法律法规要求下，经营过程中在政府各机构产生和留下的数据。企业在使用客户产生的各种数据建立自己的大数据征信模型时，并不需要向客户或者政府支付数据的产权或使用费用。这是否公平，还需要探讨。

工商局领导在演讲中也提到，信用监管目前发展很快，但是感觉到很明显的成果并没有。反而是关于滥用征信或者滥用信用的趋势引起了很多人的担心。自贸区领导谈到，目前网络数据量大，使大数据监管成为可能，但是在法律上，这些大数据是否可以使用，使用过程中用户隐私权等各项权利如何得到保障，还亟待解决。

（3）政府的大量数据尚处于沉睡中，数据的分析和使用机制还非常欠缺。

网信办领导提到，网络舆情的分析和研判机制建设还非常薄弱，甚至根本没有，比如可以通过建设分析机制，通过网络舆情了解青年大学生的思想动态，了解目前的网民对各种事件的看法是什么，等等。目前这些工作都还有待去做或做得更深入。

陈瑶副教授在研究工商局的课题中也发现，消保委虽然有大量的存量数据，但是以往对这些数据的使用和分析是比较有限的。

（4）对文本数据的重视度低，价值挖掘也远远不够。

从对于工商局数据和法人库数据的使用分析介绍看，目前数据使用都还是建立在数字数据的基础上，文本数据尚未使用。陈瑶副教授在研究工商局的课题中发现，他们团队是在 200 多个参与 SODA 数据大赛中，唯一研究文本数据的团队。

李蕾副教授所介绍的基于网络借贷企业介绍、高管介绍等文本数据的研究，傅湘玲副教授所介绍的青年之声网站青年问题问答的研究成果，都是基于对文本数据的价值挖掘。这说明虽然对于文本数据的价值挖掘刚刚起步，但是这些研究也都充分表明了文本数据价值巨大，而且目前的自然语言处理技术已经可以实现很多分析功能。

三、大数据在政府监管中应用的创新思路

（1）可通过着重发展政府主导下的大数据征信系统建设，破解属地企业风险监管和中小微企业融资难等问题，创新政府监管和服务。

冯彦杰副教授在研讨中指出，大数据越来越成为生产力的重要组成部分，哪个城市在大数据的基础设施和数据库方面走在前列，就会拥有更高的效率和效益。腾讯、阿里巴巴等企业依靠所掌握的社交或商业数据，以及接入的工商、税务、水电煤等数据，已经在全国多个省市实现了对中小微企业的自动化信用贷款发放，并且坏账率远远低于传统银行。上海是互联网经济发达的地区之一，拥有网络房屋中介、共享单车、网络约车、网络借贷 P2P 企业、网络送餐外卖等众多互联网业态。上海通过建立征信数据收集机制，连接这些业态产生的征信数据，以及上海地区的工商、税务、通信、移动应用 APP、海关、质监等数据，可在全国率先实验建立大数据征信系统，应用于工商登记、企业风险监管、中小微企业贷款担保等领域中，建立"上海征信"品牌，创新政府监管和服务。

（2）可通过区块链技术的运用，解决大数据的价值度量和价值分配问题，解决信息不对称等常见的市场失灵问题，实现一定程度的法人和居民自治，极大地减轻政府监管的负担。

张国锋副教授在研讨中指出，区块链技术对政府监管将会产生重大的影响。首先，区块链技术的运用，可以通过对每一次信息流转的登记，实现追溯产地、防伪鉴证，解决大数据集成和整合中的难题之一：大数据的价值度量和价值分配问题。其次，区块链通过智能合约和分布式记账，实现了信息的不可修改，通过技术实现了互相信任的机制，也解决了信息不对称这一最常见的自由市场机制失灵的问题。再次，如果将信息基础设施建立在区块链的基础上，信息全部可以追溯和不可篡改，法人和自然人将会更加重视自己行为的合法性和道德问题，自我约束、自我治理程度将会极大提高，可以极大地减轻政府监管的负担，甚至使很多领域的政府监管是没有必要的。建议在政府监管领域，例如在自贸港信息监管上，进行基于区块链技术的监管信息系统建设，通过区块链技术推进简政放权、贸易便利化和营商环境规范化。

（3）大数据在舆情应对方面可以着重发展预测、研判作用。

网信办领导在演讲中指出，新形势下，我们党要带领人民实现宏伟目标和亿万人民的中国梦，必须发挥舆论引导作用，不断巩固全国人民共同奋斗的思想基础，舆论战线必须肩负起党的新闻舆论工作的神圣职责和光荣使命。而大

数据在舆情应对方面可以发挥重大的作用，具体需要着重加强：一是运用大数据及时发现网络热点，预测网络舆情。二是运用大数据精准研判网络舆情，识破伪舆情。目前的某些舆情可能是基于某种利益或者是某种利益博弈之后的结果呈现，同时，我国还出现了一些舆情控制的商业寡头现象。需要通过大数据手段对伪舆情和舆情控制进行揭示。三是运用大数据精准挖掘矛盾，读懂背后的社会心态。

（4）通过建立不同使用领域的语料库和基础语料分类体系等，大力推进文本数据的价值挖掘，服务政府监管需求。

目前政府在文本数据价值挖掘上还远远不够，一个主要的原因是各类文本数据的机器处理基础尚未建立。例如陈瑶副教授在使用工商消费者投诉文本数据时发现，工商局对于投诉领域类型的划分非常复杂而且比较陈旧，不适应现有的经济活动。所以研究团队正在做新的分类办法，包括新开一些类型和开辟一些新的层级等。做完以后通过标注和机器训练，可以自动匹配分类。比如网上家电购物，可以分到家电里，也可以分到其他里，但是应该优先归到实体商品里。分类做好以后，可以一定程度上防止大数据分析中常见的"垃圾进垃圾出"现象。傅湘玲副教授在研究青年思想热点问题的时候，也发现用机器自动分析大规模的文本数据时，首先要建立基础分类语料库。由于不同行业、不同领域文本数据都会有不同的特点，挖掘文本数据价值，首先就要从建立基础语料分类体系开始。所以目前急需在舆情应对、经济新闻、股票市场评论等经济、金融、舆情监管等领域开展这项工作。

通过两天的研讨，各与会政府领导同志、专家和学者都觉得在大数据应用于政府监管方面获得了丰富的理论和实践知识，并将在今后的学术研究和实践中加强合作，共同推进这个领域的快速发展，使中国在基于大数据的政府监管和服务方面走在世界前列，形成新的竞争力和生产力优势。

第三节　基于大数据的政府监管创新项目的开发过程与本书的篇章结构

本书按照新兴技术创新应用类项目的方案决策、项目开发和实施过程，将内容划分三篇：方案篇、实证篇和落地篇。这三篇内容与新兴技术应用项目开发的方案论证、概念验证和原型设计三个阶段分别具有较高的对应度和契合度。

通过项目研究和开发实践，我们认为一个成功的大数据监管项目，方案论证、概念验证和原型设计三个阶段是必经之路。这种三阶段的项目研究开发模式，既可以发挥政府和研究开发人员的创意，也可以事先排除无法工程化和举措化落地的部分，非常适合大数据政府监管项目的新兴科技探索特性。在政府对基于大数据的监管项目进行比较大规模的资源投入以前，通过这三个阶段进行方案的科学论证，一是对数据和数据源进行概念验证，二是通过原型设计测试项目工程化的可行性，三是基于大数据的监管项目获得最终成功的关键。

在方案篇中，针对四个重点风险领域，提出了用大数据进行风险监管的研究方法以及监管方案建议，包括：大数据在属地化新型金融监管中的应用、基于互联网大数据在新业态金融风险监管、大数据在跨境进口电商风险监管中的运用及大数据征信在中小企业政策性融资担保风险监管中的运用。

在实证篇中，以机器学习方法和传统的多元回归方法，实证了多种互联网数据源对于前述重点风险领域的指征作用。这些数据源包括：政府信息（工商信息）、第三方行业平台信息（例如网贷领域的网贷之家、网贷天眼）、跨行业垂直专业领域平台信息（第三方企业信用信息平台、招聘信息发布平台、移动应用信息平台）、企业经营和治理信息（用户评价信息、企业招聘信息、企业高管信息、企业股权架构信息、产品信息等）。机器学习算法的好处在于可以在机器学习算法的基础上，搭建出自动化系统，实时动态监测企业的风险，并让机器学习算法跟随被监测对象的发展变化，实时学习进化。但缺点是因果关系比较难以解释，对于实际监管只能起到提示和警示作用。多元回归方法的结果对于某一个时期的监管重点因素，可以进行因果方面的提示，从而可以非常明确地提出政策建议。但同时也有缺点，就是一旦监测企业清楚了其中的数据逻辑规则，就可以有意识地操纵数据。所以，本书结合了两种方法进行实证，寄希望于两种方法可以对实际监管起到互补的作用。

在落地篇中，主要描述了从政府的角度，如何结合信息技术系统设计、建设多个数据源信息，进行风险企业的定位和风险分级，为实现政府监管的"无事免于打扰、有事精准监管"模式打下基础。其所使用的数据源全部为互联网上公开可获得的数据源。落地篇的技术方案已经经过实际试用或者已建成落地应用系统。基于这些数据源进行免打扰的监测，可以使政府部门在这些公开可获得数据基础上进行行政的监测和观察，"无风险，不打扰"，营造良好的营商环境的同时，也避免出现"劣币驱逐良币"的风险扩散。这些技术架构，一定程度上可以避免产生大数据使用中复杂数据相关的法律问题，使基于互联网大数据的监管真正进入可操作层面。

由于本书的内容横跨了方案论证、实证研究和信息系统搭建等多个领域，加上本书笔者才疏学浅，存在错误和浅陋之处在所难免，敬请读者谅解，并请多提宝贵意见和建议。

方案篇：方案论证

将大数据技术应用于政府监管实践中，目前多以研究项目和工程项目的形式开展。而项目的实施往往离不开项目方案论证，项目方案论证是项目实施的起点。因此，项目方案论证的科学性和完备性是项目能否获得成功的重要基础。

本篇首先综述项目方案论证的要素及几种目前在大数据政府监管项目中常用的方案论证、验证方法，之后展示了笔者所主导的四个大数据监管项目的论证方案。其中示例论证方案涵盖了基础研究项目论证和决策咨询项目论证，以期对开展大数据监管项目的方案论证有所启发。

|第二章|

基于互联网大数据的政府监管
项目方案论证和研究开发路径综述

第一节 基于互联网大数据的政府监管项目
方案论证综述

任何项目都是一个组织为实现自己的既定目标，在一定的时间、人员和资源约束条件下，所开展的具有一定独特性和不确定性的一次性工作。项目方案论证是为了确保项目决策的科学性和项目实施的可行性与有效性而开展的。

项目方案论证可能有不同的名称或者见之于不同的文档载体。常见的名称包括项目评估、项目评审、项目可行性分析等。项目方案论证通常是各级各类科研项目申请书、各类企事业单位项目投标书的重要组成部分。

由于项目复杂性的不同、项目规模的不同、不确定性程度的高低、项目性质的不同、项目发起主体和项目承接主体的不同，项目方案论证的复杂程度和规范程度各异。尽管名称或载体不同，但各类项目方案论证中通常包含以下要点：

一、项目目的和必要性

任何一个项目都是为组织某些既定目标服务的。在大数据政府监管项目中，常见的目的是通过运用大数据技术，提高行政和法律监管领域的监管和服务效率。而具体的项目目的多与各项目发起单位的监管职能密切联系。由于基于大数据的政府监管项目往往还处于探索阶段，在实践中有时也出现项目具体目标不是特别明确和随着项目的进展进行修改的情况。这些属于新兴事物的正常属性，对于政府相关部门和承接项目的科研、技术、工程单位，都是学习曲线的重要组成部分，也是促进大数据技术应用于政府监管的必经道路。

二、技术可行性

大数据技术（包括大容量数据处理和分析技术、多种类型数据的分析技术、数据处理和分析速度的提高、数据存储和传输技术的发展等）的突飞猛进，为应用大数据技术进行政府监管和服务提供了保障。但不可否认的是，目前的技术还有很多亟待突破的地方，例如机器学习和深度学习算法结果的可解释性问题等。在进行大数据监管项目的方案论证时，要充分考虑哪些部分在技术上是可行的，哪些部分在技术上是不可行的。同时，对于研究的技术可行性和工程技术的可行性要有所认识。作为研究项目，在数据收集和处理上，往往都会辅助人工工作，而在工程项目中，很多人工工作是无法被工程自动化取代的。

三、经济、法律、伦理可行性

处于发展初期的技术，往往具有投入大而收益少的特点。大数据在政府监管的应用初期往往也具有这个特点。所以在进行经济可行性论证时，要充分理解这个特点。

基于互联网大数据技术的政府监管项目，往往面临数据来源的合法性、数据使用的伦理性等方面的挑战。对于大规模的正式落地项目，在项目方案论证时，要综合各方面专家的意见。

第二节　基于互联网大数据的政府监管项目的方案论证方法和研究开发路径探讨

由于不同项目生命周期阶段、发起单位性质的不同和项目目的不同等原因，使项目方案论证的侧重点和方法会有较大的不同。基于互联网大数据的政府监管项目目前还处于新兴科技运用推广的初级阶段。在新兴科技运用推广的初期，很多企事业单位往往从战略出发，论证项目的必要性和可行性，而国家各类科研基金等，则会从基础研究方面，采取课题发包的方式，推进技术运用的发展。

作为一项工程技术应用领域，原型研究和工程可行性也可能作为基于互联网大数据的政府监管项目的方案论证的常用方法。

一、基于战略理论的方案论证方法

作为面向决策的项目方案论证，战略决策理论的应用在基于大数据的政府监管项目中往往不乏身影。最常见的基于战略理论的方案论证方法是 SWOT 分析，也就是机会—威胁—优势—劣势分析。有关这个方法的参考资料非常多，这里不再赘述。

除了 SWOT 分析方法外，基于战略理论的方案论证还可以使用业务模型画布（business model canvas，BMC），也被翻译为商业模式画布，具体如图 2-1 所示。业务模型画布是用于开发新业务模型或记录现有业务模型的战略管理和精益启动模板。它是一个直观的图表，其中包含描述公司或产品的价值主张、基础结构、客户和财务状况要素。它通过分析权衡潜在利弊来帮助公司调整活动。业务模型画布由瑞士学者亚历山大·奥斯特瓦德（Osterwalder Alexander）于 2004 年提出。该模型提出后，被中外学术界广泛引用，成为业务模型战略分析的常用工具之一。该业务模型对于承担某些行业监管、服务职能的企事业单位具有很强的启发意义。

商业模式画布 BMC 如图 2-1 所示。

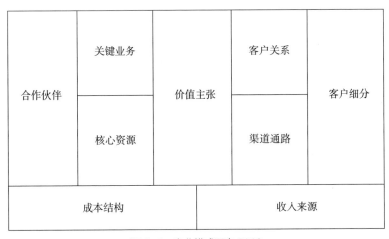

图 2-1　商业模式画布 BMC

二、基于基础研究的方案论证方法

最经典的基于基础研究的方案论证方法莫过于国家自然科学基金、国家社会科学基金和教育部各项基金申请书的模板。

以国家自然科学基金申请模板为例，方案论证分为以下部分：

（1）项目立项依据。研究意义、国内外研究现状及发展动态分析，需结合科学研究发展趋势来论述科学意义；或结合国民经济和社会发展中迫切需要解决的关键科技问题来论述其应用前景。附主要参考文献目录。

（2）项目的研究内容、研究目标，以及拟解决的关键科学问题，此部分为重点阐述内容。

（3）拟采取的研究方案及可行性分析，包括有关方法、技术路线、实验手段、关键技术等说明。

（4）本项目的特色与创新之处。

（5）年度研究计划及预期研究结果，包括拟组织的重要学术交流活动、国际合作与交流计划等。

（6）研究基础与工作条件。

（7）经费申请说明等。

这个框架可以很好地适用于基于互联网大数据技术的政府监管项目的项目论证。

三、基于可行性研究的方案论证方法

基于互联网大数据技术的政府监管项目的项目论证的可行性研究可参考"TELOS"可行性分析框架。

T（Technical）技术：这个项目在技术上可行吗？

E（Economic）经济：这个项目在经济上可行吗？

L（Legal）法律：这个项目是合法的吗？

O（Operational）运作：现有的运行生产维护如何支持这项改变？

S（Scheduling）时间规划：项目能按时完成吗？

这个框架由詹姆斯（James Hall）于 2015 年提出，对于工程技术项目有比较好的参考价值。

基于互联网大数据技术的政府监管项目同时可参考工程技术项目的可行性

研究方法。这种方法在国内外已经非常成熟，这里不再赘述。

四、基于概念验证和原型开发的项目验证开发路径

概念验证原型（Proof of Concept Prototype，POC）开发或研究是对某些想法的一个较短而不完整的实现，以证明其可行性，示范其原理。其目的是验证一些概念、方案或理论。概念验证通常被认为是一个具有里程碑意义的原型实现。

概念验证原型开发被广泛地应用于项目开发、信息技术系统开发和产品开发领域。实业界将项目转化为生产运营前的开发研究更进一步细分为：概念验证（POC）、原型开发（Prototype）和试点项目（Pilot），具体见图 2-2。

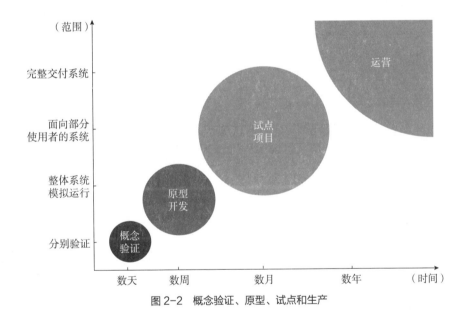

图 2-2　概念验证、原型、试点和生产

概念验证是测试设计思想或假设的小规模实验。主要目标是证明一个解决方案是可行的。原型可以模拟整个系统，或者至少是系统的相关部分。概念验证显示产品或特性可以完成，而原型则说明如何完成。试点项目是一个生产系统，是整个生产系统的子集。进行试点是为了更好地了解该产品将如何在该领域中使用，并改进产品。试点项目的另一个名字是最小化可行产品（Minimum Viable Product，MVP）。

概念验证原型开发相较于前三种方案论证，需要投入较多的资源，但是其

结果对于方案的可行性具有更强的说服力，也具有更高的实施可能性。基于互联网大数据技术的政府监管项目具有很强的技术属性，遵循概念验证、原型设计和试点项目的开发路径，这有助于将大数据等新型技术循序渐进、稳扎稳打地发展和应用起来。同时，由于基于互联网大数据技术在政府监管项目的基础落脚点是数据，所以对数据进行实证分析是这类项目概念验证的核心。

五、面向政府决策咨询的方案论证方法

面向政府决策咨询的方案论证往往是以决策咨询报告为载体，而作为决策咨询报告与前述几类论证方法有很大的不同。乐正认为，决策咨询报告的议题应该相对简单集中，尽量一事一议。报告的结构力求简单，扁平化。内容布局上，应该重点凸显核心观点、结论和建议措施，把意义、必要性等讲道理的部分简化，把复杂的推演论证过程和横向比较陈述放到附录中去，供领导备查。提出解决问题的建议，应该列出实施条件。建议措施，应该预测实施效果或可能引发的问题。文字表述上，力求简洁准确、直接明了，合理利用数据表格，慎用有争议的新概念和数据。肖铜在《决策咨询报告的特点》一文中提出，决策咨询报告相较其他文体，应突出针对性、导向性、时效性、操作性和规范性。

大数据在政府监管中的运用既是技术问题，也是决策问题。撰写这个领域的决策咨询报告，要注意了解决策人员的背景，要特别针对迫切需要解决的现实问题，而且能通过举措创新、政策设计、机制优化或制度建构来破解。

第三节　本章小结

本书第一篇中的方案论证实例主要是基于基础研究和战略理论的方案论证。第二篇实证篇可以看作是概念验证，重点验证了一些特定的数据应用在基于互联网大数据政府监管中的应用价值。第三篇落地篇则为一些工程项目的原型开发和试点项目的成果总结。

在本篇中，大数据在属地化新型金融监管中的应用研究论证、基于互联网

大数据的新业态金融监管方案论证是基础研究类型的方案论证。大数据环境下跨境进口电商的风险监测方案论证和大数据征信在政策性融资担保中的应用方案论证则是面向决策咨询的方案论证。

第三章

大数据在属地化
新型金融监管中的应用研究论证

第一节　新型金融和属地化管理

一、金融创新和新型金融

作为金融市场发展历史比较短暂的发展中国家，中国的金融抑制和金融排斥现象不可避免的存在，因此需要金融深化和金融包容。2013年，党的十八届三中全会通过的《中共中央关于全面深化改革若干重大问题的决定》提出要"完善金融市场体系"，包括健全多层次资本市场体系、发展普惠金融、鼓励金融创新、完善金融监管等，新型金融由此不断涌现。以网络借贷P2P平台为例，2013年底，第三方平台网贷之家统计到的平台数量为1279家，之后两年平台数量出现井喷，2014年达到2964家，2015年达到5297家。

新型金融是相对于传统金融而言的，主要指有明确的监管机构和较成熟监管法律法规的银行、保险、证券等传统金融业态以外发展成立的新型金融业态。这些新型金融业态的主体企业虽然发挥金融中介功能，但未纳入金融监管部门监管范围或纳入金融监管的时间较短。新型金融内涵和外延一直处于不断变化中，现阶段的新型金融主要有各种地方融资平台、P2P网络借贷、金融产品网络销售平台、私募投资基金、融资租赁、现金贷、消费金融、网络小额贷款、网络股权众筹、各种线上和线下的资产管理及民间理财、各类金融资产交易平台、各类商品交易所和交易中心及数字货币等。随着技术的不断发展，预计更多的新型金融将会创生，例如智能金融。2017年7月，国务院发布人工智能发展规划中提到，在智能金融方面要建立金融大数据系统，提升金融多媒体数据处理与理解能力，创新智能金融产品和服务，发展金融新业态。

二、新型金融发展的利弊

伴随着国家政策、市场自身需求和技术发展推动，新型金融由少到多、由弱到强，在不断摸索中走出一条富有创新性、时代性、多样性的道路，培育出了陆金所、宜人贷、拍拍贷等一批国内外上市或大型企业，推动了地方经济发展，促进了民营企业和中小微型企业发展，提高了金融资源的配置和使用效率，丰富了个人投资者高收益投资渠道，成为服务经济社会发展的重要力量。

新型金融的发展为经济发展做出重要贡献的同时，也产生了一些问题，特别突出的是两个问题：区域性金融风险的爆发和假借新型金融名义进行非法集资诈骗的大案不断爆出。2015 年泛亚、e 租宝、大大宝等大案之后，2016 年快鹿和中晋系、2017 年钱宝网等又相继爆出。这些案件非法集资规模都在百亿元的数量级上，涉及投资人众多，从而导致群体事件不断，在一定程度上影响到了社会稳定，并使人民群众的财产遭受了巨大损失。同时，新型金融与其他金融交叉嵌套，而且透明度极差，形成了系统性风险的隐患，并在某些区域发生了大规模债务违约以及社会保障资金无法支付等区域性金融风险。

由于尚未形成严密的监管体系，尤其是缺乏事中监管的法律依据、手段和机构，对于各类新型金融风险，以诉讼和刑事案件立案起诉为主要手段的事后监管，成为这些新型金融的主要监管手段。北京市第三中级人民法院统计，2015 年 1 月至 2017 年 12 月，三中院及辖区法院共受理 P2P 网络借贷纠纷案件两万余件。

三、新型金融属地化监管的实践探索带来的课题

为遏制非法集资诈骗的蔓延势头，合理应对新型金融带来的各种风险，近年来地方政府在金融监管中的责任越来越被强化，也就是强化属地管理的金融监管职责。党的十八届三中全会提出，要"界定中央和地方金融监管职责和风险处置责任"。国务院于 2016 年 2 月发布《国务院关于进一步做好防范和处置非法集资工作的意见》出台，提出"省级人民政府是防范和处置非法集资的第一责任人""地方各级人民政府要有效落实属地管理职责，充分发挥资源统筹调动、靠近基层一线优势，做好本行政区域内风险排查、监测预警、案件查处、

善后处置、宣传教育和维护稳定等工作"。2017年7月，在全国金融工作会议上，习近平总书记强调："地方政府要在坚持金融管理主要是中央事权的前提下，按照中央统一规则，强化属地风险处置责任。"李克强总理指出："要坚持中央统一规则，压实地方监管责任，加强金融监管问责。"2017年11月8日，国务院金融稳定发展委员会第一次会议披露，其工作职责之一是"指导地方金融改革发展与监管，对金融管理部门和地方政府进行业务监督和履职问责"。在2018年省级"两会"上，有11位金融副省长履新。预计下一阶段，强化地方在金融监管方面的责任是党的十九大报告中"健全金融监管体系"的重要组成部分。

在我国，由地方政府对金融进行监管，是一个非常年轻的事物。各省级金融部门成立的时间普遍都还不长。最早成立的省级金融部门是上海市于2002年成立的金融服务办公室。2004年，国务院将农村信用社管理权赋予地方政府。2008年以来，国家逐步允许各地政府试点审批设立地方性金融机构开展业务，包括小额贷款公司、融资性担保公司、区域性股权市场、典当行、融资租赁公司、商业保理公司、地方资产管理公司等机构的审批设立、日常监管和风险处置等。

随着地方金融部门的发展，建设中央和地方的分层金融监管体系，尤其是强化属地风险处置责任，在新型金融的监管推进中得以不断加强。目前正在加紧推进的对于网络借贷平台的监管规范过程中，这种分层金融监管的特征非常明显。2016年8月银监会等牵头制定的《网络借贷信息中介机构业务活动管理暂行办法》中规定"各地方金融监管部门具体负责本辖区网络借贷信息中介机构的机构监管，包括对本辖区网络借贷信息中介机构的规范引导、备案管理和风险防范、处置工作。"2017年，很多省级政府制定了各自的针对网络借贷信息中介的管理办法细则。但由于地方金融监管是一个比较新的事物，面临着监管经验不足、人员编制较少、法律配套各方面都不完善等很多现实困难。

在新型金融目前快速发展，风险不断爆出，而地方金融监管部门监管经验、人员编制及法律配套等各方面都不完善的情况下，负有属地监管职责的地方政府如何做好新型金融的风险防范工作，这是摆在各地方政府面前的一个非常迫切的课题。

第二节　新型金融属地化监管理论基础

一、金融监管理论基础

金融监管与所有其他监管一样面临着两个最基本的问题：为什么要实施监管？怎样监管才是最优化的（或才能实现监管目标）？围绕这些基本问题，有三类最基本的监管理论体系：源于新古典经济学的公共利益监管理论、以 Stigler（1971）和 Posner（1974）为代表的监管经济理论及 Kane（1981）的监管辩证理论。

公共利益监管理论认为，政府的监管主要是对市场过程不适合或低效率的一种反应。该理论假设监管服务于社会公众利益，监管者是仁慈的和具有无限知识的法律与政府法规的忠实代理人，他们的目标是防止自然垄断、外部性、公共产品和不完全信息等市场失灵所产生的价格、产量、分配等变量的扭曲，从而实现保护消费者利益和社会福利的最大化。在对公共利益监管理论的假设提出批评和质疑的同时，学术界于 20 世纪 70 年代出现了对监管的多种解释，产生了监管经济论、寻租理论、税收论、捕捉论、社会契约论等多种监管理论，形成了以利益集团理论为核心的监管管理理论体系，其中以监管经济论的影响最大，并被广泛接受。监管经济论认为，监管是由市场需求与供给进行配置的金融服务，供给者是政府或政治家，在监管的交换中他们获得金融资源或投票权；需求者是专门的利益集团，在监管中他们尽力拓展自己的经济地位，例如他们寻求直接的资金补贴，控制进入者和相关政策等。从公共利益保护角度出发，属地金融监管应注意防止区域性金融风险、大面积金融欺诈、非真实借贷关系（参考美国的真实借贷法），发现和纳入系统重要性机构，解决市场机制在信息不对称方面的失灵，防止金融欺诈和保护消费者合法权益（黄志凌，2017），并防止不正当竞争（曾威，2016）。

Kane（1981，1983）运用黑格尔的辩证法，在监管经济理论的基础上建立了监管辩证论。该理论认为监管实施的效率和目标，随着环境的变化、目标的冲突、金融机构不遵守监管行为的不可检验性等原因而较难达到。从微观经济的角度来看，金融机构受到技术、市场和监管的制约，这些因素发生任何变化将导致重新的最优化过程，所以金融机构的行为会随着上述因素的变化而适时做出调整，监管部门则根据金融机构的行为不断地做出反应，形成辩证的监管过程，即监管、逃避和监管改革，这一不断循环的过程被 Kane 称为再监管过程。由于逃避监管导致了金融机构对要素服务、组织结构的需求变化，而监管的产生过程总是滞后于逃避监管的行为，因而监管的供给总是缺乏效率的或是不足的。为了解决该方面的不足，Kane（1991）提出了监管者竞争理论，即通过引入监管机构之间的竞争机制，来消除监管供给不足和低效率的问题。

上述理论虽然很早就已出现，但是其基本原理在后面多年的实践中反复得到了印证。这些基本原理提醒我们，尽管金融监管是应对金融市场失灵的必要手段，并且应该服务于社会公众利益，但是金融监管中通常伴随着寻租、社会税务（成本）负担增加、利益捕捉和利益集团等问题，需要在监管—逃避—监管改革这样的螺旋式上升过程中不断进行改革和完善。引入监管竞争是消除监管供给不足和低效率的方法之一，要求地方政府实施属地金融监管可能是引入监管竞争的途径之一，同时在属地金融监管中也要时刻注意金融监管中常见的各种问题，并尊重属地监管中的螺旋式上升的规律。

在研究属地监管的新型金融风险防范中，我们要研究目前造成风险的主要原因，尤其是市场失灵的主要表现形式和比较迫切的问题，从公共利益保护的角度深入探讨属地监管的目标和政策，并从各地方政策和效果的对比中，对潜在的利益捕捉和利益集团问题进行挖掘，以利于国家层面形成统一的原则性宏观政策，防止在金融监管方面出现"劣币驱逐良币"的情况发生。

二、2008 年金融危机后金融监管相关研究

2008 年世界金融危机之后，美国、欧盟等对金融监管体系进行了改革。中外学者对西方金融危机后的这些改革进行了分析，很多中国学者和监管实践者提出了对中国监管改革的建议。对于金融危机的基本共识是，金融危机前，极其宽松的货币政策、金融放松监管和次级贷款都达到前所未有的水平，使经济泡沫恶性膨胀，是金融危机发生的直接原因。对于金融监管改革，认为应将防范系统性风险放在更为重要的地位，采取多种监管手段，方式方法相结合，包括宏观审慎监管、微观审慎监管、行为监管、机构监管、功能监管、穿透式监管、透明度监管和智能监管等，并将消费者保护与审慎监管职能分离。

宏观审慎通常表示与宏观经济相联系的一种调控和监管导向，其关注的焦点先后在发展中国家的超额借贷、金融创新与资本市场发展、金融系统顺周期性、系统重要性机构影响、截面维度上的系统重要性金融机构、"大而不能倒"系统风险识别应对、金融与宏观经济间的相互关系、货币政策在应对金融周期方面的不足、宏观流动性不足等方面。与此同时，宏观审慎也逐步超越了金融监管的范畴，形成了宏观审慎政策，并用于泛指应对系统风险的各种政策考量以及与宏观经济和金融稳定相互作用的所有相关主题。2011 年 11 月金融稳定理事会、国际货币基金组织和国际清算银行发布了《宏观审慎政策工具和框架》报告并提交给 20 国集团峰会，该报告对宏观审慎政策进行了界定，即"宏观审慎政策是指以防范系统性金融风险为目标，以运用审慎工具为手段，而且以必要的治理架构为支撑的相关政策"。尽管金融危机之后，宏观审慎成为政策和研究的焦点之一，但是也有学者对于宏观审慎监管或政策存疑虑，认为其概念、工具、要素、范围、指标等都还有待完善。

确保单个金融机构稳健为目标的传统式分业监管是典型的微观审慎监管。微观审慎监管是监管当局为了防范金融机构的个体风险，通过制定资本充足率、资产质量、贷款损失准备、风险集中度、流动性、证券公司清偿能力、保险公司偿付能力、公司治理等审慎指引，定期组织现场检查、监测、评估其风险状况，及时进行风险预警和处置，以维护金融体系的稳定。传统的建立在以微观审慎监管为主要手段的金融监管政策被认为是金融危机的产生根源之一。微观审慎监管被认为不仅对各种风险之间的相互关联性难以有效识别，同时也无力对跨机构和跨行业的风险蔓延做出及时充分的反应。从微观审慎监管的角度来看，即使单个金融机构符合监管指标，但这若干个稳健经营的金融机构"加总"或"合成"之后的结果却可能已经远远超越了一个正常金融体系和经济体所能承受的极限水平。在这种情况下，传统的基于个体金融机构的微观审慎监管面临着前所未有的困境和挑战。

所谓机构监管（institutional regulation 或 entity regulation）是指将金融机构类型作为划分监管权限的依据，即同一类型金融机构均由特定的监管者监管，这是历史上金融监管的主要方式。2018 年之前，中国监管体制强调的是基于金融机构的类型划分而确定监管权力的边界，即由银监会负责监管商业银行和信托投资公司，证监会则负责监管证券公司和基金管理公司，而保监会监管保险公司。在这样的体制下，监管者的权力行使的指向主要不是针对金融机构的某项业务或某种产品，而是金融机构本身。

功能监管最早由哈佛大学商学院默顿教授提出，主张依据金融体系的基本功能来设计监管制度，实现对金融业跨产品、跨机构、跨市场的协调。也就是说，功能监管模式重点关注的是金融机构所从事的经营活动，而并非金融机构本身，因为金融体系的基本功能比金融机构本身更具稳定性，尽管具体金融功能的表现形式可能是多样的，但只要保持金融监管方式与金融基本功能这两者之间的制度适应性，就可以达到有效监管的目的。功能监管理念最早在美国的立法中集中体现是 1999 年的《金融服务现代化法》(*Gramm - Leach - Bliley Act*, GLBA)。这部法律专门设了"功能监管"一章，废除了联邦证券法对于商业银行的适用豁免，要求商业银行的大部分证券业务转交单独的关联机构或子公司，并接受美国证券交易委员会（SEC）的监管。

2016 年 10 月 13 日，国务院办公厅在《互联网金融风险专项治理工作实施方案》中正式提出穿透式监管这一概念，指出"要立足实践，研究解决互联网金融领域暴露出的金融监管体制不适应等问题，需要强化功能监管和综合监管，抓紧明确跨界、交叉型互联网金融产品的'穿透式'监管规则"。虽然，穿透式监管是针对互联网金融风险专项整治所提出的特定概念，但它一经提出就迅速获得了众多学者的支持。穿透式监管是针对金融混业经营的发展趋势，在监管的过程中打破"身份"的标签，从业务的本质入手，将资金来源、中间环节和资金最终流向穿透联结起来，按照实质重于形式的原则辨别业务本质，根据业务功能和法律属性明确监管规则。

透明度监管和智能监管是吴晓求在《中国金融监管改革：逻辑与选择》一文中提出来的。该文认为金融的脱媒催生并推动了金融市场特别是资本市场的发展，金融产品越来越成为信用集合。交易者或投资者的交易行为基于对信息的判断而进行，信息是否充分而透明，决定了风险的存在及其大小，这使透明度成为资本市场存在和发展的基础原因，从而使透明度监管在现代金融监管中越来越重要。传统（人工）监管以指标管理、窗口指导、政策干预等为特征，虽然也强调过程监管（即动态监管），但由于信息能力不足，基本上仍是静态化的目标管理。这就是为什么有时风险已经来临，但却浑然不知的原因。新的监管模式将把金融的信息化能力和云数据平台作为最重要的金融基础设施来建设，以完成从传统的静态监管到智能化的动态监管。智能监管的基石是覆盖金融体系全市场的云数据平台和科学、完整、结构化的风险指标体系。这种智能化的信息系统和云数据平台建设，是中国金融监管模式改革和监管功能提升的关键，是新的金融监管模式和架构能否有效预警、防范、衰减和干预风险的重要技术保障。另外，杜宁等也从监管科技的角度探讨了智能监管的现状和前景。

行为监管通常被认为是与审慎监管并行的一个概念，行为监管最近被越来越多提及，并与金融消费者权益保护密切关联。行为监管指的是监管部门对金融机构经营行为的监督管理，包括信息披露要求，禁止欺诈误导，保护个人金融信息，反对不正当竞争，打击操纵市场行为和内幕交易，规范广告行为、合同行为和债务催收行为，关注弱势群体保护，提升金融机构的诚信意识和消费者的诚信意识，解决消费争端等；同时，围绕这些制定相关规则，建立现场检查和非现场监管工作体系，促进公平交易，维持市场秩序，增强消费者信心，确保金融市场的健康、稳健运行。实施行为监管的典型机构是金融危机后英国金融监管改革新设的英国金融行为监管局（FCA）。FCA行为监管由三大支柱或三大模式构成：一是前瞻性机构监管，强调对单家金融机构或按照某种分类条件对某类金融机构实施提前介入式分析，评估该机构消费者保护的状况，对可能侵害金融消费者权益的风险因素在未产生消极后果之前进行提前干预；二是专题和产品线监管，侧重对涉及多个金融机构、领域、行业的业务和产品进行功能性监测和分析，从消费者保护角度研究和揭示风险，并采取有针对性的措施；三是基于事件的响应式监管，即通过消费者反馈、事件受理等渠道，获知金融机构经营中出现的有损消费者保护、市场诚信和竞争的行为，并进行快速而果断的干预和处理。英国、美国等则实施行为监管与审慎监管并行的双峰监管体制。

这些监管概念在金融危机之后被越来越多地接受和使用，反映了在对金融危机反思的基础上，对金融监管改革的不同方向的思考和建议。这些监管理念和形式、方法对加强属地金融监管也是非常具有启发意义的。由于地方金融监管部门建立的时间大多还不长，上述监管概念，尤其是一些比较新的监管概念，地方金融监管部门对于理论和实践的应用都还非常有限。从地方金融风险监管层面预防区域性风险同样需要有宏观审慎监管的理念，但是我们发现目前有关这方面的研究还很少见。同时很多新型金融给金融消费者带来大面积的侵权问题，这说明地方金融风险监管中的行为监管还非常缺乏。而智能监管作为一种新型的监管方法，有望解决基层金融监管部门经验和人手缺乏的问题，是非常值得探索的一种监管方法。所以我们将对审慎监管、行为监管和智能监管方法在属地新型金融风险防范中的应用进行研究。

三、新型金融监管相关研究

由于互联网金融和金融科技是近年来新型金融的主要形式，较多的学术研究从这两个方面探讨了新型金融监管的现状与问题。大部分研究认为，互联网金融和金融科技对改善金融抑制和金融排斥，实现金融普惠，提高资源配置效率是非常有意义的。由于互联网金融发展初期乱象丛生、大案频发，一些研究从监管真空、行政法规和刑法的完善等方面提出了监管建议。由于互联网金融和金融科技覆盖了多个金融领域并且发展迅速，变化多样，多个研究对中国传统的"一行三会"的金融监管架构改革的迫切性以及改革方案提出了建议，并从准入、信息披露等审慎监管的角度提出了措施，对中国金融监管人才的培养提出了方案。

新型金融监管的难题之一，是如何解决创新与监管之间的矛盾，英国在金融创新领域开展的"监管沙盒"（Regulatory Sandbox）模式引起了国内学术界的重视。根据英国财政部的定义，"监管沙盒"提供了一个安全空间，从事金融创新的企业可以在该安全空间内试验创新产品，尝试新服务以及新的商业模式；政府部门对测试过程进行实时监测并进行评估，以判定是否给予其正式的监管授权。2015年11月，英国金融行为监管局公布了"监管沙盒"的具体实施计划，并开始接受第一批测试申请，次年开始接受第二批测试申请。2017年4月，英国财政部发布监管创新计划，欲通过"监管沙盒"等监管机制，确立其科技金融的全球领导者地位。2017年6月，英国金融行为监管局开始接受第三批测试申请。与此同时，新加坡、澳大利亚、马来西亚、中国香港等国家和地区也相继开始实施各自的"监管沙盒"计划。在我国，北京市政府已于2017年初宣布将对互联网金融进行"监管沙盒"模式的试验，并以房山区北京互联网金融安全示范产业园作为试验地。此外，贵阳、赣州等地针对区块链也相继实施了"监管沙盒"计划。

目前关于新型金融风险的监管研究大多数还是从全国的监管体制出发的，而从属地监管角度研究新型金融风险防范的研究尚不多见。"监管沙盒"是新出现的监管探索模式，一些地方政府进行了积极的试验，但是实施效果尚有待验证。

四、属地金融监管相关研究

由于美国金融监管体制是双层多头监管，属地监管在美国是一直存在的。例如对于P2P业务，监管主体包括SEC、州一级的证券监管部门、FDIC、

CFPB、FTC。州监管部门按各州地方法规对 P2P 平台的准入实施监管和监督，确保业务在州证券监管部门登记后进行，以保证业务的合法性。总体来说，SEC 及州级证券监管部门是从投资者的角度出发进行监管，而 FTC、FDIC 和 CFPB 是基于 P2P 平台中消费者的视角实施监管的。另外，在 P2P 的监管中，《规则 506》《蓝天法案》《投资公司法》《投资顾问法》《资金电子转账法案》《电子签名法案》等诸多法律都发挥着重要作用。

作为金融监管的新尝试，国内在属地监管中面临的各种问题引起了学者们的研究注意。综合我国地方金融监管体制改革现状来看，现有研究认为，地方金融监管中存在以下问题：一是存在泛金融化和金融自由化的倾向，部分领域创新过度，导致非法集资案件激增，有的出现区域性金融风险或者苗头，地方金融机构缺少归口管理部门，这使其与中央监管部门的协调方面存在困难，难以防范和处置系统性风险；二是地方金融机构作为政府办公厅的挂靠机构或直属事业单位，在监管权限和人员编制上很难承担地方金融监管责任；三是地方金融机构职能定位模糊，存在重金融创新而轻监管的倾向，以及对地方金融机构的干预以及监管专业性不足，有些地方的金融机构所有者、监管职能混淆；四是地方监管权力分散，导致"九龙制水各管一头"情况的发生或是监管空白与重复并存；五是依据的规范性文件法律层级较低，可操作性有待进一步提高，并且监管执法权和管理权都极为有限。

关于如何完善属地金融监管，首先国内外学者围绕区域金融风险防范进行了研究，研究遵循 KLR 模型，通过研究已有危机发生的原因来确定预警指标，然后通过对历史数据的统计分析来发现显著的先行指标，并根据这些指标来预测危机发生的可能性。其次，国内学者对地方金融改革试点的温州经验进行了分析。温州设置了地方金融管理办公室和地方金融监管局，分别负责民间金融的审慎监管和行为监管。负有审慎监管职责的金融办侧重负责民间金融机构的准入审批以及系统性民间金融风险的防范，负责行为监管的金融监管局侧重负责金融消费者保护以及民间金融业务行为的合规性监管。同时，温州通过浙江省人大立法的形式，通过了国内第一部金融地方性法规和专门规范民间金融的法规——《温州市民间融资管理条例》。还有一些研究从完善立法、提高处罚力度、试行功能监管、科学划分金融监管权边界、明确中央和地方政府的监管职责、建立金融数据信息共享机制、完善风险预警体系等角度提出了完善属地金融监管的建议。

从以上的研究可以看出，属地监管有可供参考的域外经验，关于国内属地监管中存在的问题以及如何完善属地监管，学术界也有了一些初步的共识。但是对于国家政策中多次强调的属地风险防范职责应如何通过现代监管方法进行落实、新型金融风险和区域性金融风险之间的传导机制以及不同区域的不同做法实施效果如何等方面的研究还非常少。随着地方政府介入金融监管越来越深入，从区域比较的角度采集众人智慧，推广好的做法和经验，夯实地方政府监管责任，出台国家层面的指引将会是接下来几年研究的热点。

总体而言，金融监管方面的研究议题多样、视野开阔、方法丰富、成果辈出、人才济济。但是属地新型金融风险防范作为一个新事物，有关其机制的系统性研究还非常少，从审慎监管、行为监管、智能监管等监管方法进行属地金融风险防范的研究也比较少见，同时从区域政策比较的角度进行属地金融监管研究也有待丰富。笔者认为，应该从属地新型金融风险防范机制、最新监管方法和区域政策比较角度出发，拓展属地新型金融风险防范研究，探索建立新时代面向属地监管的新型金融风险防范体系。

第三节　基于互联网数据和属地化管理的新型金融风险监管研究探索

一、以监管机制建设为基础，以监管方法夯实和创新为核心，以区域比较为绩效评价控制手段

推进面向属地监管的新型金融风险监管体系建设和发展，应以监管机制建设为基础、以监管方法夯实和创新为核心、以区域比较为绩效评价控制手段。

首先，需要从机制建设、方法研究和区域比较三个方面建立面向属地监管的新型金融风险防范理论体系。这种理论体系是面向新时代中国特有国情下的新型中央—地方双层金融监管体制的理论探索和经验积累，是中国金融监管改革探索成果的重要组成部分。

其次，应采用互联网、大数据和人工智能的工具，探索一系列适应新形势，高效、落地的智能化审慎监管和行为监管方法，智能监管方法的研究将建立监管知识图谱、监管情感词典、风险防范算法模型等智能监管的基础性技术，这些基础的突破，将带来重要的技术方法创新，推动智能监管发展，为今后我国

金融监管相关研究提供方法基础。

作为一个幅员辽阔、各地经济发展程度差异非常大的国家，因地施策的重要性越来越高。基于属地管理的新型金融风险防范，就是其中重要的一环，对于这个新生事物进行系统深入研究，对预防目前非常迫切需要治理的新型金融风险问题以及潜在的区域性金融风险问题都具有非常重要的现实意义和应用价值。

二、大数据方法和定量方法的运用

围绕面向属地监管的新型金融风险防范这一问题，应运用大数据方法从三个方面进行研究和探索：属地新型金融风险防范机制研究、监管方法研究和区域比较研究。

一是建立适当的监管机制是有效防范新型金融风险的基础，而监管机制建设是一个综合、长期而复杂的工程。监管机制建设要基于帕累托原则，围绕当下属地监管机制建设中最迫切的问题进行研究，具体包括：属地新型金融企业信息实名获取机制，属地监管的目标和底线确立，属地监管组织机构与机构职责设置，中央和地方政策与法规配套，中央和地方金融风险监管的责权分工及协作协同机制，风险防范阶段性重点工作和目标等。

二是从区域性金融风险防范的角度，建立属地金融宏观审慎监管指标体系和风险监测预警模型及风险处置预案；从金融消费者保护和功能监管、穿透型监管的角度，建立属地金融机构行为监测指标、风险处置预案和流程；研究利用基于互联网、大数据和智能算法的智能监管方法进行区域性金融风险防范和行为监管的基础技术问题和系统框架，并进行示范应用。

三是建立属地监管区域政策比较指标体系和区域效果指标体系，追踪衡量比较区域政策和效果。区域政策比较指标体系初步设想可包括指导思想阐述、监管队伍建设、政策制定、显性工作成果、机构和职责适当性、资源配备等。区域效果的比较可从风险防范效果和地方金融发展效果两个方面建立权重不同的指标体系，具体可包括普惠金融发展程度、金融服务满足程度、金融消费者风险程度、区域性金融风险程度、不正当竞争发生程度等相关衡量指标。在指标体系的基础上可以设立区域新型金融发展指数、区域新型金融风险指数、区域新型金融消费者保护指数等指数体系。在指标体系和指数体系基础上，可以建立国家层面的指引，对地方开展金融风险防范的机制、方法进行指引和指导。

需要综合运用定性研究、定量研究、系统科学和计算机科学的研究方法。定性研究方法包括规范研究法、比较研究法、历史研究法、文献研究法、案例研究法、头脑风暴法等，重点用于风险监管机制的研究，例如机构设置和机构职责方案研究、政策法规配套体系研究等，以及指标体系也要用到定性的研究方法。定量研究方法包括统计分析法、结构方程分析法、时间序列分析法、因子分析法将用于风险监测预警指标、政策指标和效果指标的实证研究。系统科学的研究方法包括系统动力学方法、AHP 层次分析法、德尔菲法，用于监管机制的效果模拟、风险监测指标体系研究等。计算机科学的方法包括 NLP 自然语言处理技术、机器学习、深度学习、知识图谱，用于智能监管系统的研究。

三、全面推进面向属地监管的新型金融风险防范体系建设和发展的目标

通过这三个方面的研究，可以达到以下的目标：以监管机制建设为基础，以监管方法夯实和创新为核心，以区域比较为绩效评价控制和竞争激励手段，从国家高度，全面推进面向属地监管的新型金融风险防范体系建设和发展。具体来说，研究可以从以下重点着手：

一是建立一套兼容性强，并适应动态发展的地方新型金融风险监管机制理论体系。各地方具有不同发展程度和不同经济形态。中央和地方、地方和下级各层政府之间关系不断在动态调整，新型金融不断在发展变化，法律法规处于不断完善过程，地方新型金融风险监管机制理论必须能够适应这些复杂状况，并建立基本支撑点和基础理论。

二是建立区域性金融风险监测预警模型，进行属地新型金融行为监管指标体系研究，包括智能监管的新型金融风险知识图谱、新型金融风险监管语料库和情感字典建设、基于智能算法的新型金融风险的分级分类评估。

三是建立适合中国国情的属地新型金融风险监管区域政策比较指标体系和区域效果指标体系，并形成区域新型金融发展指数、风险指数和金融消费者保护指数。

应该坚持理论与实践相结合、定性与定量研究相结合、传统研究方法与前沿智能科技相结合的原则，对面向属地监管的新型金融风险防范的重大问题进行系统思考与重点突破，力求在吸收国内外相关研究成果的基础上，发展我国面向地方金融监管的理论和方法，规范、推动和发展面向新型金融风险防范的

地方金融监管。应从多角度融合的综合性研究出发，研究成果应不仅体现在理论创新上，而且还将体现在实践指导和决策服务上。可以按照"机制建设—方法落实—绩效衡量"的总体思路，即计划—实施—绩效评价这样一个管理闭环的总体思路展开研究：①探讨面向属地监管的新型金融风险防范机制；②在机制基础上有针对性地构建审慎监管、行为监管和智能监管的新型金融风险防范监管方法，并进行示范应用；③进行区域比较和绩效评估，将先进经验和做法提炼上升为国家指引，同时通过监管竞争提升各地方的金融风险监管水平。

　　属地金融监管在我国是一个新生事物，但是从金融管理体系上看，分层监管是一个正在快速推进的大政方针，从机制建设、审慎监管、行为监管、智能监管和区域政策比较的角度对这个领域进行研究，是非常具有现实紧迫感的议题。从机制建设、方法探索和区域比较三个层面对属地金融监管开展系统性研究非常迫切。以往研究通常从地方监管现存的问题、局部和突出问题的角度开展研究。但新的研究探索应注重系统全面梳理属地金融监管体系，并在新型金融风险防范方面形成计划—实施—绩效评价这样一个管理闭环的研究。从审慎监管、行为监管和智能监管三个新角度对于属地金融监管开展研究非常迫切。以往相关研究注重从中央地方分工和法律法规等角度研究地方金融监管问题，但从金融监管的理念和系统方法角度开展属地金融监管研究非常少，应坚持理论研究与技术创新并重。智能监管是金融监管的大趋势，能够解决人手、经验和知识不足等很多迫切的问题，但是很多基础技术都尚待开发。在属地金融监管中进行一些局部的技术突破，包括金融风险语料库、知识图谱和情感词典等，并开展一些属地智能的实践实验，可以为未来从更高层面和更广泛区域开展智能监管打下良好基础。

|第四章|

基于互联网大数据的
新业态金融监管方案论证

以网络借贷、股权众筹和交叉跨界金融等为代表的新业态金融近年来发展迅速，但诈骗、违法违规、倒闭风险也频频爆发，负责监管的基层政府面临人手少、新业态涉金融企业运作状况掌握不全面等现实问题。基于"互联网＋跨部门政府大数据"的监管预警方式成为了中央政府大力提倡的方式，应利用大数据、计算机科学和机器学习领域的最新技术成果，从新业态涉金融企业识别、新业态涉金融企业全息数据库构建和新业态金融行为风险评估三个层面建立预警模型，着重对新业态涉金融企业的诈骗风险、法律风险和经营稳定性风险进行评估和防范。运用大数据技术开展金融风险防范是监管领域的一个新课题，结合运用"互联网＋政府大数据"，更是比较新的尝试，需要在新业态涉金融领域本体库构建、多源异构数据来源的信息提取和整合、机器学习算法用于金融风险评估等方面获得理论新成果，同时可考虑与基层政府合作，从理论和实践两方面推动大数据技术在新业态金融风险监管中的应用。

第一节　新业态金融监管面临的课题

长期以来，我国经济社会保持较快发展，资金需求旺盛，融资难、融资贵问题比较突出，同时，我国居民储蓄率高但缺乏高收益的投资渠道。以P2P网络借贷、股权众筹融资、交叉跨界金融等为代表的新业态金融近年来发展迅速。在大众创业、万众创新的国家战略下，预计将会有更多的新业态金融方式以新的业务名词、新的业务模式被创造出来。从事这些新业态金融业务的企业并不是传统的金融机构，如持有特定业务牌照的各类银行、券商、保险企业等，而往往是一些并没有金融业务牌照的新创或初创企业，或有某一个领域的经营资质，但业务延伸至其他领域的，如商品交易、融资租赁向理财产品的延伸。所从事的业务虽然涉及向不特定多数自然人或法人发行储蓄或理财产品、提供融资或放贷服务等与金融密切相关的行为，但往往将自己定位于被高度监管的银行、证券和保险等传统金融业务模式之外，例如定位于民间融资、金融信息中介、商品信息中介业务等，我们可以将这些企业定义为新业态涉金融企业。这些新业态涉金融企业在为需要融资的农民、个体工商业者、各类企业等提供了快速的融资渠道的同时，也为城乡居民开辟了新的投资理财渠道，客观上推动了我国利率市场化改革的深入，提高了金融体系资金配置的效率。

但是，这些新业态金融也给社会带来很高的风险。由于新业态金融通常在理财端承诺给投资者以高额回报，很多更是采用线上和线下 O2O 的方式结合门店和网络进行迅速推广，短期内可以集聚大量的投资者和投资额。2015 年以来，我国经济下行压力较大，企业生产经营困难增多，各类新业态融资介入较深的行业领域风险集中暴露，资金链断裂、到期无法兑付等问题频现。作为大量初创企业集中的领域，市场的优胜劣汰导致企业失败率较高，但失败的企业由于与金融密切相关，容易造成民众大面积实质性的资金损失。更有甚者，由于对新业态金融的规制尚处于探索阶段，行业规范很少甚至处于空白，进入门槛非常低，导致一些恶意主体得以轻易地以新业态金融的名义大肆招揽客户，借新还旧的庞氏骗局甚至获取资金后就关门跑路等恶意诈骗现象也时有发生，新业态金融非法集资问题日益凸显。一些经营平台由于参与民众多、财产损失大，频繁引发群体性事件，甚至导致极端过激事件发生，影响社会稳定，政府监管压力巨大。

2016 年 2 月 4 日，国务院发布《国务院关于进一步做好防范和处置非法集资工作的意见》，提出要加快金融新业态法规制度建设，充分利用互联网、大数据等技术手段加强对非法集资的监测预警抓早抓小，强化事中事后监管，遏制非法集资问题蔓延的势头。实际上，探索将大数据技术应用于政府监管是中央政府多次大力提倡的。2015 年 6 月国务院办公厅《关于运用大数据加强对市场主体服务和监管的若干意见》中就提出，应该通过提高大数据运用能力，增强政府服务和监管的有效性。

中国上海自由贸易试验区作为改革开放的先行先试区域，为了加强事中事后监管，探索建立了跨部门的政府大数据中心，归集和动态更新涉及区内3万多家企业的工商、税务、人民银行等76个政府部门和事业单位信息，希望通过跨部门数据中心的建立，解决各行业主管部门和监管部门的信息孤岛问题，对高风险的各种企业行为能够做到早发现、早预防、早处置，同时又不影响企业正常创新和经营。监测新业态高风险金融行为更是成为了工作重点。

除了跨部门的政府大数据，互联网数据可以有效补充政府数据动态性不足、即时信息不充分的局限。将政府大数据和互联网大数据结合，可以真正实现对企业动态实时监测。

在上述背景下，接受某自贸区委托，课题组以基于"互联网+跨部门政府大数据"的新业态高风险金融行为监管预警模型研究为切入点，探索结合跨政府部门和互联网大数据，对企业的高风险行为实施动态、实时、主动、全周期、沉浸式交互自动化监测的方法，并发展这方面的理论，为提高政府对工商企业的动态监测和监管能力做出贡献，推动整个社会规范有序运作。该自贸区本着先行先试的原则，积极支持本课题的研究，尤其是提出要在模型的验证方面给予大力的支持，使本研究的实践意义更加凸显，为形成可示范、可推广的跨界大数据政府监管模式打下了良好的基础。

第二节　国内外研究现状、趋势及本研究的理论价值

对于新业态金融的监管，不同的国家在监管强度和监管手段等方面有不同的侧重点（俞林等，2015）。美国P2P网贷准入门槛高，监管严厉全面，征信体系发达，二级交易市场完善（李逸凡，2015）。美国、意大利、英国、新西兰、法国等国家已颁布了股权众筹的相关立法（冯果等，2014），其他一些国家，如加拿大、澳大利亚等也正在对股权众筹的监管进行建议和征求意见（樊云慧，2015）。在监管手段方面，国外采取的监管手段主要是以消费者权益保护为中心，进行注册制和强制性信息披露。我国对新业态金融的规制还处于探索阶段（周瑞，2012；杨东，2015；冯果等，2014）。刘绘（2015）等认为我国网络借贷高速发展的重要动因则在于"金融脱媒"，网络借贷以"监管套利"的方式，从事类似于商业银行的业务，并因此获得了较高的利润。在此背景下，我国的新业态金融具有典型的中国特色，蕴含的风险也更加复杂。鉴于此，当前态势下，

适应本书所研究的我国新业态金融风险综合监管的国外可供借鉴文献不是很丰富。所以，以下的研究现状和趋势综述中，有关新业态金融风险分析的文献以中文文献为主，在监管模型的实现技术方面则结合中外文文献综述。

本研究对新业态高风险金融行为的监管预警模型，将围绕新业态涉金融企业识别及"关注企业"名单构建、基于金融风险测评的新业态涉金融企业全息数据库构建和基于知识规则与集成学习的企业金融行为风险分类评估开展研究，以下的研究现状和趋势的综述围绕这三个方面展开。

一、新业态涉金融企业识别及关注名单构建

徐宗本（2014）等指出，数据的无边界分布、动态演变、多模态复杂关联和网络化传播是大数据存在的基本特征，为了有效掌握并充分利用这些数据，首先需要感知数据的存在。为了识别区域政府监管范围内新业态涉金融企业，可采用聚焦网络爬虫、垂直搜索引擎。

聚焦网络爬虫，又称主题爬虫，是一种面向特定主题，按照一定规则自动爬取网页信息的网络爬虫（Chakrabarti et al.，1999）。Charkrabarti 带领美国伯克利大学团队开发了聚焦网络爬虫系统。系统依靠两个程序来指导聚焦网络爬虫工作，一个程序用来计算爬取的文档与主题之间的相关程度，另一个程序筛选出那些指向主题相关资源的链接。以聚焦网络爬虫识别新业态涉金融企业，以企业名称关键词和涉金融行为关键词作为聚焦网络爬虫的主题。目前聚焦网络爬虫的研究主要集中于算法改进（li et al.，2012；Ahmadi et al.，2012；李东晖等，2014；方启明等，2007；陈欢等，2014；Peng et al.，2012；Du et al.，2014）、领域应用（Songhua et al.，2014；Dong et al.，2014；Peng et al.，2013）和领域本体库建设等（Zheng et al.，2008；Yue et al.，2014；吴恒亮，2010），在金融行为和主体识别方面应用的研究还不多，新业态金融领域本体库的建设将成为本课题研究的重点之一。

垂直搜索引擎（Vertical Search Engine）是指应用于搜索某一学科领域或某一类信息（如图像、影像）的专业搜索引擎，又称为专题搜索引擎、专门搜索引擎（邵秀丽等，2011；王文钧等，2010；Yue et al.，2014），垂直搜索引擎通常是建立在聚焦网络爬虫的基础上。垂直搜索引擎的应用领域很多，典型的如去哪儿网、百度财富、网贷之家、融360 等，各行各业都可以进一步细化成各类的垂直搜索引擎。例如，以理财产品为主题的垂直搜索引擎目前也已经出现，

但是不能用于定位商事主体，所以有必要专门定制用于新业态金融行为商事主体识别的聚焦网络爬虫和垂直搜索引擎。

很多新业态涉金融企业，往往采取多地注册，多公司主体对外经营，分支公司间关联交易频繁的经营方式，所以仅识别监管区域内涉金融企业，可能导致只能察觉到分支机构的金融行为链条上个别环节而无法防控整体风险，或者因本区域企业并非核心经营主体未出现在互联网识别到的涉金融企业名单中而发生遗漏。本课题组前期调研中发现有一些数据公司如启信宝等已经有企业关联关系的数据库，一些体现在注册登记中的关联关系可在数据库中查询到，但是目前看起来关联关系并不全面。课题组需要使用命名实体识别等技术补充挖掘，综合使用聚焦网络爬虫、垂直搜索引擎和企业关联关系，才能够尽可能全面地识别新业态涉金融企业主体，使监管不留死角。

二、基于金融风险测评的新业态涉金融企业全息数据库构建

感知数据存在后，应该对复杂数据进行有效的形式化和量化的表示（徐宗本等，2014），基于风险测评的新业态涉金融企业全息数据库的作用就是将对商事主体的各项数据和文本信息进行结构化、量化和可视化，为风险评估打下基础。由于我国新业态金融风险原因多样，表现形式复杂，导致传统的基于信用评级的风险评估和监测方法比较难以适应新业态金融的风险评估和监管。同时由于新业态金融处于成长中，出现的问题从金融诈骗到经营不善而倒闭都有，所以建立企业的全息数据库，从数据中学习和侦测，使监管适应新业态就变得非常重要。

全息数据库结构化过程中，信息条目和维度的选择非常重要，而现有研究中对各类平台的评级研究等可供本研究建立全息数据库时选择信息条目参考。曾较早提示 e 租宝风险的融 360 和人民大学网贷评级团队对 P2P 产品的评级指标包括股东背景、是否加入行业协会、管理团队背景、IT 技术实力、注册资本 / 实缴资本、上线时间、债权保障度、风险准备金、资金安全、标的种类、借款集中度、成交量、借款人数、投资人数、平均借款期限、运营时长、累计待还金额、运营数据公开、其他信息披露、资金流动性、投资便捷性、借款人信息披露等。郭海凤（2015）等选择成交金额、营收额、标的数、注册资本、成立时间、所在地区、安全系数七项指标来衡量网贷平台的综合竞争力。聂进（2015）等从

链接分析法的角度，利用流量指标、总链接数、入链网页数、入链网站数、外部网络影响因子、网络可见度对样本网贷平台进行了评价，实证发现链接指标与市场表现成正比。这些新业态金融评价相关研究，选取的指标发散程度比较大，体现出新业态金融风险监测还在探索中。同时相关研究，对于如何防范金融诈骗是十分不足的，而这正是监管的焦点。

"互联网＋政府大数据"的新业态涉金融企业全息数据库的结构化过程，可以参考上述评级指标，同时加入政府数据中心的不诚信记录、社保记录、各部门的执法记录、税务信息等，从更多维度监测新业态涉金融企业各项行为数据和关系数据，为风险评价和防范提供更有力的数据支持。

三、基于知识规则与集成学习的新业态金融行为风险分类评估及监管预警

目前的金融风险评估常用的是基于知识规则的风险评估系统，如常规的个人信用评价。而新业态金融的特点是鱼龙混杂、风险复杂，很多新的业务模式都处在探索和学习中，仅采用基于知识规则的风险评估容易产生较多的误报和无效报警。所以需要结合传统的知识规则方法和人工智能模式识别的机器学习算法对新业态金融行为进行分类评估。

将人工智能应用于新业态高风险金融行为风险分类评估和监管，目前的研究非常少见，但是将模式识别（汤俊等，2015；周晓光等，2012）、支持向量机（胡海青等，2011；陈伟松，2014）等半监督及集成学习（Galindo et al. 2000；刘新海等，2015）方法用于金融及风险管理中的研究在国内外均已经开展。

美国的 ZestFinance 在信贷申请评分方面利用大数据生成数以万计的风险变量，然后分别输入不同的预测模型中，例如欺诈模型、身份验证模型、预付能力模型、还款能力模型、还款意愿模型以及稳定性模型等，使预测更为精准。Galindo（2000）等比较了多种机器学习方法用于信用评分预测的效果，发现分类回归决策树（CART）方法的错误率最低；其次是神经网络算法和 KNN 算法。汤俊等（2015）提出在反洗钱监管中，与传统特征匹配法采用"if then"判别模式不同，基于机器学习等智能和数据分析技术的行为模式识别方法可通过对一段时期的用户行为数据进行理解，掌握其行为模式规律与趋势，从而减少防卫性滥报和误报，提高监管的效率。周晓光等（2012）对具有不同度量单位的财务指标进行标准化，根据最大最小法计算相关系数，建立了相似矩阵，根据指

标之间的相似度进行模糊聚类，利用 TOPSIS 方法进行财务风险的模式识别。陈伟松（2014）将支持向量机（Support Vector Machine，SVM）技术用于个人信用评分系统的设计，提出了一种特征加权支持向量机的个人信用评估方法，然后通过前向顺序特征选择算法对实验结果进行分析，证明了该特征加权支持向量机分类算法的有效性。胡海青（2011）等研究了在供应链金融模式下的信用风险评估，提出了综合考虑核心企业资信状况及供应链关系状况的信用风险评估指标体系，运用机器学习的方法支持向量机建立信用风险评估模型。这些研究都为我们将半监督机器学习和集成机器学习方法用于新业态金融行为风险评估分类提供了有益的启示。

除此之外，很多学者通过 P2P 网贷平台、股权众筹平台和商品期货交易平台，从运营和法律的角度对新业态金融的风险类型进行了研究。俞林（2015）等提出互联网金融行业的风险包括违约风险、欺诈风险、政策风险以及操作风险。刘绘（2015）等提出，P2P 网络借贷存在的风险包括非法集资、产品异化、资金混同、保障不足和网络技术风险。罗斯丹（2014）等提出 P2P 的风险包括由信息不对称引起的技术风险、中间账户监管缺位风险、流动性风险和证券化风险、担保与关联风险等。张巧良（2015）等经过三轮问卷调查，将 P2P 网贷平台存在的风险确定为法律风险、信用风险、技术风险、无序竞争风险、声誉风险、市场风险、与机构合作风险以及内部管理风险。傅啸（2015）等认为股权众筹面临的风险包括侵犯知识产权、创业者与投资人之间的信息不对称等。

2014 年 4 月，银监会以新闻发言的形式为 P2P 平台明确四条红线，即明确平台的中介性质，平台本身不得提供担保，不得归集资金搞资金池运作，不得非法吸收公众资金。2015 年 12 月发布的《网络借贷信息中介机构业务活动管理暂行办法（征求意见稿）》则更详细地规定了网络借贷信息中介机构不得从事或者接受委托从事利用本机构互联网平台为自身或具有关联关系的借款人融资；直接或间接接受、归集出借人的资金；向出借人提供担保或者承诺保本保息；向非实名制注册用户宣传或推介融资项目；发放贷款，法律法规另有规定的除外；将融资项目的期限进行拆分等 12 项禁止行为。

在上述文献中，学者通过研究所提出的风险类型和监管层提出的法律红线规则为我们评估新业态金融的风险分类及法律风险提供了很好的参考，为运用机器学习对新业态金融风险进行评估打下了坚实的基础。

四、本研究的理论价值

本研究将"互联网+跨部门政府大数据"的方法用于新业态金融风险监管预警模型的开发，将极大地推动大数据在政府监管中的应用，使用聚焦爬虫和垂直搜索用于新业态涉金融企业的识别，基于金融风险评估的新业态涉金融企业全息数据库构建和基于知识规则与机器学习的新业态金融行为风险分类评估在目前的研究中都还非常少见。本研究的研究成果将极大地丰富大数据监管方面的技术实现和"互联网+政府数据"的价值发现方面的理论与实践。

第三节　研究目标、研究内容、拟突破的重点和难点

一、研究目标

国务院 2016 年 2 月 4 日发布的《国务院关于进一步做好防范和处置非法集资工作的意见》文件中提出，地方各级人民政府要有效落实属地管理职责，做好本行政区域内风险排查、监测预警等工作。本研究的目标就是依托"互联网+政府大数据"，综合计算机与互联网技术、数据挖掘与机器学习最新成果及金融风险管理原理并加以创新，以解决地方政府在监管资源不足的情况下，对新业态金融行为进行监管的预警问题，具体目标包括：

第一，探索建立基于互联网大数据的新业态涉金融企业的识别方法，以构建政府监管特定领域的关注名单。随着中国创业创新进入新的发展阶段，业态创新、管制放松成为大趋势，该研究成果不仅可以用于对新业态涉金融企业的识别，还可移植复制用于更多业态创新的领域。

第二，探索构建基于金融风险评估的新业态涉金融企业全息数据库的方法。该数据库既可以作为后续金融风险分类评估的基础，也可以作为跨部门政府大数据中心的一部分内容，面向为政府大数据中心提供数据的相关政府部门、事业单位开放，供各个部门多用途使用，使政府大数据中心形成良性健康发展。

第三，探索基于知识规则与机器学习的新业态金融行为风险分类评估的方

法，对诈骗风险、不规范经营风险和濒危企业风险能够早发现、早预防、早监管，并使政府监管力量可以有针对性地开展风险防范监管。

二、研究内容

（一）新业态涉金融企业识别及关注名单构建

对新业态高风险金融行为实现动态实时监管的基础是识别新业态涉金融企业，从而建立新业态涉金融企业关注名单。从前期我们对监管部门的调研来看，监管难题之一是如何实时发现企业正在从事新业态金融业务。由于对新业态金融的规制暂时比较薄弱，企业的经营范围往往并不能反映企业的实际经营业务，造成形式上（而不一定是法律上）的企业超范围经营，因此，从企业登记数据无法识别到被监管对象，更无法实时主动进行风险防范。

2015 年 12 月 28 日，银监会同工业和信息化部、公安部、国家互联网信息办公室等部门研究起草的《网络借贷信息中介机构业务活动管理暂行办法（征求意见稿）》公开征求意见，其中第五条规定"拟开展网络借贷信息中介服务的网络借贷信息中介机构，不包含其分支机构，应当在领取营业执照后，携带有关材料向工商登记注册地地方金融监管部门备案登记"。预计该办法施行后，识别网络借贷领域被监管对象的问题可以得到缓解，但诸如股权众筹、交叉跨界金融等问题可能会依然存在。同时业态创新和某些企业逃避监管的手段层出不穷，仍是监管面临的主要问题之一。

注册企业的数量巨大，而从事监管的人员极其有限，以某监管区域为例，区内注册企业为三万多家，负责金融风险防控的综合监管人员仅为个位数，同时他们还监管其他很多事项。在这种情况下，采取手工识别被监管对象的方法是不可行的，人工监管企业风险更是非常困难。针对监管区域内的企业进行基于人工智能的信息化排查，找出新业态涉金融企业就变得非常重要。在新业态涉金融企业名单排查的同时，还需要根据企业业务性质的不同进行简单的归类，并确立主要高管人员和实际控制人的名单。所以最终的新业态涉金融企业关注名单将包括企业名单、业务类型、关联企业及关联关系、主要高级管理人员及控制人名单。

（二）基于关注名单构建新业态涉金融企业的全息数据库

对关注名单上的企业，结合政府数据和互联网数据建立基于金融风险评测的新业态涉金融企业全息数据库。

根据前期对监管部门的调研，我们了解到，建设跨部门政府数据中心，打破各条块的信息孤岛，并不是一件容易的事情。其中的问题之一，是如何建立各部门向数据中心提供数据的激励，各部门在向数据中心提供了数据后，希望数据中心能够给予共享数据的反馈，便于各部门结合共享数据，提升自己的服务和监管，例如海关和工商共享数据后，发现同一个企业在不同的政府部门具有截然不同的表现，从而引起了高度关注。

目前自贸区针对辖区企业已经建立了包括人民银行、证监会、商务委、公检法、口岸、社保等总计1964项信息的高度结构化的数据库，涉及失信被执行人、刑事民事处罚等管理和处罚类信息1303项，涉及社保账号、支付机构、特许金融机构、证券分支机构、资产交易、证券期货、消保委被曝光企业、协会会员信息等登记类、资质类基础信息507项，涉及年检、年报公示、广告审查、商标、域名注册等运营类信息62项，以及进料加工贸易、租赁贸易、存款余额、贷款余额等综合统计类信息92项。数据中心还开发出了企业轨迹查询等企业动态追踪的查询方法。这些数据为我们建立企业全息数据库打下了良好的基础。

政府数据往往静态和节点数据较多，对企业运营中产生的动态数据非常不足，所以不能满足实时、动态的监管需求。如果对新业态涉金融企业进行风险评估，互联网产生的动态实时数据与政府的静态节点数据相结合往往是更奏效的，例如一些P2P企业为了使自己看上去更可靠，宣称自己有国资背景，但在其所有经营主体的工商注册登记股东资料中均为自然人股东，找不出跟所宣称的国有企业的关联，这就需要引起警觉。所以，企业全息数据库将遵循"互联网＋政府数据"的方式进行构建。

互联网数据的来源包括企业自身、有担保及关联关系的企业官方网站、企业社交媒体账号、中国新闻报刊数据库企业相关信息、财经专业网站相关信息、企业在各种媒体上发布的广告宣传信息、在招聘网站上发布的人员招聘信息等。传统金融领域的信息披露是非常严格的，并需要向相关主管部门按规定定时上报各种信息。涉金融企业信息结构化可以参考金融企业上市公司披露准则的信息条目及以往研究中针对网贷平台信用评级中所关注的信息条目。

在以上数据收集的基础上，经过自然语言处理、数据清洗和信息抽取，可以建立"结构化＋半结构化"的新业态涉金融企业全息数据库，并对数据库信息进行初步的统计和可视化，供监管部门人工判别和干预使用。

（三）基于知识规则与机器学习的新业态金融行为风险分类评估

这部分的研究内容，将在新业态涉金融企业全息数据库的基础上，采取基于知识规则的风险评估方法和基于机器学习的风险评估方法对企业风险进行评估。

基于知识规则的风险评估适用于规则非常明确的风险判断，例如以期货交易模式开办网络交易平台，而本身在政府数据库中并无期货交易所资质，则可以判别出违规经营的性质。在规制尚不明确、很多规则处于灰色地带的新业态金融领域，则需要结合使用基于知识规则的风险评估和基于机器学习的风险评估方法。基于机器学习的风险评估方法需要首先针对负例和正例进行特征提取和数据挖掘，建立基于数据挖掘和各种机器算法的半监督学习和集成学习的风险分类评估系统，对现有关注名单内的企业进行风险测评，并根据风险测评结果采取监管措施。

以新业态金融中的P2P平台为例，据不完全统计，法院以非法集资结案的案例、公安经侦立案处理中案例、跑路案例、经营不善导致关闭清算案例等负例在全国范围内已达到千家以上，其中有一些在自贸区进行了（关联）企业注册。同时在自贸区有关联企业注册且正常经营达3年以上的稳定经营平台也有一定的数量。这些正例和负例都为算法训练打下了良好基础。

根据我们对以往的负例的研究发现，跑路平台或非法集资案例主体行为特征可能包括：信息披露非常不透明，许诺高于市场行情的回报率，多地点注册，宣传的高管或股东代言人跟注册登记的法人和高管信息无关联，认缴资本和实缴资本差异大，短时间内注册资本与注册地点多次变化，持续招聘大量理财销售人员，员工入职离职频繁，关联担保，公司网站更新频率低、内容简单，媒体负面报道和第三方机构负面评价，主要创始人或控制人有失信记录，利用社会心理伪造国企背景、政治名人或知名机构等虚假背书，倾向于使用北京、上海等地关联主体注册内地的分支机构作为经营载体，高管或控制人学习经历与金融行业关联度低，关联关系企业频繁变更股东等。基于机器学习的金融行为风险评估可以采取多种算法，包括KNN、决策树、朴素贝叶斯、支持向量机及AdaBoost元等算法对训练样本进行学习，然后输入测试样本，通过比较测试样本的目标变量值与实际样本类别之间的差别，得出不同算法的实际精确度，从中选出更适合的算法。

借鉴ZestFinance的做法，本研究对新业态金融风险的评估将构建诈骗倾向模型、法律风险模型及稳定性模型等，向监管单位提供诈骗嫌疑的"关注企业"名单、违法违规嫌疑企业名单及高经营风险的"关注企业"名单，并在名单中给出基于风险概率的预警系数，从而在多个角度预警风险，以利于监管分别采取不同的措施应对。

三、拟突破的重点、难点

重点之一：新业态涉金融企业识别中，用于聚焦网络爬虫和文本信息提取的新业态金融领域本体库的建设。有效的本体库可以大大提高涉金融企业行为的识别准确度，并且可以提高文本信息抽取的正确率。

重点之二：新业态涉金融企业全息数据构建的维度选择。维度选择过多造成不必要的数据收集、计算和存储量，过低则无法满足风险评估的精度要求。

重点之三：新业态涉金融企业风险评估的分类预警。风险分类必须与监管的实际用途挂钩，而且要尽量避免漏报和误报，在准确度比较高的基础上实现风险分类预警。

难点之一：在新业态涉金融企业识别中，由于新业态金融企业关联关系复杂所带来的识别难题。为了规避监管风险，很多涉金融产品在网络前台体现的工商主体与线上资金运作主体、线下经营主体、实际最终控制人之间的关系往往并不明确，甚至完全看不出关系，例如 e 租宝的网络经营主体与各地使用的在线下吸收公众资金的主体、开设的线下门店等，从注册信息上看，很多是没有关系的，也看不出实际控制人与网络经营主体之间的关系。从我们对一些新业态涉金融企业的调研看，这种情况的存在并不在少数。一些控制人往往通过协议控制或注册无关自然人壳公司的方式多点经营，有些甚至是通过所属境外公司与境内公司签订协议的方式控制国内注册的壳公司开展经营。这为我们识别新业态涉金融企业带来了很大的难题。互联网大数据在这方面可以大有作为。尽管从登记注册信息看不出实际控制人和网络经营主体之间的关系，但是从产品广告宣传，企业形象推广，内部员工在贴吧、微博等上面发出的信息，以及微博用户关系上所获得的社会关系网络等信息可以帮助我们找到最终控制人的蛛丝马迹及不同经营主体之间的关联关系，通过关联关系再定位到监管区域内的涉金融企业。同时，这种故意隐藏关联关系的做法本身也是高度风险的提示。所以结合政府数据和互联网数据进行企业关联关系的挖掘将是本研究的难点也是重点之一。

难点之二：新业态涉金融企业全息数据的文本信息抽取和数据结构化。为了建立全息数据库，必然要收集涉金融企业大量的网页和文本信息，而从这些信息中提取有用的信息，使数据达到结构化和半结构化，是目前整个大数据应用中的难题。目前文本信息抽取模型主要有三种：基于词典的抽取模型，基于规则的抽取模型和基于隐马尔可夫模型（Hidden Markov Model，HMM）的抽取模型。本课题将重点探索基于上下文和领域规则的抽取模型，并结合隐马尔可夫链、最大熵（Maximum Entropy，ME）模型等，探索新业态涉金融企业的文本信息抽取方法。

难点之三：一些不法企业为了逃避技术监管，在披露虚假和不实信息时，采取将文字信息图片化的方式，为信息识别和抽取增加了难度。针对这种情况，我们将在机器学习算法中，增加图片信息的权重计算，对于特定领域图片信息超过一定权重比例的机构提高其预警系数。

第四节　研究方法与关键技术

一、研究方法

本书的研究方法涉及经济管理学科常用的规范研究法、实证研究法，并需要结合使用计算机科学和机器学习领域的诸多最新的工具方法。

1. 规范研究方法

规范研究法采用归纳法和演绎法，由一般的概念和原理出发，通过逻辑推理推导结论。文献研究是规范研究法中最常见的研究方法之一。本书很多方面涉及规范研究法的使用，例如新业态金融领域本体库涉及大量的文献研究和抽象、归纳、演绎过程，新业态涉金融企业数据库维度的选择需要对大量风险评估方面的文献进行归纳等。

2. 实证研究方法

管理学中的实证研究方法包括案例实证研究方法和数据实证研究方法。本书中运用案例实证研究主要针对机器学习的资料准备过程，将准备多个正例和负例的文字资料和数据资料，并对案例开展多层次的分析。同时，基于统计分析的数据实证方法贯穿研究的始终，将用于新业态涉金融领域本体库有效性的检验，对全息数据库维度的有效性和效率的检验以及各种风险评估模型的有效性检验等。

3. 计算机科学的工具方法

无论是网络信息采集还是信息存储、信息抽取，都需要运用到大量的计算机科学的工具方法，包括基于 Java 语言、R 语言或 Python 语言的聚焦网络爬虫构建，基于 Python 的自然语言处理，基于 Nutch 开源搜索引擎系统和 MetaSeeker 等开源软件的垂直搜索引擎构建，基于 UCI 的网页与文本信息抽取，基于 Apache Spark、MapReduce 和 Hadoop 框架的分布式数据存储和处理等。

4. 机器学习的工具和算法

包括基于 Python 的机器学习算法构建及 K- 近邻算法、决策树算法、朴素贝叶斯算法、Logistic 回归算法、支持向量机算法、AdaBoost 元算法、K 均值聚类算法、条件随机场、Apriori 关联分析算法、FP-growth 频繁项集发现算法、主成分分析（PCA）降维技术、奇异值分解（SVD）降维技术以及基于 IBM SPSS Modeler 的数据与文本挖掘工具等。

二、实验手段

考虑到本研究数据源既包括互联网数据又包括政府大数据，并且需要结合利用结构化、半结构化、非结构化的数据，所以需要搭建可以应对大数据存储与分析的基于 Hadoop 的实验平台。

在 Hadoop 开源生态系统中，对于非结构化数据的存储是通过 Hadoop HDFS 项目来解决，半结构化数据或结构化数据是通过 HBase 项目来解决，而对于面向时间序列的数据则是通过 OpenTSDB 项目来解决。HDFS 可以通过增加机器来横向扩展系统的存储能力，系统具有高可靠性、高性价比的特点。它适合对数据进行分布式计算，特别适合 MapReduce 的计算模式，并且适合存储非结构化数据。HBase 也可以通过增加机器来线性扩展系统的存储能力，是一个面向列的 NoSQL 数据库，适合存储半结构化数据或非结构化数据，能方便地利用 MapReduce 框架进行数据分析，有较好的读写性能和丰富的接口类型，包括 Java API 和 Shell 等。Open TSDB 能实时（秒级别）、连续和多指标地存储大数据，存储能力能横向扩展；提供 IE 接口，将收集到的各种数据以曲线图的方式同步显示在 IE 上；提供 Python 接口，通过编写脚本程序实现提醒和报警等功能；提供 R 语言接口，可以利用 R 语言来分析收集到的时间序列数据。

MapReduce 是 Google 公司于 2004 年提出的能并发处理海量数据的并行编程模型，是 Hadoop 生态系统中用于数据分析的项目，其特点是简单易学、适用广泛，能够降低并行编程难度，让程序员从繁杂的并行编程工作中解脱出来，轻松地编写简单、高效的并行程序。MapReduce 并行编程模型通过定义良好的接口和运行时的支持库，能够自动执行大规模计算任务，隐藏底层实现细节，降低并行编程的难度。其主要特点包括：①使用廉价的商用机器组成集群，费用较低，同时又具有较高的性能；②松耦合和无共享结构使之具有良好的可扩展性；③用户可根据需要自定义 MapReduce 和 Partition 等函数；④提供了一个运行时支持库，它支持任务的自动并行执行，提供的接口便于用户高效地进行任务调度、负载均衡、容错和一致性管理等；⑤ MapReduce 适用范围广泛，不仅适用于搜索领域，也适用于满足 MapReduce 要求的其他领域计算任务。

Apache Spark 也是一个开源框架，源自加州大学伯克利分校，其继承了 MapReduce 的线性扩展性和容错性，同时做了一些重量级扩展。在 MapReduce 中需要将中间结果写入分布式文件系统中，但 Spark 能将中间结果直接传到流水线作业的下一步，同时它扩展了内存计算能力，并通过将预处理到模型评价的整个流水线整合在一个编程环境中，大大加速了开发过程。它的 Scala 和 Python API 让我们可以用表达力极强的通用编程语言编写程序，同时紧密集成了 Hadoop 生态系统里的很多工具，能够读写 MapReduce 支持的所有数据格式。

Hadoop 有三种安装模式：本地（单机）模式、伪分布模式和全分布模式。出于实验和模型测试目的，本书研究拟采用由两台主机服务器组成的伪分布模式搭建实验平台，一台机器作为主节点，另一台作为从节点（一台主机软硬件大约 7 万元）。

为了测试本研究所提出模型的可靠性，在研究初期阶段，我们将以自贸区监管区内的部分企业作为测试对象，主要包括在经营范围中申报了投资咨询、计算机技术服务等业务的企业约 4000 多家。为避免出现数据量太大实验平台不能完全处理的情况，根据实验情况，然后逐渐将区内企业的摸底范围扩大。

三、关键技术

本研究中用到的计算机科学技术和机器学习算法比较多，从前期预研究的各种技术和算法对本课题适用性的初步分析看，需要用到的几种特别重要的技术如下：

1. 聚焦网络爬虫

聚焦网络爬虫开始工作前，用户需描述其希望爬取的主题。传统聚焦网络爬虫，通常采用文本挖掘中的话题表示模型，即与话题紧密相关的文档集合的特征向量模型，通过文本相似度计算来发现新的相关网页，从而进行话题相关网页的在线爬取。聚焦爬虫中主题的粒度往往较大，更适合用领域本体库来描述。用领域本体库定义爬取的规则是一个新的研究方向，但是新业态金融领域还未构建本体库，本研究将在这方面展开探索，构建出更适合新业态金融领域企业识别和信息抽取的本体库。

2. 垂直搜索引擎

垂直搜索引擎抓取的数据通常来源于垂直搜索引擎关注的行业站点，抓取的数据倾向于结构化数据和元数据。本研究中行业热点网站包括融360、网贷之家、大公国际、新浪财富、百度财富、东方财富、36氪、人人投、众筹网、众筹之家等。需要抓取的重要数据包括公司名称、高管名单、控制人名单、产品收益率、产品类型等。另外书中的垂直搜索引擎还将用于搜索和结构化抓取聚焦网络爬虫所收集的网络资料。

3. 命名实体识别

识别网页中的企业名称、注册地址、经营地址、高管和控制人名单是典型的命名实体识别技术的应用。本研究中，对新业态涉金融企业识别、关联关系企业挖掘和企业高管及控制人名单识别等，都需要用到命名实体识别技术。中文的命名实体识别难度比较大，是目前信息抽取中的一个研究热点，在命名实体识别方面用的较多的方法是结合使用知识规则和基于统计的机器学习方法，将机器学习和人工知识结合起来。常用的机器学习方法包括隐马尔可夫模型、最大熵、支持向量机、条件随机场等。本研究将比较各种算法，并针对使用需求对算法进行改进。

4. 支持向量机

支持向量机的分类原理是基于最大间隔的超平面分类，其对数值型和标称型数据都可以适用。支持向量机在文本分类分析方面被认为具有明显的优势（平源等，2014），主要体现在：支持向量机基于VC维理论和结构风险最小化原则，能通过输入控件的运算有效地解决文本数据的高维、稀疏问题；支持向量机对于二次规划问题，避免了神经网络分类器无法克服的局部最优值问题；文本向量特征之间有明显的相关性，诸如朴素贝叶斯等建立在特征独立性假设基础上的算法受该特性影响较大，而支持向量机对此并不敏感；支持向量机针对有限样本情况得到最优解，并可有力地支持增量学习和主动学习模式，解决文本分类样本收集困难、内容更新快等问题，更符合实际应用。由于本研究中，大量的负例

数据是文本数据，预计在诈骗风险判定中，支持向量机的优势比较突出。

5. 条件随机场

条件随机场（Conditional Random Fields，CRF）由 Lafferty 等人于 2001 年提出，近年来在分词、词性标注和命名实体识别等序列标注任务中取得了很好的效果。它是一种用于标注和切分有序数据的条件概率模型，集合了最大熵模型和隐马尔可夫模型的特点，具有表达元素长距离依赖性和交叠性的能力，能方便加入上下文信息以及领域知识，并且解决了标记偏置的问题。预计条件随机场在本研究的新业态涉金融企业及其高管、控制人识别、企业关联关系识别中发挥重要作用。

6. KNN 算法

KNN 算法是一种非常有效的非参数分类算法，已经广泛应用于分类、回归和模式识别等领域。该算法的主要优点是学习过程只是简单地存储已知的训练数据，当遇到新的查询样本时，取出一系列相似的样本，用来分类新的查询样本。该算法的基本思想是：首先，把训练样本作为欧氏空间的点存放，所有样本对应于 n 维空间的点，根据客观的事实或专家的经验，将一定数量的训练数据设定好分组；其次，给定一个待分类数据库样本，计算训练数据和它的距离（一般采用欧几里得距离），根据这个距离，确定在训练样本集中与该新样本距离最近（最相似）的 k 个样本，使用这 k 个邻居的类别作为新样本的候选类别；最后，根据这 k 个样本所属的类别判定待分类样本所属的类别。该样本与 k 个邻居之间的相似度按类别分别求和，减去一个预先得到的截尾阈值，就得到新样本的类别测度。对于训练数据中存在噪声或有缺失数据的数据库，算法有很好的健壮性，不影响算法结果的正确性。当给定足够大的训练集合时，或对于海量的数据库，该算法仍然是非常有效的。预计该算法在新业态涉金融企业的稳定性风险评估方面可以发挥比较好的作用。

7. Aprior & FP-growth 算法

企业关联关系和控制人关联关系挖掘是本研究中需要重点解决的问题，这就要用到机器学习和数据挖掘中的关联规则挖掘。关联规则挖掘（Association Rule Mining）在数据挖掘中占有极其重要的地位，是数据挖掘领域成果颇丰而且比较活跃的研究分支，是用于发现隐藏在大型数据集中令人感兴趣的联系。Apriori 算法和 FP-growth 算法是当前关联规则中两大主要频繁项集发现算法。Apriori 算法是布尔关联规则挖掘频繁项集的原创性算法。该算法利用逐层搜索的迭代方法找出数据库中项集的关系，以形成规则，其过程由连接（类矩阵运算）

与剪枝（去掉那些没必要的中间结果）组成。FP-growth 算法不同于 Apriori 算法生成候选项集再检验是否频繁的"产生—测试"方法，而是使用一种称为频繁模式树（FP-tree）的紧凑数据结构组织数据，并直接从该结构中提取频繁项集。两种算法各自有自己的优缺点和适应情况，在本研究所需要的关联关系挖掘中可以结合和对比使用。

除上述关键技术外，本研究中还需要用到 K 均值聚类算法对新业态涉金融企业类型进行划分，利用主成分分析（PCA）降维技术和奇异值分解（SVD）降维技术确定新业态涉金融企业全息数据库的关键维度等，限于篇幅，这里就不再一一讨论了。

第五节　研究成果总结

经过历时三年的技术开发、数据实验和平台搭建，研究取得了丰硕的成果。

领域导向的大数据价值发现理论与方法是近年来国家大力提倡的研究方向，同时本研究解决的新业态金融监管问题也是各级政府部门高度重视并且迫切需要解决的一个问题。本研究基于政府大数据和互联网大数据，以新业态高风险金融行为的监管模型为研究对象，探索从新业态涉金融企业识别、全息数据库构建和诈骗风险、法律风险和稳定性风险三类风险出发，提高了监管的全面性、及时性和针对性，这既解决了国家经济发展中的热点实际问题，又从大数据技术方面挖掘政府大数据和互联网大数据在市场监管中的作用和价值，理论意义和实践意义都非常重大。

本研究利用发展中的互联网大数据和人工智能技术，面向市场监管的实际问题，在多个研究内容上进行了创新探索：

在放松管制、大力创新的经济发展主基调下，基于大数据、互联网和计算机技术的创新业态企业识别，将是未来我国市场监管手段中的主要方法之一，本研究率先在这方面开展了探索，并建立了一套企业业务自动识别的机制方法，开发了这方面的技术。

本研究中新业态金融领域本体库的建设为解决新业态金融企业识别和新业态企业互联网信息抽取打下了坚实的基础，提高了监管的全面性、针对性和准确率。

企业隐性关联关系挖掘，在理论研究上还非常少见，但是其对于监管具有重大实践价值。本研究基于互联网大数据，采用机器学习算法探索企业隐性关联关系的挖掘方法，具有重要的探索价值。

基于互联网大数据和政府大数据的新业态涉金融企业全息数据库的建立，将抽取基于金融风险评估的信息库关键维度。以前的金融风险评估往往建立在几个或几十个关键的指标基础之上。大数据技术和方法的逐步发展以及互联网信息的愈加丰富，使我们数据处理能力大大增强，本研究从多源异构数据出发建立企业全息数据库，将为我们进行企业风险评估打开了一个全新的视界。

基于机器学习算法的涉金融企业风险分类评估目前的研究还不多见，互联网和政府大数据的结合及中国经济管制放松以来伴随的企业多样性风险爆发，为建立基于多种机器学习算法的涉金融企业风险评估提供了良好的条件。针对监管所关心的诈骗风险、法律风险和高经营风险，本研究建立了多种模型进行评估，从理论研究和实践应用看，都具有很高的创新价值。

本章参考文献

［1］Ahmadi-Abkenari F., Selamat A.. An Architecture for A Focused Trend Parallel Web Crawler With the Application of Clickstream Analysis［J］. Information Sciences, 2012, 184（1）: 266-281.

［2］Chakrabarti S., Berg M. V. D., Dom B.. Focused Crawling : A New Approach to Topic-specific Web Resource discovery［J］. Computer Networks 1999, 31（s 11-16）: 1623-1640.

［3］Dong H., Hussain F. K.. Self-Adaptive Semantic Focused Crawler for Mining Services Information Discovery［J］. IEEE Transactions on Industrial Informatics, 2014, 10（2）: 1616-1626.

［4］Du Y. J., Hai Y. F., Xie C. Z., et al. An Approach for Selecting Seed URLs of Focused Crawler Based on User-interest Ontology［J］. Applied Soft Computing, 2014, 14（1）: 663-676.

［5］Galindo J., Tamayo P.. Credit Risk Assessment Using Statistical and Machine Learning : Basic Methodology and Risk Modeling Applications［J］.

Computational Economics, 2000, 15（1-2）: 107-143.

　　［6］Li Y., Wang Y., Du J. E-FFC: An Enhanced Form-focused Crawler for Domain-specific Deep Web Databases［J］. Journal of Intelligent Information Systems, 2012, 40（1）: 159-184.

　　［7］Peng T., Liu L.Focused Crawling Enhanced by CBP-SLC［J］. Knowledge-Based Systems, 2013, 51（1）: 15-26.

　　［8］Peng X., Qin Q. Focused Crawler Research for Business Intelligence Acquisition［J］. International Journal of Hybrid Information Technology, 2013, 6: 187-194.

　　［9］Xu S., Yoon H.J., Georgia T. A User-oriented Web Crawler for Selectively Acquiring Online Content in E-health Research［J］. Bioinformatics, 2014, 30（1）: 104-114.

　　［10］Yue H. G., Zhang L., Meng F. J., et al. Research and Implementation of a Vertical Search Engine in the Financial Domain［J］. International Journal of u- and e- Service, Science and Technology, 2014, 7（5）: 117-128.

　　［11］Zheng H. T., Kang B. Y., Kim H. G. An Ontology-based Approach to learnable Focused Crawling［J］. Information Sciences, 2008, 178（23）: 4512-4522.

　　［12］陈吉荣, 乐嘉锦. 基于 Hadoop 生态系统的大数据解决方案综述［J］. 计算机工程与科学, 2013, 35（10）: 25-35.

　　［13］陈欢. 面向垂直搜索引擎的聚焦网络爬虫关键技术研究与实现［D］. 武汉: 华中师范大学, 2014.

　　［14］陈娜, 徐歆壹, 宋红兵, 等. 基于 Hadoop 的电信 BSS 大数据平台建设研究［J］. 电信科学, 2013, 29（3）: 36-40.

　　［15］陈伟松. 基于 SVM 的个人信用评分系统设计［D］. 上海: 上海交通大学, 2014.

　　［16］樊云慧. 股权众筹平台监管的国际比较［J］. 法学, 2015（4）: 84-91.

　　［17］方启明, 杨广文, 武永卫, 等. 面向 P2P 搜索的可定制聚焦网络爬虫［J］. 华中科技大学学报（自然科学版), 2007, 35（S2）: 148-152.

　　［18］冯果, 袁康. 境外资本市场股权众筹立法动态述评［J］. 金融法苑, 2014（2）: 387-405.

　　［19］傅啸, 董明. 股权众筹平台面临的风险及应对策略研究［J］. 现代管

理科学, 2015（8）: 48-50.

［20］郭海凤, 陈霄. P2P 网贷平台综合竞争力评价研究［J］. 金融论坛, 2015（2）: 12-23.

［21］何欣奕. 股权众筹监管制度的本土化法律思考——以股权众筹平台为中心的观察［J］. 法律适用, 2015（3）: 97-101.

［22］胡海青, 张琅, 张道宏, 等. 基于支持向量机的供应链金融信用风险评估研究［J］. 软科学, 2011, 25（5）: 26-30.

［23］胡文博, 都云程, 吕学强, 等. 基于多层条件随机场的中文命名实体识别［J］. 计算机工程与应用, 2009, 45（1）: 163-165.

［24］李保利, 陈玉忠, 俞士汶. 信息抽取研究综述［J］. 计算机工程与应用, 2003, 39（10）: 1-5.

［25］李东晖, 廖晓兰, 范辅桥, 等. 一种主题知识自增长的聚焦网络爬虫［J］. 计算机应用与软件, 2014（5）: 29-33.

［26］李建江, 崔健, 王聃, 等. MapReduce 并行编程模型研究综述［J］. 电子学报, 2011, 39（11）: 2635-2642.

［27］李清, 刘金全. 基于案例推理的财务危机预测模型研究［J］. 经济管理, 2009（6）: 123-131.

［28］李逸凡. 比较与借鉴——美国和中国 P2P 网贷平台的发展［J］. 理论月刊, 2014（10）: 125-129.

［29］李玉敏. 11 部委联手整治非法集资, 央行警示三类 P2P［N/OL］. 21 世纪经济报道,［2015-04-29］. http://m.21jingji.com/article/20150429/5177ae23c e94725fd86af519cd8cfd5d.html.

［30］刘绘, 沈庆劼. 我国 P2P 网络借贷的风险与监管研究［J］. 财经问题研究, 2015（1）: 52-59.

［31］刘宪权. 互联网金融股权众筹行为刑法规制论［J］. 法商研究, 2015（6）: 61-71.

［32］刘新海, 丁伟. 美国 ZestFinance 公司大数据征信实践［J］. 征信, 2015（8）: 27-32.

［33］罗斯丹, 王茜. 我国加强 P2P 风险的监管研究［J］. 经济纵横, 2014（9）: 28-31.

［34］聂进, 胡琳霜. 基于链接分析的 P2P 网络借贷平台评价探析［J］. 图书馆学研究, 2015（13）: 37-45.

［35］平源，周亚建，杨义先.基于支持向量机的聚类及文本分类关键技术研究［M］.北京：人民邮电出版社，2014.

［36］融360与中国人民大学.2015年第四期网贷评级报告［R/OL］.［2016-02-11］.http：//s0.rong360.com/upload/pdf/c4/e2/c4e279a7162ddf0104244f10cc86a26d.pdf.

［37］邵秀丽，刘彬，张涛.基于Nutch的垂直搜索引擎的设计和实现［J］.计算机工程与设计，2011，32（2）：539-542.

［38］孙岩，吕世聘，王秀坤，等.基于结构学习的KNN分类算法［J］.计算机科学，2007，34（12）：184-186.

［39］孙镇，王惠临.命名实体识别研究进展综述［J］.现代图书情报技术，2010（6）：42-47.

［40］汤俊，王妍.基于行为模式识别的可疑金融交易监控体系的构建与完善［J］.西南金融，2015（2）：15-18.

［41］王文钧，李巍.垂直搜索引擎的现状与发展探究［J］.情报科学，2010（3）：477-480.

［42］吴恒亮.基于领域本体的Web信息抽取方法的设计与实现——以网易汽车资讯网页信息抽取为例［J］.图书馆论坛，2010（3）：78-81.

［43］徐宗本，冯芷艳，郭迅华，等.大数据驱动的管理与决策前沿课题［J］.管理世界，2014（11）：158-163.

［44］晏杰，亓文娟.基于Aprior & FP-growth算法的研究［J］.计算机系统应用，2013，22（5）：122-125.

［45］杨东.P2P网络借贷平台的异化及其规制［J］.社会科学，2015（8）：88-96.

［46］俞林，康灿华，王龙.互联网金融监管博弈研究：以P2P网贷模式为例［J］.南开经济研究，2015（5）：126-139.

［47］张巧良，张黎.P2P网贷平台风险评价指标研究——基于层次分析法［J］.南京审计大学学报，2015（6）：85-94.

［48］周瑞.论交易场所的"乱"与"治"——从我国交易场所清理整顿谈起［J］.证券法苑，2012，6（1）：262-278.

［49］周晓光，朱蓉.基于模糊聚类和模式识别的企业财务风险分析［J］.科技管理研究，2012，32（8）：115-118.

|第五章|

大数据环境下跨境进口电商的风险监测方案论证

第一节 引言

　　跨境电子商务指不同国家或地区的交易主体，通过电子商务平台达成交易并在网上进行支付结算，之后通过跨境物流将商品送达消费者来完成整个交易的一种国际性商业活动。跨境电商的发展创造了贸易新模式，引领了消费新趋势，"买全球、卖全球"正在变为现实。同时，跨境电商也正在成为经济发展的新动力，成为大众创业、万众创新的重要平台。以杭州综试区跨境商品进口主阵地的下沙园区为例，目前该园区拥有天猫国际、苏宁易购等70多家平台电商，网易考拉、银泰网等100多家垂直电商，以及中外运、海仓科技等80多家电商服务企业入驻，这直接带动周边上千家企业"触电"上网，奶粉、护肤品、零食等近万种商品活跃在跨境电商线上平台。阿里研究院的报告则预测，到2020年，中国跨境电商交易规模将达12万亿元，占中国进出口总额约37.6%。

　　近年来我国出台了多项政策促进跨境电子商务〔见附录1：我国支持跨境电商发展主要政策列表（2012~2017年）〕，跨境电子商务取得了突飞猛进的发展。据海关统计，2017年我国通过海关跨境电商管理平台进出口货物902.4亿元，同比增长高达80.6%，其中跨境进口电商虽然不如出口电商体量大，但是发展也非常显著。2017年，杭州海关关区跨境电商进口全年实现76.7亿元，同比增长94%；上海海关共监管跨境电商进口订单1643.7万单，涉及金额36亿元，同比增长45.2%和66.3%；宁波海关共审核通过跨境电子商务进口申报单4592.96万票，销售额80.11亿元，同比分别增长60.48%、48.85%。

　　跨境进口电商业务在快速发展的同时，也暴露出了很多风险问题，表现在走私逃税、产品质量、生物安全、卫生安全、外汇管理、知识产权保护、消费者保护等多个领域。2017 年 9 月 20 日，国务院常务会决定，按照包容审慎有效的要求加大监管创新，推动建立针对跨境电商的交易风险防范和消费者权益保障机制。一些研究提出了通过加强大数据应用来实施创新监管的建议。例如杨春梅等、上海工商局提出出入境检验检疫局、质监局、海关、外汇、工商等涉及跨境电商监管的部门，应加强数据信息的共享，整合完善涵盖货物信息的注册备案、过关审查、行政许可、信用评价管理等在内的大数据信息平台。在此基础上，定期对跨境货物信息进行分析，研判每个阶段存在的主要风险点，进而方便为信息搜索、风险预警及控制提供依据。

从上海市的角度来看，有效进行跨境电商的风险监测，在提高跨境进口电商贸易便利化的同时，通过控制风险，树立上海进口电商"产品质量令人放心，售后服务保障有力，国门风险控制得力"的形象，有助于上海进口电商业务的发展，也有助于实现上海的品牌战略。因此，本研究致力于从跨境进口电商的全程全产业链监管的角度，研究如何通过大数据监测方法的落实和工作推进，监测和控制跨境进口电商的风险，通过帕累托改进，不断提升进口电商的风险控制力度，推动上海跨境进口电商的发展。

第二节　跨境进口电商商业特征及其给监管部门带来的风险与挑战

一、跨境进口电商的商业模式

图 5-1　跨境电商直购进口 C2B2C 模式

跨境进口电商的商业模式，以起点物流的不同方式，目前主要可以分为两种：直购进口和网购保税进口。直购进口是指国内买家在网上下达订单，网购商品以国际小包裹发出，直接邮寄进口，申报、缴税通关。其主要特点是商品以个人包裹的形式，通过邮政通道或国际快递通道入境。跨境电商的直购进口以C2B2C方式居多，如图 5-1 所示。洋码头和小红书上第三方商家很多采用这种模式，其典型物流链是：除了 C2B2C 模式外，直购进口还有 C2C 和 B2B2C 等模式。C2C 以跨境微商和社交型跨境电子商务平台居多，在这种模式中，电商平台对贸易链掌控力度比较小，境外物流选用比较随机。B2B2C 的典型代表是海购丰运，由 eBay 和顺丰合作，在 eBay 上购买后，指定顺丰海外转运仓，由顺丰负责清关和配送到消费者手中。

网购保税进口是指电商营运者以整批货物购买的方式在国外采购后整批发货，先以保税模式进入海关特殊监管区域，网上订单生成后，再以小包裹形式申报、缴税出区，派送至国内买家。其主要特点是商品统一由境外较大批量运至境内，运输成本较低。网购保税进口以 B2C 方式居多，其典型物流链是"国外大型商家或生产商—电商平台直营采购报关入境进入保税仓库—国内消费者"，如图 5-2 所示。由于消费者并不直接接触国外的商家，所以不直接算入跨境进口电子商务模式的商务主体中。网易考拉海购、京东全球购、天猫国际、唯品国际等平台上的自营/直营业务大都是这种方式。

图 5-2　跨境电商网购保税进口模式

据调研，目前跨境进口电商以网购保税模式为主，约占到所有进口额的70% 以上。上海跨境消费具有几大特点：前十大商品来源地是美国、英国、日本、中国香港、加拿大、德国、澳大利亚、法国、韩国、意大利；前十大商品品类是美妆护理类、母婴类、服装鞋包类、保健品类、数码产品类、家具用品类、钟表首饰类、户外运动类、奢侈品类、其他；前十大网购平台是天猫国际、京东全球购、亚马逊海外购、Amazon、聚美优品、eBay、6pm、考拉海购、洋码头、蜜淘、小红书；在三条主要渠道中，约22% 的消费者选择直接去境外网站购买，约30% 的消费者选择微信、朋友等代购，约48% 的消费者选择国内电商平台购买。

二、跨境进口电商产业新特征及其所带来的挑战

跨境进口电商带来的各种风险，是由于其产业新特征与传统进口贸易显著不同造成的。跨境进口电商的新特征包括：①小额化。不同于传统货物贸易由生产商、零售商或进出口商等进行批量进出口的方式，跨境进口电商的买方多是个体消费者及小型零售商等，电商贸易的订单多是小批量甚至是单件，品种也非常的繁杂。②多主体。指跨境进口电商贸易往来中的商品流、物流、资金流、信息流主体不再局限于批量较大的交易双方和传统贸易链上的有一定规模的经营主体。跨境进口电商的贸易链，从较大批量的生产商—贸易商 B2B 模式，向前延伸到了小商家，向后延伸到了个人消费者，形成了 C2B2C、B2B2C、B2C 和 C2C 等并存的多种模式。境内外小商家、小中介以及新型电商平台等纷纷加入这个新的产业链，并在多边交易平台、支付结算平台、物流平台上实现交换整合，完成跨境直接贸易。国家质检总局 2016 年发布新闻提到，据不完全统计，我国跨境电商企业超过 20 万家，平台企业超过 5000 家。③高频度。目前，跨境电子商务交易的商品多是消费品，支付的便利以及物流的便捷实现了单个企业或消费者能够即时按需采购、销售或消费，跨境交易双方的交易频率大幅提高。据杭州检验检疫局统计表明，2016 年，电商备案企业 424 家，备案商品 8078 种，每日通关邮件包裹平均达到 9.5 万个。宁波海关统计表明，平均每天需处理 12.96 万票跨境进口电商业务。总体来看，"小额化、高频度、多主体"是跨境进口电商的三个显著不同于传统进出口贸易的特征。

跨境进口电商带来的贸易新特征，对传统的进出口监管模式产生了极大的挑战，海关（含国检）、金融监管、市场监管（含质监和食品药品监管）等部门都遇到了前所未有的监管难题。由于品种繁杂、批量小的特点，使建立在以往对大批量产品进行抽检的检查模式无法适应；贸易多主体化的特征，使传统的监管模式面临被监管主体的数量出现大爆炸的趋势，需要对以往未进入监管视野的多种类、大批量主体进行监管；高频度的特点使传统的以批次进行监管的模式面临批次、数量天量级增长的困难。

跨境进口电商带来的贸易新特征对海关、国检、外汇管理等口岸监管部门带来的挑战具体表现在：一是工作量增加并复杂化。海关、国检要监管数量庞大的、品种繁多的小批量物品，并分别征收小额税款等。外汇要监管天量笔数的跨境结算。二是抽验率降低。进口电商申报票数庞大造成检验、验证工作量加大，而口岸监管受资源限制，只是进行随机小概率抽检，无法一一核实和详细记录。

三是追究违法行为的难度加大。跨境贸易的双方分属两国，使资料的调取有很大难度，快递单凭寄件人填写，快递公司很多时候并不核对物品，这样就给口岸监管查找违法闯关物品和违法结汇的真正责任人增加了难度。

三、跨境进口电商海关及国检监管风险

跨境进口电商业务特征带来的海关监管风险有：一是税收流失风险。据调研，按照 B2B2C 保税模式进口的产品，通常征收 10% 左右的行邮税，这相较一般贸易需要征收的关税和 17% 的增值税而言，要低很多。一些商户利用这种税收优惠，把一般货物贸易"蚂蚁搬家""化整为零"，通过跨境进口电商进口，导致税款流失甚至可能是规模化流失。一些地方已经发现有非法企业采用虚假身份信息进行报关，以达到通过电子商务渠道进口大宗货物的目的。跨境进口电商"正面清单"管理制度下，还有一些经营主体高值低报或者伪报，以达到偷逃税款的目的。二是违禁物品入关风险加大。违禁物品可以通过夹杂在其他货物中，伪报税号、品名，钻查验率低的空子，利用跨境进口电商渠道非法入关。更严重的是，不法分子可能寻求机会和漏洞，进口诸如濒危动植物产品、毒品、生化武器和核武器等违禁品，对国家安全构成潜在威胁。三是违法行为追究难的风险。跨境物品买方和卖方都可能提供不真实的信息，即使查缴出违法违规行为，也难以追究到真实的责任主体。跨境进口电商涉及很多境外平台和商家，即使发现违法行为，也很难追究责任。

跨境进口电商业务特征在出入境质量监督和检验检疫方面带来的风险包括：一是质量不合格产品大量涌进的风险。2016 年 6 月，由无锡检验检疫局针对跨境电商抽查的 32 批次进口日用消费品中，不合格率高达 75%。2017 年国家质检总局在国际消费者权益日主题会议上，公布了经由跨境电商渠道进口的玩具、纸尿裤和餐厨具等消费品的质量抽查结果，在抽查的 1013 批次中，检出的不合格项共 415 批，不合格率为 40.9%，质量安全问题非常突出，跨境电商正成为进口消费品的问题"重灾区"。二是侵犯知识产权的假冒产品大量涌进的风险。三是危害生物安全、卫生安全的物品大量涌入的危险。例如媒体多次报道非法多肉植物被检验检疫查获的新闻，但是这些商品在进口电商平台上有大量售卖，虚假申报是入关的常态。四是跨境进口食品药品安全风险问题。2017 年央视"3·15"晚会曝光的跨境电商卡乐比麦片来自日本核污染地区。

四、跨境进口电商外汇、工商和消费者保护监管风险

跨境进口电商对于外汇监管的挑战则表现为：一是洗钱和逃汇、套汇风险。可以通过虚报货值、"蚂蚁搬家"的方式逃汇、套汇或者洗钱；二是无法正确掌握跨境网络交易支付性质的风险。目前跨境网络交易支付大部分是通过第三方平台来进行的，跨境网络交易资金划转难以获取真实的交易性质的资料。

由于一些跨境电商模式涉及在国内注册的电商平台，所以工商部门在处理消费者投诉中也对跨境电商的风险日益重视，例如上海工商课题组提出，跨境电商面临经营主体难以落实、产品溯源管理困难和消费维权渠道不通等风险。

经营主体责任难以落实。传统国际贸易由于货物所有权已转移给国内进口商，在产品质量、消费维权等方面完全可以按照中国的法律来落实中间商的主体责任。跨境电商往往由国外卖家直接到国内消费者，中间缺少经营责任承载主体。而对国外卖家，在身份识别、产品溯源等方面难以运用中国法律进行规范。

产品溯源管理困难。传统国际贸易买卖双方通过订立合同方式对产品来源渠道、质量要求予以明确，因此一旦发生质量问题或被消费者要求退货，能够快速有效地进行溯源。跨境电商多是境内消费者向境外企业或自然人购买商品，由于批量小、随机性强，买卖双方不可能通过合同方式对产品溯源做出规定。

消费维权渠道不通畅。由于面临不同国家和不同文化的差异，跨境电商买卖双方的信息不对称问题更为严重，更易造成消费纠纷。目前我国的《消费者权益保护法》《网络交易管理办法》等法律法规对消费者权益的保护和消费纠纷解决途径均做了明确规定，但其法律效力溯及范围一般为"中华人民共和国境内"。对于由国外卖家责任造成的消费纠纷，如何更好地畅通消费维权渠道值得探索。

除了以上风险，工商风险监管中还有一个更大的风险来源是传统的企业工商监管渠道失效的问题。首先，我国对于企业主体的监管，基本还是以属地和经营地监管为主，但是跨境电商中的很多商家，属地不在国内，无法通过传统的工商注册监管方式监管。其次，通过网络经营，其经营发生地点可以遍布全国，而作为国外小商家不可能在所有的经营地都进行注册，甚至是完全不在国内注册。最后，虽然法律规定电商平台要承担很多消费者保护方面的责任，但是跨境进口电商平台企业也不一定是国内企业。所以跨境进口电商业务中，属地监管和经营地监管模式面临失效的问题。

从消费者保护的角度，目前跨境进口电商的主要风险包括：①疑似售假问题

突出，包括假物流卖假货、真物流卖假货、假物流卖真货（走私）等。②跨境造成的退换货难题。③很多电商平台有严重的霸王条款。④物流过程不可控因素多，造成收货周期长、破损率高等。⑤大面积信息泄露等信息安全事件时有发生。⑥虚假交易、刷单超信、恶意差评等电商常见问题，跨境电商也是"重灾区"。⑦国际商品和企业行为规制、标准各异，导致不法商家或平台钻标准缺失的空子，"假洋货""劣质货"涌入国内，不规范的广告泛滥，并造成了一定的安全隐患。⑧无发票或假发票问题，导致售后服务难以获得等一系列问题。⑨知识产权冲突问题，典型的如跨境电商从境外合法取得的正品再次在中国销售时，与在中国取得商标独占许可的商标被许可人及在中国获准注册的商标专用权人之间产生的商标冲突等。

从上海工商局 12315 消费者投诉信息公示的企业投诉信息排名情况来看，京东、小红书等经营跨境电子商务的企业，在电子商务领域的被投诉量一直居高不下，而且京东投诉的解决率一直在低位徘徊（2017 年 44.8%，2018 年一季度 14.8%），远远低于其他电子商务企业，例如东方电视购物（2017 年 85%，2018 年一季度 92.8%）和小红书（2017 年 80.8%，2018 年一季度 58.8%）。

五、跨境电商公共服务平台给电商业态带来的业务不畅风险

作为跨境进口电商大数据监管的重要实施方法，各地都建设了跨境电商公共服务平台，如上海的跨境电子商务公共服务平台、宁波跨境贸易电子商务服务平台"跨境购"、杭州跨境电子商务通关服务平台"跨境一步达"、深圳市跨境贸易电子商务通关服务平台等。"单一窗口"建设为进出口电商和支付、物流、仓储等企业提供数据交换服务，为海关、检验检疫、税务、外管等部门提供信息共享平台，力争实现"一次申报、一次查验、一次放行"，提高口岸监管便利化程度。

周坚男等在 2017 年的调研中发现，基森物流、纽海国际（1 号店）、宝尊电商等企业均反映上海市跨境电子商务公共服务平台的交互设计、安全保障、网络通畅程度等，距离企业用户的要求还有一定差距。一些企业通过跨境电商渠道自上海入境的货物，会被企业运输至杭州下沙、宁波保税区等转关后，重新运回上海进行国内物流的分拨。

跨境进口电商带来的监管风险见表 5-1。

表 5-1　跨境进口电商带来的监管风险

风险领域	风险种类
海关	1. 税收流失风险：一般贸易改由跨境进口电商等情况
	2. 违禁物品入关风险：夹杂在大量过关包裹中，查处概率低等
	3. 违法行为追究难的风险：对境外主体无法追究等
国检	1. 质量不合格产品大量涌进的风险
	2. 侵犯知识产权的假冒产品大量涌进的风险
	3. 危害生物安全、卫生安全的物品大量涌入的危险
	4. 跨境进口食品药品安全风险问题
外汇	洗钱和逃汇、套汇风险
工商	1. 经营主体难以落实
	2. 产品溯源管理困难
	3. 消费维权渠道不通
	4. 企业属地监管和经营地监管方法失效
消费者侵权和保护	1. 疑似售假问题突出，包括假物流卖假货、真物流卖假货、假物流卖真货（走私）等
	2. 跨境造成的退换货难题
	3. 很多电商平台有严重的霸王条款
	4. 物流过程不可控因素多，造成收货周期长、破损率高等
	5. 大面积信息泄露等信息安全事件时有发生
	6. 虚假交易、刷单超信、恶意差评等电商常见问题
	7. 国际商品和企业行为规制、标准各异，导致不法商家或平台钻标准缺失的空子，"假洋货""劣质货"涌入国内
	8. 无发票或假发票问题，导致售后服务难以获得等一系列问题
	9. 知识产权冲突问题
"单一窗口"平台风险	交互设计差、安全保障低、网络通畅程度差造成的电商贸易链不通畅

第三节 大数据助力政府进行风险 监测的典型应用和运行模式分析

风险监测是风险监管重要的组成部分，将大数据技术用于政府风险监测和监管，是近年来兴起的一种主要的政府监管创新，在国内外都得到了探索和实践。

一、国外政府大数据风险监测典型应用——以大数据为基础的纽约市政府决策系统

2013 年 4 月 17 日，纽约市成立了市长办公室的数据分析团队（ mayor's office of data analytics，MODA ），其定位是纽约市的民间情报中心，收集和分析来自这座城市各个市政职能部门的所有数据，以提升政府治理的效能，更有效地打击违法行为，保障公共安全，实现安居乐业。

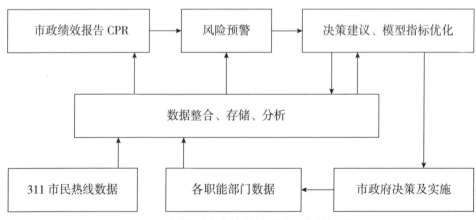

图 5-3　以数据分析为基础的纽约市政府决策系统

从图 5-3 可以看出，建立在大数据分析基础上的纽约市政府决策系统，由数据输入模块、数据整合分析模块、数据输出和绩效评估模块、预警模块、特定领域决策情报加工和指标优化模块、决策方案制订模块六个模块组成。该系

统的数据输入和整合部分，汇总整合了来自公共安全、基础设施、教育等 20 多个市政职能部门的信息，以及来自市民热线 311 平台（类似于上海的 12345）的所有呼叫信息。甲骨文软件系统有限公司受纽约市政府的委托，开发了一套名为市政绩效报告（Citywide Performance Reporting，CPR）的商业情报工具，这套工具包括 500 多个指标，通过 DataBridge 中存储的即时数据，分别对 40 个政府部门的服务绩效进行公开、客观、便捷评估。

除了对市政各职能部门的绩效进行评估，这套系统在众多的风险监测领域也发挥了作用，如提示火灾风险高的区域、提示非法排放地沟油的饭店、提示不当售卖处方药的药店等。其中众多风险提示，是综合了多个职能部门和市民热线平台信息而来的。对非法排放地沟油的提示，数据来源有饭店名单、市民热线关于下水道堵塞的投诉、商业诚信局地沟油运送许可证企业名单等问题，其提示的风险企业名单经检查人员执法，正确率达到 95%。纽约每年有近 3000 栋建筑因火灾损毁，为此 MODA 系统综合了 100 万栋建筑物相关数据，包括居民收入水平、建筑物年份、电气性能情况等。通过数据运算，系统对建筑物的火险概率依次排列，有针对性地开展火灾预防整改措施，实施当年火灾发生率下降了约 24%。

二、国内大数据风险监管典型案例——某自由贸易试验区基于大数据的新金融风险监测

该自由贸易试验区（以下简称"自贸区"）由于采取了市场准入放开，注册手续便利化等改革，新注册企业数量大规模增长，带来市场繁荣的同时，也为事中事后监管带来了极大的挑战。e 租宝、中晋系等新创涉金融企业违法经营给投资者造成极大损失，凸显以大数据技术进行市场主体风险防控的重要性和急迫性。为此，试验区 2016 年 3 月份委托上海对外经贸大学开展了"大数据在市场主体风险防控中的应用"的研究。

新业态金融风险监管的第一个难题是如何精准定位从事新业态金融的企业。为解决这一问题，上海对外经贸大学研究团队首创基于网络大数据的企业业务自动识别技术，识别出了该区域 8000 多家新创涉金融企业中从事风险高发业务的公司 200 多家，包括网络借贷 P2P 企业、股权众筹企业和商品期货交易中心企业等。

新业态金融风险监管的第二个难题是如何动态监测并评估企业的风险程

度。上海对外经贸大学课题组经过大量和多维数据实验，建立了新业态金融的风险监测和评估模型。该模型融合互联网数据与跨部门的政府数据，以行为监管预警模型研究为切入点，设计了对企业开展动态、主动、免打扰监测的监测方法和风险评估模型。模型可对高风险企业提出预警，使政府部门可以有针对性地对高风险企业实施精准监管，提高政府事中事后监管能力和效率，并为事前监管提供合理建议。风险监测模型中的数据包括公司治理信息、行政处罚信息、用户评价信息、负面舆情信息、业务与产品信息、企业自披露信息、知识产权信息等 80 多个维度的数据。风险评估则采用朴素贝叶斯和深度神经网络等机器学习方法，对企业开展新业态金融企业风险评价。

通过大数据实现新业态金融市场主体风险的监管，还有赖于一套界面友好的人机交互系统来持续为政府的市场监管提供实时决策支持服务。针对新业态金融的市场风险监管，课题组在基础模型与算法开发的基础上，开发了自贸区新业态金融企业的风险查询平台原型系统，在平台上集成了研究中的企业经营业务类型自动排查、企业风险评估等成果。平台包括五个查询页面：查询首页、类金融企业查询页、P2P 企业名单页、高风险企业名单页以及企业监管信息详情页。在此研究的基础上，自贸区在 2017 年进一步推进和部署了平台的建设工作。

利用研究所提出的模型，课题组精准提示了涉嫌金融诈骗企业 1 家、涉嫌非法集资的大规模企业 1 家、涉嫌无牌照经营商品交易中心业务企业 16 家、高风险 P2P 企业 58 家、高风险股权众筹企业 4 家。这些高风险企业的提示，帮助自贸区及时发现了企业的风险行为并采取措施，避免了很多投资人产生损失，带来了良好的经济社会效益。值得注意的是，该预警系统之所以能够实施工程化并产生良好实践效果，是因为试验区集成了工商、税务、社保、一行三会、通信管理局等 80 多个委办局的数据。此外，课题组还集成了第三方平台数据、企业网站数据和 APP 数据等数据源的数据。

三、中外基于大数据的政府风险监管系统运行主体模式分析

政府利用大数据进行风险监管的运行模式，按开发方和运营方的主体不同可以分为四类：Ⅰ类是政府同时作为大数据应用的开发方和运营方；Ⅱ类是由政

府作为开发方，企业作为运营方；Ⅲ类是企业作为开发方，政府作为运营方；Ⅳ类是企业同时作为开发方和运营方。运行模式分类如表5-2所示。

表5-2　大数据应用开发运行模式分类

		运营方	
		政府	企业
开发方	政府	Ⅰ类	Ⅱ类
	企业	Ⅲ类	Ⅳ类

　　Ⅰ类开发运营模式，是由政府同时作为大数据应用的开发方和运营方。在城市管理中，此类模式通常应用于与政府强力部门职责紧密相连的领域，如公共设施管理、治安管理等。该类模式的突出优点在于政府对其具有较强的控制力。基础数据安全等级较高的领域也适合采用该模式。

　　Ⅱ类开发运营模式，是由政府作为大数据应用的开发方，企业作为运营方。在城市管理中，此模式比较少见，原因在于：一方面政府并不擅长大数据应用的开发；另一方面，数据资源具有可复制性、非竞争性、产权模糊性等特性，企业的逐利冲动使该模式存在较大道德风险。

　　Ⅲ类开发运营模式，是由企业作为大数据应用的开发方，政府作为运营方。在城市管理中，此模式采用较多，原因在于企业具有更专业、更高效的大数据应用开发人员。由政府提供数据源并提出需求，企业按需开发，能降低研发的时间和人力成本，提升精确度。但数据安全隐患也不可忽视。

　　Ⅳ类开发模式，是由企业同时作为大数据应用的开发方和运营方。在城市管理中，此模式也比较常见，尤其在电力、燃气、供水等公用事业领域。企业有自己的数据收集渠道，具备数据基础；大数据应用可以节约成本、增加收益，企业也有足够的应用动力。但该模式存在隐私保护方面的隐患。此外，企业前期需要大量投入，可能由于费用不足而中断。从国外经验来看，不少企业在系统研发及运营早期阶段，都有政府给予的补贴。而且在敏感数据获取方面，也需要政府的协助。

　　国内外一些风险监管的案例和模式总结，如表5-3所示。

表 5-3　国内外政府大数据风险监管的案例和模式总结

领域	案例	背景内容	数据来源	作用效果	运行模式
公共设施	夏威夷"领养报警器"	夏威夷到处都有防海啸的报警器，而这些报警器里的电池经常被偷，政府无法准确掌握各个报警器在紧急状况下能否使用	Code for America 公司开发了一个"领养报警器"的系统，数据来源于所有报警器	及时获取所有报警器的实时数据。目前，该程序已经在九个不同的城市以不同的形态出现，如波士顿"领养"消防栓、芝加哥"领养"人行道等	Ⅲ类
	拉斯维加斯城市管网	拉斯维加斯因未能全面掌握市政管网信息而时常发生被施工活动误挖的情况；利用大数据开发了城市的市政基础设施网络仿真模型	VTN 公司帮助拉斯维加斯市整合来自各个数据源的数据；利用 Autodesk 的技术生成一个三维实时模型	通过模型观察路面和地下的各种管线设施，市政管理者可以实时掌握地下关键资产的位置和状况	Ⅲ类
	加州电网系统运营中心	加州电网系统运营中心管理着加州超过 80% 的电网，向 3500 万用户每年输送 2.89 亿兆瓦电力，海量的数据提高了管理难度	天气、传感器、计量设备等各种数据源的海量数据；3500 万用户用电数据	平衡全网电力供应和需求；对潜在危机做出快速响应；通过可视化界面，用户可以优化利用电力能源	Ⅰ类
治安管理	波士顿大爆炸侦破	2013 年，波士顿国际马拉松赛现场发生了连环爆炸弹袭击事件；为加速侦破案件，FBI 在波士顿马拉松爆炸事件案发现场附近采集了 10TB 左右的数据	移动基站存储的电话通信记录；周边摄像头的监控录像和志愿者提供的影像资料；大量社交媒体出现的相关照片、录像等	调查人员通过比对、查找和分析，最终确定了犯罪嫌疑人	Ⅰ类
	大数据预防犯罪	南卡罗来纳州查尔斯顿，警方利用 IBM 的数据分析工具，帮助当地警察更加准确地进行犯罪模式分析	指纹、掌纹，人脸图像，签名等一系列生物信息识别数据；归档数据、所有相关的图像记录以及案件卷宗等信息	有助于收集犯罪线索、按地区犯罪热度预防犯罪；通过对罪犯在假释或缓刑期间的犯罪可能性的预测，为法庭相关条款制定作参考	Ⅰ类

领域	案例	背景内容	数据来源	作用效果	运行模式
特定领域风险预警	纽约利用大数据防火	纽约每年有近 3000 栋建筑因火灾损毁；消防人员的救援有碍于纽约的城市复杂度；防火重于救火	100 万栋建筑物相关数据，包括居民收入水平、建筑物年份、电气性能情况等	通过数据运算，对建筑物的火险概率依次排列；实施当年火灾发生率下降了约 24%	I 类
特定领域风险预警	某自贸区利用大数据进行类金融风险预警	近年来新业态金融领域大案频发，e 租宝、中晋等打着新型金融的幌子进行非法集资诈骗	该自贸区跨部门数据平台数据、辖区企业网站和 APP 数据、第三方平台数据	通过风险监测模式准确预警了一些大型风险企业	I 类
交通管理	缓解停车难问题	SpotHero 是一个手机应用，能够根据用户的位置和目的地，实时跟踪停车位数量变化	入网城市的可用车库或停车位，以及相对应的价格、时间、区间等相关数据；以往不同时间段的停车位情况分析；其他用户可能到达并抢占停车位	华盛顿、纽约、芝加哥、巴尔的摩、波士顿、密尔沃基和纽瓦克等七个城市的停车位得到实时监控	IV 类
交通管理	里昂用大数据治堵	里昂政府为了避免交通堵塞的发生，减少堵车对市民的影响，应用 IBM 开发的"决策支持系统优化器"，根据相关数据做出决策，帮助应对解决意料之外的交通事故，并优化公共交通	实时交通报告，包括大量的交通摄像头数据、信号灯数据、天气数据等；通过对过去的成功处置方案"学习"，得到的数据	通过及时调整信号灯使车流以最高效率运行；辅助处理突发事件；预测可能发生的拥堵情况	III 类

第四节　基于大数据的跨境进口电商风险监测方案政策建议

一、基于大数据的跨境进口电商风险监测工作推进路径

面对跨境进口电商带来的各种风险，一部分需要通过改进立法来解决，例

如跨境商品的标准问题、境外电商的管辖问题、跨境电商在中国经营的注册问题等，而另一部分则可以通过逐渐完善基于大数据的监测系统，按照帕累托改进原则，从最突出的一些问题着手，逐步提高风险的可控程度。

长期来看，可以通过建立涵盖进口电商全贸易链的大数据系统，进行智能化风险监测。相对传统进出口贸易，跨境进口电商具有贸易链全程数字化程度高、数据集中程度高、数据容易收集的特点，特别适合用大数据的方法进行风险监测。这种数据特点既对全程智能化监管提出了驱动需求，也创造了实现可能。运用大数据、云计算、人工智能等现代科技手段进行跨境电商的风险监测，长远目标是建立涵盖跨境电商产品生产、展示、交易、支付、存储、运输、交付全过程的信息链条，并建立自动化监测系统，系统能够根据预设参数、风险模型自迭代，全程无人工干预智能审核，自动向各相关监管部门进行风险提示。从前面的大数据监管案例可以看出，大数据风险监管要解决的主要问题包括：一是有多源大数据，并经过数据整合和联结。二是通过专家分析或者机器学习建立风险预测模型，并建立系统和平台，自动提示风险。三是经过监管实践不断校正和优化模型。为了服务于长远目标，各监管智能部门可以通过循序渐进的方式，在这三个方面进行基础建设和多种探索。

中短期内，基于大数据的进口电商风险监测应该以信用监管为主要建设目标和抓手，其中尤其以电商平台信用监管为重中之重。虽然很多研究都提出通过建立全程数据链来进行风险监测和监管，但笔者认为短期内这种方案很难实现。目前各地的跨境电商"单一窗口"平台都是按照"三单合一"（电子订单、电子运单、支付凭证）来进行数据监测。首先，跨境进口电商涉及境内外多种类和巨量参与主体，建立全程数据链虽然可以作为长远目标，但是由于其涉及境内外众多部门的协调和协同，短时期内是无法操作的。其次，如果以每笔贸易为单位建立全程数据库，通过自动化数据比对控制风险，要经历建立各类数据标准、数据对接标准及比对规范等漫长历程。最后，跨境进口电商"小额化、高频度、多主体"的特点，使建立基于每笔贸易的全程贸易链的数据库将面临天量数据的实时交换和存储等问题。这样的大数据监管模式，相当于"正面清单"的模式，对于天量大数据和众多国内外跨部门协调，在近期实现全程大数据监测是非常不现实的，应该转向以"负面清单"为主的监管框架，而以信用监管为主的监管模式，是主要的"负面清单"管理模式之一。这部分工作可以由上海跨境电商公共服务平台开展。

近期内，基于大数据的进口电商风险监测，可以从风险较高的领域和比较容易切入的领域入手，在局部上改进风险监测效率。从目前跨境进口电商的商业模式来看，风险最高的是C2C模式，从舆情监测看，这类模式虽然在跨境进口电商业务量中占比不大，但是却发生较多生物安全风险、走私风险和质量风险，威胁行业发展声誉，而且C2C模式中的电商平台或电商企业可能并没有在"单一窗口"平台进行备案。以大数据方法进行这方面的风险监测可以作为近期的重点突破，这部分工作可以由自贸区委员会综合监管部门、行业协会、第三方平台联合推进。在大数据监测领域，比较容易切入的是较大实力的电商平台监测，所以可以从电商平台数据对接和监测入手，逐步在海关、国检、工商、外汇等方面跟电商平台加强数据共享，做到穿透式监管。

基于大数据的跨境进口电商风险监测工作推进路径如图5-4所示。

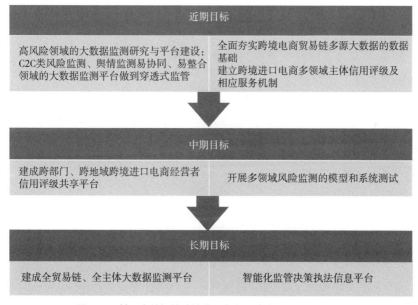

图5-4　基于大数据的跨境进口电商风险监测工作推进路径

二、以跨境进口电商各主体信用监管为抓手，在世界海关组织AEO制度基础上，以建设跨部门信用信息共享平台和市场主体信用评价系统为起点，进行大数据风险监测

在进出口业务参与主体的信用监管方面，已有较为通行的世界海关组织AEO制度。可结合跨境零售电商行业的特点，在AEO制度基础上，建立基于海

关 AEO 数据、国检数据、外汇管理数据和消费者保护数据，创新跨境零售电商信用管理模式，全面监测和控制跨境进口电商在各个监管环节上产生的风险。

AEO 意为经认证经营者（Authorized Economic Operator）。在世界海关组织制定并通过的《全球贸易安全与便利标准框架》中，AEO 被定义为以任何一种方式参与国际货物流通，并被海关当局认定符合世界海关组织或相应供应链安全标准的一方，包括生产商、进口商、出口商、报关行、承运商、理货人、中间商、口岸和机场、货站经营者、综合经营者、仓储业经营者和分销商。

国际上对 AEO 的评级标准主要包括遵守海关法规的情况、对商业记录进行管理维护的能力、经济可靠性、货物安全、装运工具安全、经营场所安全、人员安全、贸易伙伴安全风险管理、自动化和科技发展等十四项内容。我国海关总署根据企业在各项标准上的得分和企业信用状况将企业认定为认证企业、一般信用企业和失信企业，按照"诚信守法便利、失信违法惩戒"原则，分别适用相应的管理措施。

AEO 制度是目前国际上机制最成熟、架构最完善、互认程度最高的企业信用管理认证制度，其主要认证主体是传统国际贸易业务流程中涉及的各类企业。跨境零售电商的业务流程与传统贸易虽有差异，但 AEO 认证制度中有关企业信用的认证标准、分级监管的理念、国际互认机制的建立等内容对于跨境零售电商的信用监管仍然具有较高的参考价值。

AEO 制度对创新跨境进口电商信用管理模式方面可供借鉴之处主要包括：一是 AEO 制度中对优质经营者的选取标准和分类方法，可应用于评价和认证跨境电商；二是 AEO 制度中海关为经营者提供的差异化通关管理办法，可应用于管理跨境零售电商的通关；三是 AEO 制度的国际互认机制，同样可应用于跨境零售电商信用管理模式在全球范围内的推广。

在 AEO 制度的基础上，建设跨境进口电商跨平台、多主体信用评级和监管系统需要进行如下的创新：① AEO 是企业自己申请认证，但是建设跨部门进口电商市场主体评级平台是对企业进行主动评估，凡是在跨境电商公共服务平台有备案的企业都可以由评级系统放入系统评级档案中。没有备案的企业，经大数据甄别从事跨境进口电商业务的企业，也要放入评级系统中。②在所有 AEO 经营者中加入并特别强调电商平台的信用评价，并首先建立对电商平台的信用评价体系。③建立消费者诚信机制和进出口信用档案，使风险较高的个人也进入信用风险监控的范围。

我国已经在跨境进口电商相关主体的信用建设方面进行了一些有益的探索。

宁波海关建立了跨境电商诚信档案制度和诚信情况查询平台，帮助各政府部门进行跨境电商主体风险监测。2015 年 6 月，国家质检总局批复在中国（杭州）跨境电子商务综合试验区设立跨境电子商务商品质量安全风险国家监测中心。按照规划，国家监测中心的职能定位主要是承担电商产业相关数据及风险信息的监测、采集、分析、评估、预警与发布，参与构建电商企业信用体系，依托大数据分析为政府监管部门提供决策参考等。

三、以跨境电商公共服务平台为抓手打通跨部门大数据，并解决全程数据链汇集整合问题

数据实现"联"与"通"，即具备集聚关联和流动共享的特点，这是风险监管应用大数据的基本要求。无论是各监管部门内部各部门间的信息整合和整体管理，还是各监管部门之间的信息共享和业务协同，还是与企业、公众的信息互通，又或是国际海关间的多边合作和协调执法，"互联互通"应成为跨境进口电商风险监测机制建设的发展方向。

目前，发达国家纷纷致力于通过信息系统构建打通数据流通的"任督二脉"，有效推动了"碎片化政府"向"一体化政府"转变。澳大利亚建立起连接多个部门的税源监控平台，税务、银行、保险、海关等部门可自动交换信息，并应用大数据技术在平台上植入风险过滤器，通过海量数据分析筛选风险目标，提升了多部门共同治理税收风险的水平。美国海关通过国际贸易数据系统（ITDS）将 80 多个政府机构整合在自动化商业环境（ACE）平台上，海关与政府部门之间充分共享执法信息，高效处理海量进出口数据，有效提升了国际贸易便利化水平。

随着跨境电商交易额的大幅增长，越来越多的非法交易通过邮递渠道进行。WCO 的几位成员指出：信息的准确性是风险评估中主要问题之一，如果所提交的单证信息可能具有误导性，会导致进口商品的延迟送达和消费者额外成本增加。欧洲的一些海关正在实施货物物品的自动海关登记，并对邮递物品进行自动的风险评估和控制。其他欧洲国家和澳大利亚已经实施了一套政府和电子商务公司之间信息交换的系统，政府可以在公司的计算机系统中获取详细的货物数据。在澳大利亚，电子商务货物必须通过澳大利亚的综合货物系统（ICS）以电子方式做出运抵报告，对于 1000 澳元以下的必须要通过自我评估清关（SAC）系统进行申报，而对邮寄物品则没有此项要求。在这种情况下，对预先

到达的货物进行风险评估，并在必要时使用诸如 X 光、缉私犬和追踪技术检测等技术。

目前各跨境电商试点城市都建有跨境电商公共服务平台，可充分利用这种公共服务平台加强跨部门、跨国界的数据协同化，使我国的跨境电商监管机制更具先进性、竞争力。在数据协同汇集方面，各监管部门要建立机制，贯彻"三互"理念，推动实现多个层面的信息互换、监管互认和执法互助。要建立切实有效的协作机制，从三个方面打通数据的互联互通。首先，增进监企协作。推动电商企业权责归位，电商企业充分享受自报自缴、自主通关的便利，同时接受海关、国检、工商等部门的全程抽核监管。其次，增进监管力量协作。在跨境电商领导小组统一领导下，推进法规、海关、商检、国税、外管等口岸监管和中央、地方管理部门的合作。如按照集约、互联理念，在使用身份认证及数据加密要求时，利用"互联网＋监管"与公安部门身份数据库实现自动比对，解决监管部门对收发件人身份信息核验难题。最后，要增进国际协作。以落实"信息互换、监管互认、执法互助"为总抓手，坚持"走出去"和"引进来"相结合，推进相关国家和地区间监管部门互相交换跨境电商申报、布控、查验等信息，将监管链条延伸至关境之外。

目前在"监企合作"方面，我国已经进行了一些有益的尝试。2016 年 3 月 8 日，跨境电子商务商品质量安全风险国家监测中心（以下简称"国家监测中心"）与网易考拉海购在浙江杭州签署跨境电商产品质量共治合作备忘录。根据协议，双方将在信息互通、数据共享、质量共治、协同处置等机制以及信息发布合作等多个方面展开联动共治合作。深圳海关自主开发快件中心管理系统，联结并整合了快件舱单、报关单和企业 ERP 生产数据，对快件及运输工具建立电子底账，实现"入区建账、出区核放、硬件联网、实时监控"，依据获得的企业真实数据，将海关监管嵌入快件企业的运营流程中，实现监管的前伸后移，拓展监管效率和深度。全面实行"双随机、一公开"，系统随机下达查验指令，随机选派关员查验，通过微信公众号向快件企业和收寄件人公开快件通关状态。

但是探索还仅限于少数监管部门，可考虑借助跨境电商公共服务平台，将更多的部门数据进行打通。建议在遵循"单一窗口"的原则下，通过多个部门的数据共享，建立跨境进口电商的风险监测综合平台，融合海关、国检、电商平台、报关公司、货代公司、贸易公司、物流、船公司、支付、工商注册、电商舆情、消费者投诉、外汇结算等多个数据源的数据。在具体数据源的融合上，可以采用区块链的方式，建立多中心的数据平台。

中国电子商会秘书长彭李辉表示，中国庞大的跨境电商消费市场，需要权威的第三方认证平台溯源和鉴别真伪。为此，中日韩三方的电子商务行业协会联合建立了跨境正品溯源平台，让中日韩三国的跨境商品实现源头可追溯、真伪可查询。该平台不仅能实现消费者对跨境商品溯源，还能让企业通过后台数据了解商品销售情况。"目前该平台已经上线，并且有越来越多企业加入。"彭李辉说。

四、推进大数据技术在跨境进口电商风险监测领域的应用研发

跨境电商的商品信息表现为电子化、碎片化、海量化，包括海关在内的各执法部门较难在狭窄的监管时空内完成"单货相符"的监管任务，加上目前执法单证均是相对人申报的货物清单、报关单，其真实性、准确性难以确认。与此同时，海量的商品数据（品名、规格、用途）、交易数据（成交价格）、支付和物流数据，闲置在平台系统之中，对海关等行政执法部门监管而言，造成了数据资源的巨大浪费。

多源大数据数据源扩展研发。海关总署"智能审像"的研究成果，在分拣线对接新型CT机，实现过机货物"自动判图、自动报警、自动下线"，推行非侵入式查验，根据扫描图像对判图无异常快件直接放行，对无法确定或有异常的快件进行人工开箱查验，进一步压缩国际快件通关时间。

五、风险研判和执法处置内嵌化

内嵌监管的核心是顺势融入企业的生产交易物流链条，不影响企业的正常运营。首先，在风险防控上要顺势嵌入。应用跨境电商丰富的网上电子化数据，将监管要求内嵌到交易、支付、物流过程中，根据企业实时业务动态数据进行分析预警，精准捕捉监管重点。比如对跨境电商进口商品种类、价格、原产地、进境区域、订购人群数据进行定期监控分析等。其次，在现场监管上要顺势嵌入。在通关口岸或监管场所实行全自动分拣理货，海关在企业分拣理货过程中根据风险分析结果自动触发监管指令，分层随机按比例开箱查验、快速验放。最后，在后续管理上要顺势嵌入。推动实施公司或个人实名注册登记，依托社会信用体系建设，嵌入跨境电商企业规范标准，严防企业或个人通过制造虚假交易、

支付、物流数据逃避海关监管。

六、强化电商交易平台和国际物流企业的责任，使其开放数据并明确其在监管上的责任

七、通过上线电商平台和电商自动甄别系统，加强对电商平台的准入监管

在跨境电商进入市场之前，国家工商部门应当严格审查其资质和诚信状况，对达到我国电商企业进入标准的给予许可进入市场的资格，并在进入市场后，对跨境电商进行全方位的实时监管，将跨境电商的经营许可、网上交易、物流运输等各方面都置于法律的监管之下，增强电子商务运营的合法合规性。同时加快我国跨境电子商务监管信息系统与平台建设，在电商进入平台之前做好资质认定、风险预备等处理措施，避免在发生损害消费者权益的情况时无法确认责任主体或缺乏赔偿能力。

由前文所述进口电商的商业模式分析可以看出，目前 B2C 的保税进口模式及 B2B2C 和 C2B2C 模式的直营进口模式，都是比较容易通过数据直连进行数据积累和基于大数据的风险监测，比较难以监测的是 C2C 的进口电商模式，因为其行为比较隐蔽，所以需要建立自动甄别系统。

对于中间环节有大的商家 B 的模式，通过电商与政府数据系统的对接，可以更容易实现监管，因此应该在政策上予以倾斜，使其通关更便捷。但是 C2C 模式，夹杂在邮政包裹中，应该通过差别化通关方式，鼓励其进行电商注册。通过大数据比对，如果其实质为电商，而不进行注册的，应该予以通过提示、警示、警告等逐渐升级的方式，使其进行注册，以便纳入监管。

本章附录　我国支持跨境电商发展主要政策列表

（2012~2017年）

时间	出台部门	文件简要内容
2012 年	国务院	批准郑州、上海、重庆、杭州、宁波 5 个城市为第一批跨境电商进口试点城市
2013 年	商务部、海关总署等 9 部委	国务院办公厅转发《关于实施支持跨境电子商务零售出口有关政策的意见》，推出包括建立电子商务出口新型海关监管模式并进行专项统计、实施适应电子商务出口的税收政策等六大支持政策
2014 年	海关总署	《关于跨境贸易电子商务进出境货物、物品有关监管事宜的公告》《关于增列海关监管方式代码的公告》，认可业内通行的保税进口模式
2015 年	国务院	批准设立了中国（杭州）跨境电子商务综合实验区
		《关于促进跨境电子商务健康快速发展的指导意见》
2016 年	国务院	国务院同意在天津、广州等 12 个城市设立跨境电子商务综合试验区
	财政部、海关总署、国税总局	《关于跨境电子商务零售进口税收政策的通知》
	海关总署	《中华人民共和国进境物品归类表》《中华人民共和国进境物品完税价格表》《关于跨境电子商务零售进出口商品有关监管事宜》《关于执行跨境电子商务零售进口新的监管要求有关事宜的通知》
	财政部、商务部、海关总署等部委	《跨境电子商务零售进口商品清单》《跨境电子商务零售进口商品清单（第二批）》
	商务部	延长对跨境电商零售进口有关监管要求过渡期至 2017 年底
	商务部	《中华人民共和国电子商务法（草案）》通过全国人大常委会初次审议；《电子商务"十三五"发展规划》提出要"发展壮大具有世界影响力的电子商务产业，推动形成全球协作的国际电子商务大市场"

续表

时间	出台部门	文件简要内容
2017 年	国务院	9 月 20 日国务院常务会议决定：新建跨境电商综合试验区；将跨境电商零售进口监管过渡期政策延长至 2018 年底
		跨境电商零售进口监管过渡期政策适用范围扩大至合肥、成都、大连、青岛、苏州 5 个城市

资料来源：黄埔海关课题组。

|第六章|

大数据征信在政策性
融资担保中的应用方案论证

为贯彻落实《国务院关于促进融资担保行业加快发展的意见》（国发〔2015〕43号）和中央有关"鼓励有条件的地方设立政府性担保基金"的要求，很多地方政府批准设立了中小微企业政策性融资担保基金（以下简称"政策性融资担保基金"）。各地的政策性融资担保基金虽然管理架构各异，制度不同，但基本上都是按照"政策性主导、专业化运作、基金式管理"的原则搭建。

各地中小微企业政策性融资担保基金的成立，极大地缓解了小微企业贷款难的问题，成绩卓著。例如上海从成立截至2017年9月底，担保中心累计担保项目近6000笔，担保贷款额70多亿元。从平均担保金额来看，担保中心企业类担保项目平均担保金额270万元，切实做到了为小微企业服务。

但是，作为政策性机构，各地担保中心风险管理工作都面临着一些共性问题，主要来自三个方面：一是中小企业因信息不对称带来的融资风险，需要通过技术手段予以降低和化解；二是担保中心业务信息智能化系统尚未建成，风险管理措施无法落地实施；三是人手短缺造成的工作量大和风险高。

为解决政策性融资担保面临的普遍问题，全面提升政策性融资担保的风险管理水平，我们探寻国内外解决中小企业融资风险管理的先进方法和手段，经过对国内外大数据征信的发展现状和趋势的了解，建议将大数据征信平台引入政策性融资担保风险管理中。我们将深入探究大数据征信平台的概念、特征、功能作用，同时把握我国有关大数据征信的相关法律法规、政策，进一步发掘大数据征信平台，引入政策性融资担保风险管理工作。

第一节　将大数据征信平台拓展引入
政策性融资担保风险管理的背景介绍

一、征信的基本概念

（一）征信的定义

征信是指依法收集、整理、保存、加工自然人、法人及其他组织的信用信息，并对外提供信用报告、信用评估、信用信息咨询等服务，帮助客户判断，控制信用风险，进行信用管理的活动。

征信是现代金融体系的重要基础设施，为专业化的授信机构提供了一个信用信息共享平台，通过对每个金融活动主体进行信用评估，缓解信贷活动中由于信息不对称造成的逆向选择，降低金融系统的信用风险和交易成本，保障金融体系的健康和高效运行。

（二）征信的基本功能

对金融机构而言，征信可以帮助其充分了解客户资信状况，通过各类测试和分析做出信贷决策，提高贷前、贷中和贷后的审批和监管效率，降低运营成本和信用风险，实现风险管理；对信用主体而言，征信可以帮助资信良好的客户缩短审批时间，降低借贷成本，享受优质的金融服务，同时征信活动还能产生无形的监督和激励，促使金融客户积极履约，保障金融体系的良性发展；对监管部门而言，征信系统能够辅助金融市场的监督管理以及制定货币政策。

（三）征信的意义

1. 征信是金融大数据体系建设的关键环节

目前央行的金融信用信息基础数据库是我国最主要的征信系统，但覆盖率仍较低，而且数据来源以信贷信息为主，缺少多维度信息。此外随着互联网（尤其是移动互联网）对企业和个人活动的渗透，互联网数据将在征信中占据越来越重要的地位，而这也是央行征信系统以及传统的商业征信机构所缺乏的。

2. 征信是传统金融行业转型的内在要求

当前经济环境下金融深化和转型势在必行。商业银行面临两难选择：一方面经济增长放缓，信贷投放不顺，传统的以大客户为主的客户体系已很难支撑规模扩张和收入增长，改善客户结构、开拓新金融业务势在必行；另一方面个人及小微信贷往往呈现金额小、碎片化、即时性特征，传统金融模式下的抵押、质押等风险缓释手段已不适用，信用风险难以掌控。基于大数据的征信能够对每个金融主体进行全面刻画，或有助于金融机构在控制风险的同时增强对这部分群体的渗透，实现风险与收益兼得。同时，银行庞大客户资源具备大数据潜力，为金融深化与转型提供了大数据基础。

3. 征信是互联网金融发展的重要支撑

移动互联网时代来临，极大提升了生活便利程度，衣食住行均可在移动终端上完成，这一方面为征信提供了更加丰富的互联网数据，能够更加全面地刻画个体，另一方面也提供了更加多样化的应用场景。互联网金融生态也正在发生变化，而征信有望基于大数据和模型针对不同互联网金融业态提供应对方案，帮助经营转型和继续增长。

（四）征信业产业链

征信产业链由上游的数据生产者、中游的征信机构及下游的征信信息的使用者三者构成：

1. 数据生产者

自然人、法人和其他组织在日常生活和经营中，在金融机构、政府部门和其他企事业单位中产生了大量与信用相关的数据和信息。数据公司通过采集或做一些数据的初步挖掘，形成征信数据资源。这类公司可能会有特殊的数据源，例如法院、公安系统等数据都需要深厚的行业背景才能获得。

2. 征信机构

征信机构主要负责对数据的收集、加工处理及产品销售，其核心竞争力在于数据源完整度及数据分析能力。包括：一是数据收集，有其自身收集的数据，还有向第三方购买的数据；二是对数据进行标准化处理；三是形成信用产品，包括评分、报告等；四是提供一些征信级的解决方案。

根据所有权性质不同，征信机构可以分为公共征信机构和民营征信机构。公共征信机构指由一国政府（通常是中央银行）建立的公共信用信息登记机构。民营征信机构独立于政府之外，是产权私有、市场化运作的征信机构。根据信

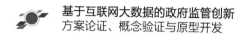

用信息主体不同，分为企业征信机构和个人征信机构。

3. 征信信息的使用者

征信信息的使用者是指征信的解决方案最后谁来使用。可应用于各种场景中，比如个人租房、办理贷款业务，等等。

二、征信行业的发展

（一）全球征信行业发展状况

征信业在海外起步较早。征信调查机构自 1841 年在美国诞生以来，征信活动的范围逐渐从商业转向金融业、从企业转向个人。经过 100 多年的发展，目前国际主要存在四种征信模式，在产生原因、主导机构、信息来源和服务对象等方面各有不同：

1. 公共征信模式——法国

由政府控制，几乎不存在民营征信机构：法国征信服务起源于 19 世纪 30 年代，用以应对大危机时期集中暴发的银行坏账。1946 年，法国中央银行——法兰西银行成立了信用服务调查中心，从此法国的征信行业一直由政府主导。目前法兰西银行已建立起企业信用登记系统和个人信用登记系统，接入机构包括法律规定的所有被法兰西银行监管的单位，如商业银行、财务公司、保险公司等。按照规定，企业信用登记系统以每月为间隔，向所有金融机构采集其所发放超过 50 万法郎贷款的信息，范围既包括正面信息，也包括负面信息；个人信用登记系统只采集个人贷款中的不良行为信息，所有金融机构必须每月向该系统报告个人在租赁、信贷、信用卡、分期以及司法等方面的不良行为信息。法国非常注重隐私保护，自 1978 年以来，国家相继出台一系列法律，以应对因信息化而对个人和企业隐私产生的威胁。

2. 行业协会模式——日本

在日本，信用信息主要由行业协会中各会员收集提供，信用信息的查询服务也仅对会员开放。目前，日本个人信用中心主要由银行业协会、消费信贷协会和信用产业协会三大协会主导，向各自会员提供信用信息查询服务。

日本的征信体系划分为三个类别——银行体系、消费信贷体系和销售信用体系，分别对应三大行业协会——银行业协会、信贷业协会和信用产业协会。目前三大行业协会的信用信息服务基本上满足了会员单位对个人信用信息征集和查询的需求。其中，银行业协会组建了非营利性的会员制征信机构，即日本的个人信用信息中心，而地方性的银行即是该信息中心的会员。

日本的企业征信机构主要有两大类：①不以营利为目的的银行会员制征信机构；②市场化的民营征信机构。其主要有帝国数据银行（TDB）和东京商工所，业务范围包括企业信用调查、信用风险管理、数据库服务、营销服务、电子商务服务、催收账款、市场调查、行业分析报告、海外企业信息报告等，两者占据日本企业征信近90%的市场份额。

日本的个人征信机构，是由日本各行业协会共同出资组建个人信用信息中心，为会员单位提供各类信息查询服务，同样不以营利为目的，而各会员单位也必须将其所掌握的个人信用信息上报至信息中心。当前日本较大的个人信用信息中心包括：①全国银行个人信用信息中心（KSC），由全国银行业协会组建。②株式会社日本信息中心（JIC），由全国信用信息中心联合会管理。③株式会社信用信息中心（CIC），由日本信用卡行业协会组建。此外这三家征信机构在为各自的会员单位提供信息服务的同时，还合资建立了消费者信用信息网络系统（CRIN），致力于三大机构间的信息共享。

3. 混合经营模式——德国

德国中央银行于1943年出资建立的巨额信贷登记署是德国主要的公共信用机构。依据德国法规，所有金融机构及国外分支机构都要按季度向德意志银行上报三年中借款超过300万德国马克的企业的负债信息；德国最大的民营征信机构 Schufa 成立于1927年，它是一个由贷款人协会组建的会员制形式的机构，该机构的会员之间通过互惠方式实现信用信息共享。目前 Schufa 的数据库拥有德国6620万自然人以及150万法人的信用记录，数据库包括个人基本信息、住址、银行账户信息、租房记录、犯罪及个人不良记录等。与此相对应，机构获得信用信息的来源也是方方面面，包括银行、金融机构、网络运营商、保险公司等。除行业协会性质的 Schufa 以外，德国目前还有多家其他民营征信公司，对外提供资信评估、信用保险、商账追收等征信服务。

4. 市场主导模式——美国

美国的征信业务起源于19世纪中期，自诞生起便由市场主导，自由的市场环境和激烈的竞争造就了目前世界上信用产品种类最多、市场规模最大的征信市场。美国征信行业的暴发源于美国特有的消费文化，诞生之初就由民营机构主导，经历了快速发展、法律完善、并购整合和成熟拓展四大发展阶段，逐步形成了较完整的征信体系，在社会经济生活中发挥着重要作用。

按照信用信息主体的不同，目前美国征信体系分为企业征信和个人征信，在经历了近一个世纪的野蛮生长与理智整合之后，行业形成了寡头垄断格局。存活下来的小型征信机构，一部分依靠独特的数据资源或专业的分析技术退守产业链上游，另一部分依靠更具针对性的征信服务在细分市场中深耕细作，与大型征信机构形成明显互补。

（二）美国征信行业特点

1. 多元化的数据来源 + 完善的数据分析体系

美国已建立起完善的信用数据体系，数据来源广泛，除传统的金融机构、政府公共部门之外，许多小型地方征信机构和第三方数据处理公司，为征信提供了丰富的数据原料。美国全国信用管理协会还制定了统一的标准数据报告格式和标准数据采集格式，使信用数据标准化，便于机构共享。尽管美国对企业和个人的信用信息的覆盖率高达 80%，但征信机构仍然在持续投资开发独家的数据源，提升数据库质量，为征信提供了坚实的基础。

数据分析是征信企业将信用数据转化为征信产品关键环节，决定着信用产品的质量。美国的数据分析技术起步很早，早在 1956 年就推出了 FICO 评分系统，目前 90% 以上大型征信机构均采用 FICO 评分系统。FICO 评分模型将客户信用信息分为五大类：信用偿还历史、信用账户数、使用信用的年限、正在使用的信用类型和新开立的信用账户，根据各评分项加权汇总后，得到消费者的总分数。

2. 丰富的应用场景造就海量市场规模

美国征信行业应用场景丰富，各类征信机构历经了常年竞争。目前企业征信市场 Dun&Bradstreet 一家独大，个人征信市场 Experian、Equifax 和 TransUnion 三足鼎立。2014 年，仅四大征信机构的营业收入总和已达到 102.3 亿美元，约为目前中国征信市场总规模的 30 倍。

3. 信用产品呈现多样化，衍生增值服务占据半壁江山

以个人征信行业翘楚 Experian 为例，2016 年实现营业收入 46 亿美元，净利润 10.2 亿美元。其中，基本信用信息服务占比约 48%，不足总收入的一半；市场营销服务、决策分析服务和消费者服务等多样化的信用增值产品合计贡献了 52%，成为 Experian 收入的重要来源。从行业分布来看，Experian 的金融信用服务收入占总收入的 31%，同时涉足消费者服务、零售、公共事业、汽车、保险、科技、医疗健康、公共教育等众多领域，丰富的增值服务和多样的应用场景构筑了 Experian 的强大竞争力。

4.完善的监管和法律制度

完善的监管和法律制度是美国征信体系的一大特点，也是其市场主导型征信模式能够高效运转的基础。

征信法律体系：主要以《公平信用报告法》（*Fair Credit Reporting Act*，FCRA）为核心，规定了个人信息主体、信用信息提供者、征信机构等在征信活动中的权利义务关系，并从保护消费者隐私和信用报告准确性的角度出发，规定了信用报告的合法用途、负面信用信息的保存期限、信息主体获取和要求更正本人信息的权利、征信机构对信用报告准确性的法律责任等内容。

监管框架：美国未设征信管理局之类的专门机构，而是通过立法或自然分配的形式将监管职能分配至各个部门。

（三）我国征信行业发展

我国的征信行业起步较晚，经过20年的发展，形成了以人民银行征信中心为主导，民营征信机构为补充的混合经营格局。目前人民银行已经建立起覆盖全国的公共征信网络，民营征信机构业务逐步向市场化迈进，整个行业进入快速发展期。我国征信行业发展可分为初步探索、区域性平台搭建、人民银行集中统一平台主导、市场化改革等四个主要阶段，如图6-1所示。

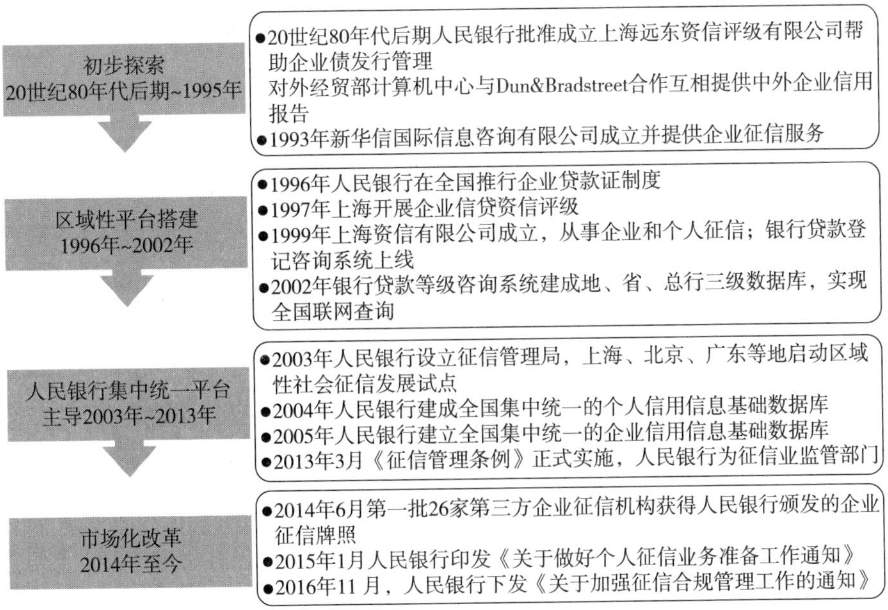

初步探索
20世纪80年代后期~1995年
- ●20世纪80年代后期人民银行批准成立上海远东资信评级有限公司帮助企业债发行管理
  对外经贸部计算机中心与Dun&Bradstreet合作互相提供中外企业信用报告
- ●1993年新华信国际信息咨询有限公司成立并提供企业征信服务

区域性平台搭建
1996年~2002年
- ●1996年人民银行在全国推行企业贷款证制度
- ●1997年上海开展企业信贷资信评级
- ●1999年上海资信有限公司成立，从事企业和个人征信；银行贷款登记咨询系统上线
- ●2002年银行贷款等级咨询系统建成地、省、总行三级数据库，实现全国联网查询

人民银行集中统一平台主导2003年~2013年
- ●2003年人民银行设立征信管理局，上海、北京、广东等地启动区域性社会征信发展试点
- ●2004年人民银行建成全国集中统一的个人信用信息基础数据库
- ●2005年人民银行建立全国集中统一的企业信用信息基础数据库
- ●2013年3月《征信管理条例》正式实施，人民银行为征信业监管部门

市场化改革
2014年至今
- ●2014年6月第一批26家第三方企业征信机构获得人民银行颁发的企业征信牌照
- ●2015年1月人民银行印发《关于做好个人征信业务准备工作通知》
- ●2016年11月，人民银行下发《关于加强征信合规管理工作的通知》

图6-1 我国征信行业发展历程

人民银行征信系统是中国首个覆盖全国的征信系统，由人民银行联合其他十六个部委共同建立，通过互联网系统连接了国内所有信贷类机构，并与公安部、国家质检总局下辖的个人和组织机构代码数据库相连。企业征信系统和个人征信系统分别建设，2005年底开始向国内所有接入系统的信贷机构、政府部门和人民银行分支机构提供征信服务，在运行方式上具有一定的市场化运作特征。我国企业征信和个人征信起步的时间不同，前后相差十几年，所以征信市场公司强弱的格局也不一样。2014年，人民银行开始给征信企业发放牌照，企业征信实行备案制，个人征信实行审核制。

我国公共征信中心和社会征信机构的关系与发展现状如图6-2所示。

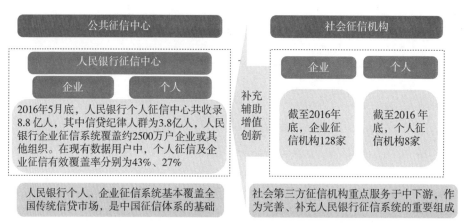

图6-2　我国公共征信中心和社会征信机构的关系与发展现状

但总体来说，我国征信行业和征信机构仍存在较大问题，如缺乏完善的法律保障，个性化产品供应明显不足而造成的结构性失衡，数据采集壁垒较高等，与社会和市场需求存在较大差距。目前人民银行已经建立起覆盖全国的公共征信网络，民营征信机构业务逐步向市场化迈进，整个行业进入快速发展期。

（四）外国经验的启示

1. 法律监管方面，立法有待完善

健全的社会信用体系需要完善的征信法律体系支撑。目前，国内征信行业现行法律体系主要包括2013年国务院下发的《征信业管理条例》和《征信机构管理办法》。近期，人民银行下发了《征信机构监管指引》进一步明确了征信机构的运行规范。但相较于欧美成熟市场，我国征信业立法还处于框架构建阶段，

未来有望在规范授信、平等授信、失信惩戒、个人隐私保护等方面加强立法，行业法律体系有待进一步完善。

2. 数据采集方面，亟待统一标准

信用信息是征信行业发展的基础，但长期以来，国内数据孤岛现象严重，即使在政府部门内部也缺乏有效的数据共享，导致信用数据库建设难度大、成本高、信息维度少。同时，国内缺乏类似于美国统一的信用数据收集标准，各机构数据收集标准不一，质量参差不齐，存储格式混乱。征信数据存在的问题，很大程度上制约了国内征信体系的建立，影响征信业务的推广。

3. 覆盖范围方面，可扩展空间巨大

人民银行征信中心金融信用信息基础数据库是目前国内最大的征信数据库，但其覆盖范围依然有限。截至 2015 年 4 月，企业征信数据库收录 2068 万户企业及其他组织，其中有征信码的企业及其他组织仅 1023 万户，有效覆盖率不足一半；个人征信系统虽收录了 8.64 亿人，但有信贷记录的仅为 3.61 亿人，仅有效覆盖全国 26.4% 的人口。

4. 产品种类方面，丰富程度有待提高

我国现有信用产品主要由各类信用报告组成，信用产品相对单一，细化风险评估方案和风险领域之外的增值服务及衍生产品等有待进一步发展。新兴应用领域方面，信用产品对互联网金融领域和生活领域的渗透仍处于初期阶段。针对不同生活领域的差异化，信用产品的设计与推广较为初级，新推出的信用产品也有待市场检验。

三、大数据征信

（一）大数据征信平台的概念

大数据征信平台，顾名思义就是利用大数据、云计算和人工智能等新兴技术来优化征信活动的一站式服务平台。

对于大数据概念，国内学者普遍将其定义为"伴随着可作为处理对象的数据外延不断扩大，依靠物联网、云计算等新的数据搜集、传输和处理模式的一种新型数据挖掘和应用模式"；国务院印发的《促进大数据发展行动纲要》将大数据界定为"大数据是以容量大、类型多、存取速度快、应用价值高为主要特征的数据集合，正快速发展为对数量巨大、来源分散、格式多样的数据进行采集、存储和关联分析，从中发现新知识、创造新价值、提升新能力的新一代信息技

术和服务业态"。

（二）大数据征信特征

与传统征信模式相比，大数据征信拥有几个基础特征：数据规模庞大、具有多样性、较高应用价值和较快的处理速度（4V[①] 特征），主要体现在以下几个方面：

（1）数据来源：传统征信的信用数据以借贷数据为主，来源相对单一。大数据征信的数据来源更为广泛，有信用卡还款、网购、社交、转账、理财、水电煤缴费、社保、身份信息、租房信息等数据原料。

（2）评价思路：传统的征信评价思路是用历史信用记录来判断未来，容易出现三个方面的问题：历史失信是否代表未来，历史信用记录缺失时如何评判信用状况，人工介入是否会导致信用评价偏差。大数据征信主要通过迭代模型，从海量数据中寻找关联，并由此推断个人身份特质、性格偏好、经济能力等相对稳定的指标，进而判断个人的履约能力和意愿，综合评价个人的信用。

（3）分析方法：传统的征信由于数据种类和规模较少，主要采用线性回归、聚类分析、隐私分局和分类树等方法。大数据征信处理海量数据，采用机器学习、神经网络、网页排名（Page Rank）算法、随机森林（RF）等大数据处理方法。

（4）服务人群：传统的征信服务覆盖率较低，仅能服务拥有信用记录的人群。大数据征信可以通过互联网或第三方机构获取无信用记录人群的有价值信息，综合评判其信用水平，服务人群范围更广。

（5）应用场景：传统的征信主要服务于贷款审批、信用卡审批等金融领域。大数据征信的服务范围不仅包括金融领域，还包括汽车房屋租赁、定向营销、雇主服务、签证办理等诸多生活场景。

大数据征信主要通过对海量的、分散的、多元化的、具有一定价值的数据进行快速收集、分析、挖掘，运用机器学习等模型算法来多维度刻画信用主体的违约率和信用状况。从本质上来看，大数据征信是将大数据技术应用到征信活动中，突出强调的是处理数据的数量大、刻画信用的维度广、信用状况的动态呈现、交互性等特点。

---

① 4V 特征，即 Volume（体量）、Variety（多样）、Velocity（速度）、Value（价值）。

（三）大数据征信平台的功能和作用

1. 反映对象本质特征

大数据征信利用互联网络，获取信息主体在交易平台上的行为数据，包括销售或购买数据、社交数据以及其他互联网服务使用中产生的海量行为数据，并对其进行分析，从网上的行为轨迹和交易细节中分析企业和个人的性格、心理、品性等本质特征，以此对信息主体的信用状况进行推断，可靠性更强。

2. 着重预测未来趋势

大数据征信重在预测行为主体的行为规则和行为模式，与传统征信以过去的信用记录来直线评判其未来表现不同。大数据征信解决了两个问题：一是如何评价没有信用记录的评价对象，大数据征信可通过其他数据实时地反映个人的生活、行为轨迹，并据此评价其相对稳定的性格特征、心理状态和经济状况，评判未来履约能力；二是评价对象的风险特征是否持续，传统征信模式受直线思维和惯性特征的影响，在预测的灵活性和准确度方面远逊于大数据征信系统。

3. 不疏漏弱势的大多数

在信息覆盖方面，传统征信系统覆盖面较少。如人民银行的征信系统，未能有效覆盖没有传统金融业务的人群。大数据信息囊括所有网上经济活动、社交活动、娱乐活动，随着互联网普及，大数据征信几乎覆盖所有人群。

4. 完善整个社会的信用体系建设

大数据征信的发展将极大扩展征信体系的数据范畴，以全新的服务理念和先进的信息处理方式，推动传统信用评分模式的转变，进而推进完善整个社会的信用体系建设。

（四）大数据征信在国外的发展现状

目前，美、英、日、澳等发达国家纷纷将发展大数据作为一项重要战略来实施，制定了一系列政策来推动数据开放共享，加大数据基础设施研发，促进政府和公共部门应用大数据技术。一些著名公司，谷歌、EMC、惠普、IBM、微软、甲骨文、亚马逊、脸谱等企业很早就布局大数据发展，成为大数据技术的主要推动者，并快速推出大数据相关的产品和服务，为各领域、各行业应用大数据提供工具和解决方案。

在征信领域，一方面传统的征信公司开始涉足大数据征信，充分利用自身的数据优势开发新的信用衍生服务，如益百利（Experian）开发出跨渠道身份识别引擎，布局投入研发社交关系数据，积极探索互联网大数据与征信的关系；艾克飞（Equifax）通过加大研发投入及收购行为布局大数据产品与服务；费埃哲（Fair Isacc Corporation，FICO）在传统 FICO 信用模型中引入社交媒体、电商、移动用户数据，提高了模型的用户区分度。另一方面，一些新兴的创业公司利用自身的技术优势，通过走差异化道路，给用户提供个性化的信用产品和服务，如泽斯塔金融公司（ZestFinance），利用大数据技术为缺乏征信数据而只能接受高利贷的人群进行信用评估服务，采集了海量跟消费者信用弱相关的数据，利用基于机器学习的大数据分析模型进行信用评估。

总的来看，由于国外征信体系较为完善，大数据征信作为传统征信的补充，仅在市场细分领域具有一定的应用价值，更多的是以提供征信增值服务的形式出现。

（五）大数据征信在国内的发展现状

1.大数据技术迅速崛起，国家大数据顶层设计雏形已现

目前，我国大数据的技术应用方面已具备一定基础，发展潜力巨大且市场空间广阔。2015 年以来，相关政策密集出台，国务院于 2015 年 9 月推出的《促进大数据发展的行动纲要》（以下简称《行动纲要》），提出大数据产业的发展应以企业为主体、以市场为导向，同时加大政策支持，着力营造宽松公平的环境，建立市场化应用机制，深化大数据在各行业创新应用，催生新业态和新模式，形成与需求紧密结合的大数据产品体系，使开放的大数据成为促进创业、创新的新动力。同时《行动纲要》指出要加快整合各类政府信息平台，消除信息孤岛，逐步推动政府信息和公共数据共享机制，大数据顶层设计雏形已现。2017 年初，工信部编制并正式印发了《大数据产业发展规划（2016–2020 年）》，明确提出了发展目标，将酝酿开启万亿元级别市场规模。

2.以大数据为代表的新兴技术为征信产业链注入新活力

伴随大数据、移动互联网、云计算等 IT 应用的快速渗透，我国 IT 服务业正向服务化、网络化及平台化的模式发展，目前已具备处理实时海量数据的能力，搜索和数据挖掘能力也得到了长足的进步。互联网企业的信用数据时效性更强，来源也更为丰富，电商网购、在线支付、信用卡还款、水电煤缴费、社交信息等都可以成为互联网征信的原料。依托于大数据和云计算技术优势，互联网企业可挖掘大量数据碎片中的关联性，提炼出有价值的信用信息，提供更为丰富的数据原料。依托于新兴技术的支撑，征信数据规模越来越大，数据维度越来越广，模型不断迭代优化。大数据与云计算等新兴技术正成为互联网背景征信公司突破传统瓶颈的重要手段。

3. 大数据时代下的个人信息保护成为行业健康发展"双刃剑"

中国个人征信监管实行牌照制,企业征信监管实行备案制。截至2017年9月,中国尚未有征信机构获得个人征信牌照,拥有企业征信备案资质的共有139家。

我国隐私保护立法滞后,信息安全现状不佳,尚未出台正式的个人隐私保护法。目前涉及征信业务隐私保护的法律法规主要有2005年出台的《个人信用信息基础数据库管理暂行办法》、2013年出台的《征信业管理条例》和《征信机构管理办法》以及2017年出台的新《征信业管理条例》。现行法律法规在信用信息采集范围和使用范围上规定得很严格谨慎,导致信用信息难以获取的现象与不当采集和滥用、侵权现象并存,影响征信业的健康发展。

我国在企业信用信息采集和使用上相对已经比较规范。《征信业管理条例》规定征信机构可以通过信息主体、企业交易对方、行业协会提供信息,政府有关部门依法已公开的信息,人民法院依法公布的判决、裁定等渠道,采集企业信息。征信机构不得采集法律、行政法规禁止采集的企业信息。企业信用信息使用方面,商业银行等授信机构经企业授权同意后可以查询企业信用报告,金融监管机构、司法等其他政府部门,根据相关法律法规,也可以按规定的程序查询企业信用报告。

我国在个人信用信息采集和使用上存在较大的改进提升空间。《征信业管理条例》严格规定了征信机构使用个人信用信息时必须经过个人书面授权同意,但在信用信息使用范围方面并没有做详细的规定。除金融领域外,个人信用信息正逐渐被应用于多种生活领域,如酒店、租车、签证等未来都有望接入征信机构,成为信用信息的使用者。网络信息的快速发展不断凸显个人信息的商业价值,因此,不少机构习惯通过网络平台从房产、金融、保险等渠道获取个人信息,严重侵害了信息主体的合法权益。依托于大数据技术的新兴征信机构往往在用户不知情的情况下预先采集储存个人信息,然后在出具报告时候才补授权,这种先采集数据后补充授权的模式也涉嫌违法。

法律监管尺度成为影响征信行业发展的"双刃剑"。从2012年12月《全国人民代表大会常务委员会关于加强网络信息保护的决定》出台到2015年11月《中华人民共和国刑法修正案(九)》生效,涉及个人信息保护的法律、法规、规章不断增加,公民隐私保护和维权意识也在大幅提升。未来随着《个人信息保护法》的出台,我国针对个人信息、隐私保护等法律法规的建设将进一步得到完善。法律监管尺度作为一把"双刃剑",隐私保护法和行业规范的出台一方面保护了信用主体的合法权益,为行业健康有序发展奠定了基础;另一方面,监管的松紧程度也将对未来征信行业,尤其是在数据源方面呈劣势的民营个人征信机构发展构成直接影响，从而成为一把名副其实的"双刃剑"。

四、大数据征信平台引入政策性融资担保风险管理的意义

（一）各地积极推进大数据在公共信息建设中的应用

各地出台一系列法律法规、政策来引导大数据技术在各领域的应用。而应用大数据技术来建设社会信用信息体系，是优化和完善金融服务的积极探索。

很多地方成立了诚信办、征信办等机构，以充分利用信息技术，推动政府部门、公共事业单位、企业等社会主体加强信用信息记录，建立和完善各类业务信用信息库。还有一些地方开通了公共信用信息服务平台，该平台归集了各个政府机构的信用信息，打破了原本一直分散在多个行政机关、法院以及电力、通信、轨道交通等公用事业单位的格局，让分散的信用信息跨部门流动，全面展现个人或企业的信用状况。

（二）大数据征信为中小微企业金融服务提供了有力保障

中小微企业在国民经济中处于重要地位，正逐步成为发展社会生产力的主力军。以上海市为例，根据上海统计数据显示，截至 2015 年底，上海中小微型法人企业的数量占全市法人企业总数的 99.5%，吸纳从业人员占全市法人企业从业人员总数的 72.5%，实收资本总额占全市法人企业总额的 77.1%，营业收入总额占全市法人企业总额的 58.8%。其中，微型企业数量庞大，中型企业增速快，中小微企业已成为上海国民经济和社会发展不可或缺的重要力量。

但融资难的问题也一直成为中小企业健康发展道路上的障碍与瓶颈，中小企业由于规模小、资产较少、风险较大，很难获得正规金融机构的资金支持。因此，大数据技术和征信平台建设，为中小企业金融业务的开发和风险管理提供了更为灵活、有效的手段。

（三）政策性融资担保风险管理引入大数据征信平台的意义

各地政策性融资担保机构成立以来，业务迅速发展，解决了很多中小微企业的融资难题，积极引导信贷资源合理流向中小微企业，发挥了财政资金的杠杆作用。但随着业务规模的不断扩大，政策性融资担保的风险管理也面临巨大挑战：人力资源紧张，业务规模迅速增长，工作量急剧增加、审批效率和质量有待提高，代偿风险初步显现，风控体系和信息系统需要建设与完善等。

因此，探索以征信为基础，应用大数据技术进行信息汇总、加工、分析，实现业务保前审核、保后管理，完善政策性融资担保风险管理体系，成为政策性融资担保信息化智能业务管理平台上重要的组成部分。同时，这一探索也是政策性融资担保突破发展瓶颈，服务更多中小微企业的重大尝试。

1. 进一步提升政策性融资担保的风险管理能力

随着政策性融资担保的不断发展，服务范围不断扩大，其在风险管理中遇到的问题将不断增多，传统征信体系的弊端也将日益凸显。这其中包括：中小微企业自身特点造成信息缺失、不完整，客观增加了政策性融资担保评审项目的难度；宏观经济与政策不断变化，中小微企业抵抗风险能力差，对在保项目进行动态监管与预警的难度加大；中小微企业诚信度、透明度较低，代偿追偿工作难度较大，回收效果不佳等。而大数据征信平台所呈现的特征和功能可以有效解决以上问题，提升政策性融资担保的风险管理能力。

一方面，大数据征信以数据分析技术为基础，多渠道采集信息，通过集成公用信息平台、税务数据、银行征信数据以及第三方征信资源，再结合政策性融资担保自身逐渐积累的中小微企业各项数据，实现信息深度与广度的融合，减少因对象信息维度单一、传统征信缺失而带来的风险，降低担保项目的评审难度；另一方面，大数据征信平台的数据实时更新，相比于传统征信而言具有更好时效性，可以实现对在保项目动态监管。更值得强调的是，大数据征信系统更注重预测行为主体的行为规则和行为模式，分析判断在不同客观环境下对象的行为表现，风险评估更为精准。

2. 进一步提高政策性融资担保的风险管理效率

大数据征信平台可以进行快速收集、分析、挖掘，运用机器学习等模型算法来多维度刻画信用主体的违约率和信用状况，为管理层提供全方位的风险识别和量化交易的依据。大数据和云计算技术的运用，只需较短的时间就能完成信息的检索、过滤和有效整合，这将改善政策性融资担保的业务流程与工作方式，有效解决执行层风险管控面临的工作内容繁多、手工处理低效、无法落实发展战略等问题，降低了管理和运营成本，提高了政策性融资担保的风险管理效率。

3. 进一步完善政策性融资担保风险管理服务与管理体系

通过大数据征信平台进行资源合理配置，建立起政策性融资担保、金融机构和企业之间互联互通、精准对接的快捷金融服务平台；通过整合全市金融服务资源，加快中小微企业政策性担保体系建设。帮助合作机构降低成本、拓宽渠道、提高效率，构建统一的风险防控体系。

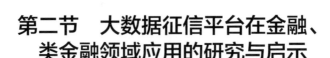
第二节　大数据征信平台在金融、类金融领域应用的研究与启示

一、国外金融与类金融领域应用研究概述

（一）国外金融领域的应用

在国外金融界，美国银行、摩根大通等同业已开始将大数据征信应用于信用卡和电子银行等领域。其中，摩根大通银行已经使用 Hadoop[①] 技术以满足日益增多的用途，包括诈骗检验、IT 风险管理和自主服务。摩根大通的大数据平台能够存储大量非结构化数据，可以收集和存储网络日志、交易数据和社交媒体数据。其拥有 150PB[②] 线存储数据、3 万个数据库和 35 亿个用户登录账号，所有数据都被汇集至通用大数据平台，以方便以客户为中心的数据挖掘与数据分析工具使用。花旗银行通过社交网络、公共网页获得客户的信用记录以及信用历史，应用在信用风险评估、精准营销等场景。

总体来看，银行等传统金融机构拥有广阔的大数据资源，具备开展大数据研究与应用的先天条件。银行通过亿级或千万级客户每日交易往来的数据，积累形成了庞大的结构化和非结构化数据资源，基于此数据来对客户画像，产生企业经营的全景视图，实现银行的风险管理、产品营销、业务创新等活动，进而寻找最优的模式支持其商业决策。

（二）国外类金融领域的应用

大数据征信在类金融领域的应用以美国泽斯塔金融公司（ZestFinance）、费埃哲公司（Fair Isaac Corporation，FICO）等为代表。

1. 泽斯塔金融公司

泽斯塔金融公司（ZestFinance）是美国金融科技公司，主要做的是将机

---

① Hadoop 是一个由 Apache 基金会所开发的分布式系统基础架构，用户可以轻松地在 Hadoop 上开发和运行处理海量数据的应用程序。

② 指 petabyte，它是较高级的存储单位，等于 2 的 50 次方个字节。

器学习与大数据分析融合起来，提供更加精准的信用评分。在数据采集方面，ZestFinance 以大数据技术为基础一方面继承了传统征信体系的决策变量，重视深度挖掘授信对象的信贷历史；另一方面，将影响用户信贷水平的其他因素考虑在内，如社交网络、用户申请信息等，实现了深度和广度的融合。ZestFinance 的数据来源十分丰富，依赖于结构化数据的同时也导入了大量的非结构化数据。另外，它还包括大量的非传统数据，如借款人的房租缴纳记录、典当行记录、网络数据信息等，作为信用评价的考量因素。ZestFinance 数据源结构如图 6-3 所示。除了 ZestFinance 之外，还有不少类金融机构和征信机构利用非传统数据源来评估信用（见附录 2）。

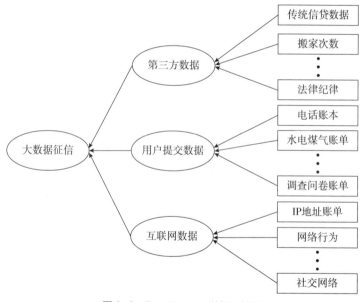

图 6-3　ZestFinance 数据源结构

资料来源：ZestFinance 官网

在分析模型方面，ZestFinance 融合多源信息，采用了先进机器学习的预测模型和集成学习的策略，进行大数据挖掘。首先，数千种来源于第三方（如电话账单和租赁历史等）和借贷者的原始数据将被输入系统。其次，寻找数据间的关联性并进行数据转换。再次，在关联性的基础上将变量重新整合成较大的测量指标，每一种变量反映借款人的某一方面特点，如诈骗概率、长期和短期内的信用风险和偿还能力等，然后将这些较大的变量输入到不同的数据分析模型中去。最后，将每一个模型输出的结论按照模型投票的原则，形成最终的信用分数。ZestFinance 分析模型如图 6-4 所示。

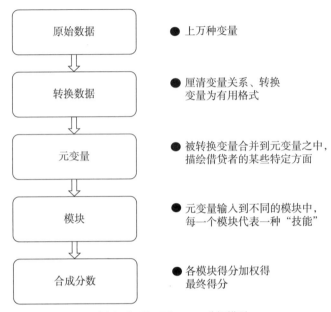

图 6-4 ZestFinance 分析模型

资料来源：ZestFinance 官网

　　ZestFinance 开发了 10 个基于机器学习的分析模型，如欺诈模型、身份验证模型、预付能力模型、还款能力模型、还款意愿模型以及稳定性模型，对每位信贷申请人上万条数据进行分析并得出超过 7 万个可对其行为做出测量的指标，并在 5 秒内就能全部完成。这种机制的决策性能远远好于业界的平均水平。

2. 费埃哲公司

　　费埃哲公司（Fair Isaac Corporation，FICO）开发的 FICO 信用评分是第一个数据驱动的消费者评分系统，主要用于商业机构的投资分析，是美国信贷市场最具有代表性的信用评分。2015 年，费埃哲宣称 FICO 信用评分在美国已应用到超过 90% 的借贷决策中。

　　尽管 FICO 信用评分应用如此之广，但也存在明显的局限性。如个人需要至少有持续六个月以上还款记录的银行信贷账户且该账户信息要报送到征信机构，这限制了 FICO 信用分的覆盖面。另外，传统银行机构为了盈利，试图在没有信用评分的人群中找到合格的借款者。这促使费埃哲与艾飞克、律商联讯集团合作，开发名为 FICO XD 的新信用评分，通过电信运营商数据、水电煤数据、金融交易数据等判断个人的征信状况，给半数以上在过去无法评分的信用卡申请者提供了评分。

3. 借贷俱乐部

借贷俱乐部（LendingClub）是美国最大的撮合借款人和投资人的线上金融平台，它利用互联网模式和大数据技术建立了一种比传统银行系统更有效率、能够在借款人和投资人之间自由配置资本的机制。

LendingClub 在运营中应用了如下技术：一是自动化授信决策引擎。该技术构建在大数据技术之上，大大提高了授信决策效率、风险评估的精度。二是"关注细节数据"的运算模型。数据分析时不仅关注"重点数据"，还从大量的"枝节数据"中寻找用户的信用线索。如贷款申请人联系方式的变更频率、信用卡使用异常、社交平台、网络购物平台上的数据是否健康等。对这些数据进行分析、整合、运算后，可全面立体地呈现贷款申请人在每个时间点的社会行为特征，并据此对每项贷款申请自动评分。三是挖掘动态数据。不仅要分析静态数据，还要关注和挖掘动态数据。比如，当用户浏览 LendingClub 网站时，平台会对贷款申请人在网站上的浏览时间、填写过程、填表时间进行分析，反映出贷款申请人的心理活动，折射出贷款申请人的文字识别能力、文化水平、受教育程度等信息。这些分析结果都被记录在数据库，并成为信用评分的参数。四是风险评级技术。借款人会被分为七个（用字母从 A 到 G 进行标识）贷款等级，在这七个等级中，每一级还有若干个子等级。借款人申请贷款时，平台会调取（或者生成）该借款人的信用等级数据，并根据申请人的信用等级、借贷金额、借贷期限来确定最终利率。

与传统银行的放贷审批相比，LendingClub 最大的特点就是自动化，能够大幅提升借贷业务的效率。美国的银行平均贷款批准需要的时间为 45 天，而 LendingClub 只需要 7 天。其官网数据显示，2015 年全年 LendingClub 完成超过 68 万项贷款（总申请项超过 600 万项），贷出金额约为 83 亿美元，而其公司员工仅 1400 人。

值得关注的是，我国互联网银行的实力代表——微众银行和网商银行，在贷款业务的效率方面表现更为出众，表 6-1 是微众银行、网商银行以及 LengdingClub 的业务数据对比：

表 6-1　2015 年、2016 年国内外互联网金融部分企业业务数据

	发放贷款总额（亿元）	贷款（万笔）	贷款笔均额度	员工人数	人均发放笔数 / 年	人均发放贷款额 / 年（亿元）
网商银行	586	185	31733	约 300	6155	1.95
微众银行	993	1242	8000	约 1000	12420	0.99
LendingClub	591	75	78407	约 1400	538	0.42

资料来源：微众银行、网商银行、LendingClub 年报

对比来看，LendingClub 在业务量和效率上与微众银行、网商银行存在较大差距，其中主要原因是背景不同。LendingClub 在信贷业务上主要是技术输出，而数据多取自第三方，存在数据获取壁垒。微众银行、网商银行分别依托腾讯、阿里巴巴庞大的"数据工厂"，信贷业务中所需数据主要来自母公司，基本不存在数据获取障碍，因此业务效率高。另外，网商和微众银行的一部分后台和开发工作采取外包或者集团内部合作方式，所以显得人数比较少。

（三）启示

根据以美国为代表的国外相关金融、类金融机构的分析来看，在大数据技术应用方面，美国和我国的应用路径存在较为显著的不同。相对而言，美国侧重于技术驱动型，而我国侧重于规模驱动型。主要原因有两点：第一，美国金融市场比较成熟，消费者的基本金融需求满足度相对较高，不能获得金融服务的人群比较少。因此美国金融科技创新，侧重于为消费者提供更加便捷的金融服务。而我国市场则有大量消费者没有获得正规的金融服务，在人民银行征信中心具有信贷征信记录的人群，不到我国人口 30%，这促使我国金融科技创新聚焦于那些广大的未开发市场以及无信用和低信用人群。第二，两国的技术原创环境有所不同，美国在互联网原创基础技术方面，整体上依然比较领先。

尽管目前我国与发达国家在金融业原创技术上存在差距，但大数据技术的出现将加速缩小差距，这也要求我国金融、类金融及相关政府机构应在以下方面做出努力：

1. 深植大数据应用理念

我国金融、类金融以及相关政府机构应积极运用互联网技术，并将技术核心进一步拓展到大数据、物联网、人工智能、区块链等前沿技术。针对分散于各业务线条和机构层级的数据采集、生产、积累、管理、分析、应用各环节，

应明确工作职责和要求，形成前中后台各环节联动的数据全流程管理机制和工作机制，以获得大数据发展浪潮的红利。

2. 夯实大数据应用基础体系

构建科学管理下的数据应用基础体系，需在获取数据、规范数据、处理数据等三个层面推进实施。在获取数据层面，一方面要立足并进一步优化传统征信数据源，整合人行、银保监、工商、税务、法院等数据字段，解决信息孤岛问题；另一方面要对接个人或企业在互联网上留下的社交、交易等行为数据，丰富信用考核的维度，并在一定程度上解决信息不对称问题。在规范数据层面，合理规划系统建设与数据标准体系，在同一规划数据标准的基础上，建立明晰、完整、有序的数据逻辑体系，将数据在各个系统进行打通和共享，进而建立整体运转有效的数据治理架构。在处理数据层面，打造新型大数据处理平台，以替代传统的数据仓库，支持海量数据的存储和高速运算。通过该平台在数据安全管控的前提下，可以利用平台进行各类数据的便捷统计、分析、查询和建模，为大数据的全方位应用提供技术支撑。

3. 构建大数据应用管理机制

建立大数据应用与管理决策的良性工作机制，将大数据广泛运用到金融、类金融及相关政府服务机构的风险控制、客户画像、智能客服、运营管理等多个领域。一方面要积极培养、积累兼具业务经营管理与信息数据应用的复合型人才，使数据应用管理快速提升至较高水平。另一方面要为数据应用提供资源保障，出台相关政策，对大数据发展进行整体部署和重点支持，加大对大数据关键技术研发的投入。

二、国内金融与类金融领域应用研究与借鉴

为了深入了解国内金融与类金融机构对大数据征信的应用，我们对相关机构开展了调研。

（一）上海市大数据征信平台建设情况的研究与分析

1. 上海市公共信用信息服务平台概况

为了进一步了解上海的信用信息建设情况，我们专程调研了上海市公共信用信息服务中心（以下简称"市信息中心"）。市信息中心成立于2014年，隶属于上海市信息中心，负责本市公共信用信息服务平台的建设、运行和维护，研

究公共信用信息标准规范，归集公共信用信息，提供公共信用信息查询、异议处理、监测预警、统计分析等服务，是上海市公共信用信息交换共享的基础枢纽。截至 2016 年底，市信息中心对接 99 家单位编制的数据清单，其中市级行政机关 44 家，区政府部门 16 家，中央在沪单位 11 家，人民团体 2 家，司法机关 1 家，公共事业单位 11 家，社会组织 14 家，确认向平台提供 45933 项信息事项。其中法人信息事项 27185 项，自然人信息事项 18748 项，总计汇集信息超过 3 亿条。汇集信息分为八大类：监管类、资质类、登记类、管理类、履约类、执行类、公益类、判决类。

市信息中心的建设目标是对接本市基础数据库、各类专业信用数据库，对接国家机构、人民银行等信用平台，实现国家条线和区域信用信息共享互通；作为统一查询窗口，向政府部门、行业协会、企事业单位等符合条件的各类主体提供查询服务；支撑本市商务、金融、司法等领域以及市场的专业应用系统信用应用，发挥载体作用。市信息中心重点支持政府部门将信用信息广泛应用于政府日常管理和决策分析中，通过探索建立事前、事中、事后全过程信用管理手段以及信用分类监测预警、守信激励失信联合惩戒机制，有效地提升政府监督效率。平台还支撑市场和社会应用不断拓展，较为典型的应用案例有：配合市新能源汽车推进领导小组办公室做好购车申请者的信用核查和异议处理工作，推进市商务委商务诚信平台建设，对新型金融业态企业开展信用审核工作等。

2. 上海市公共信用信息服务中心特点

市信息平台主要有以下特点：一是信息汇集全面、准确。在信息采集上覆盖了主要数据来源，而且全部是各领域的权威、集中信息来源，能够提供专业的查询服务。来源包括市级行政机关、各区政府部门、社会组织、中央在沪单位、公用事业单位、人民团体、司法机关等，市信息中心在官方数据的基础上确保数据质量，保证信息的准确性和权威性，并且有完善的异议申诉流程进行数据修正。二是信息管理专业规范。在信息汇集的基础上，市信息中心做了大量的工作推动信息管理，形成了法人库、个人库两个主要的数据库。以数据清单、行为清单、应用清单的形式，公开数据管理和使用的情况。以年度运行情况报告的形式，对信息归集情况、信息使用情况、信息应用情况进行详细统计、分析，并以可视化的形式丰富展示效果。三是信息应用精准广泛。通过多年的建设和推广，越来越多的政府部门愿意与市信息平台合作，推出基于平台的信用应用。目前平台涉及的信用应用事项 1724 项，涵盖行政审批、行政处罚、日常监督、政府采购、招投标、表彰评优、资金支持、录用晋升等。

（二）江苏银行大数据征信平台建设情况的研究与分析

江苏银行是在江苏省内无锡、苏州、南通等 10 家城市商业银行基础上，合并重组而成的现代股份制商业银行，是江苏省唯一省属地方法人银行。银行有营业机构 510 多家，其中省内下辖 12 家分行，省外有北京、上海、深圳、杭州 4 家分行，全行现有员工 1.4 万人。

1. 江苏银行大数据征信平台概况

2014 年 10 月，江苏银行夏平董事长确立了利用大数据实现弯道超车的发展战略，将大数据应用提升到全行发展的战略层面。2015 年上半年，江苏银行完成了大数据平台选型和建设，选择发布版 hadoop 进行底层数据存储加工，接着进行内外部数据整合。这三个阶段的完成，意味着大数据基础设施建设工作已完成，如果把大数据建设工作看作一棵大树，前两个阶段完成意味着树干和树枝已长成，接下来的大数据应用像树枝上的树叶一样，热点频出，精彩纷呈。至此，江苏银行建立起以风险管理为核心、技术为支撑、共享合作平台为基础的大数据应用体系。2015 年组建成了江苏银行"融创智库"大数据工作站，并与共青团中央、省信用办、几十家中小金融机构、电信联通等运营商建立了良好的合作关系，形成"融创智库"大数据品牌。

江苏银行利用大数据技术开发了一系列具有社会影响的应用产品：如 e 融品牌下的税 e 融、享 e 融等线上贷款产品，基于内外部数据整合建模的对公资信服务报告，以实时风险预警为导向的在线交易反欺诈应用，基于柜员交易画面等半结构化数据的柜面交易行业检核系统等。这些产品不但提升了自身风控、营销、创新能力，而且为对外技术输出打下坚实基础。

2. 江苏银行大数据征信平台特点

通过对江苏银行的调研，我们发现其对大数据征信的应用主要有以下特点：一是围绕业务开发应用，开发应用不局限于业务。作为金融机构本身，江苏银行对于业务的理解非常深入，在应用大数据时也紧扣业务需求，其体现在两个层次上：各种业务通用的基础大数据调用，主要解决注册、监控等需求；特色业务调用特色数据，主要解决产品需求。同时，在挖掘大数据价值上，江苏银行做到数据开放，为每位员工提供调用数据的便利，将大数据的价值从业务应用延伸到日常管理。二是建立信息交换机制，填补信息空白。与其他大数据平台不同的是，江苏银行与 80 多家金融机构建立了信息交换机制，在自有数据、第三方数据之外寻求数据源的突破。这样的动态信息互动促进了金融机构间的合作，提高了征信信息的及时有效性，甚至在这种信息联系的基础上产生业务创新。目前江苏银行参与其他金融机构的放贷业务，一举达到了获客、风控、信息交互的多重目的。全部数据是由风险管理部牵头管理，下设大数据应用部门进行应用开发，全行业务部门应用大数据指导和配合进行获客、产品开发、数据统计等多项工作任务。

3. 大数据风控产品——"月光宝盒"

围绕银行风控需求，江苏银行从 2013 年起打造全行的风险预警系统和大数据风控"月光宝盒"。大数据风控产品取名"月光宝盒"，隐喻宝盒打开，江苏银行大数据风控产品一一展现，包括内控名单宝盒、黑名单宝盒、贷款宝盒、授信额度宝盒、贷后宝盒、预警宝盒、评级评分宝盒、定价宝盒、资信报告宝盒、反欺诈宝盒等，都是具有核心知识产权的信贷技术创新，其中内控名单宝盒，重点推广同业间内控名单数据共享，不断扩充内控名单数据库容量；预警宝盒根据风险等级的不同，向客户经理推送不同颜色等级的预警信号，并在此基础上开发了预警评分卡，用于贷款的审批和管理；评级评分宝盒目前应用于客户准入环节；定价宝盒主要应用于客户审批环节的定价参考。资信报告宝盒包括贷前宝盒和贷后宝盒，实现贷前、贷后调查报告自动生成，减少客户经理工作量；反欺诈宝盒通过制定反欺诈规则识别和规避风险。

大数据风控"月光宝盒"集成客户信息核验、反欺诈核验、风险预警等功能，并已实现向其他金融机构进行产品和技术的输出。

4. 大数据统计报表系统——"智多星"

围绕银行的大数据统计需求，江苏银行开发了"智多星"大数据统计报表系统。"智多星"平台提供各类智能化的分析工具有以下三个特点：一是降低数据挖掘分析的门槛。"智多星"平台提供各类智能化的分析工具，并且将技术的语言翻译成了业务语言，使数据分析的门槛大为降低，数据分析工作可以下沉到最基层。不需要了解数据库，甚至不需要懂太多数理统计的专业知识，只要了解业务人员，都可以根据自己的一个关注点自定义分析和挖掘，并可以分享给其他员工。二是实现离散式管理。传统模式的报表开发维护和管理都集中在部分开发和管理人员身上，面对日益增长的数据分析需求，这种模式显露出响应能力的不足和资源的瓶颈。"智多星"平台打破原来总行定制固定报表，分支机构只能查询的集中式管理模式，变为人人都可以是报表开发员的离散式管理模式，实现千人千创意，让数据发挥最大价值。三是实现数据安全和便捷的平衡。在提升数据分析便捷性的同时，数据安全问题也是银行关注的重点。

"智多星"平台在权限管理中也需做到智能化。首先，对敏感字段，如客户名称、地址、手机等，在定义报表的同时就可实现自动脱敏；其次，数据权限有报表和机构两个维度，不同分支机构的用户，即使获得了同一张报表的权限，也仅能查看自己机构的数据，避免了数据的任意传播。

该平台的目的是使行内人人都可以利用大数据。目前全行 14000 人都有系统账号，系统上已积累了 900 张报表，其中 2/3 是由业务部门创建。可以看出，通过这样的大数据开放系统，调动了员工们的积极性，推动了各个线条应用大数据价值的能力和意愿。

5. 大数据下的小微企业贷款产品——"税 e 融"

在大数据平台基础上，江苏银行结合金融实际不断开发出新的产品，"税 e 融"就是江苏银行开发的首款小微企业网贷产品。

在国税部门的大力支持下，江苏银行通过以小微企业纳税信用和数据信息为依据，为小微企业开辟了融资贷款"绿色通道"。自上线以来，江苏银行又先后对业务流程、审批模型进行了数十轮优化，持续完善渠道获客、决策审批、营运支持、风控预警网贷模式四大模块的核心技术。并与中国电子金融认证中心（CFCA）合作实现了业内最领先的客户电子签章以及电子档案管理，大大提升了客户体验和风险管理水平。经过推广，截至 2016 年底，"税 e 融"业务授信客户已突破万户，累计为小微企业发放了无担保、无抵押、纯信用、全自动、随借随还的贷款超百亿元。

通过总结"税 e 融"业务的成功研发和推广经验，江苏银行还开发了基于大数据技术的"商 e 融""链 e 融""创 e 融"等系列小微企业线上贷款产品。通过大数据平台的搭建，接入并整合更多维度的内外部数据信息，以场景构建为突破，必然能够开发更多的小微金融产品，解决更多小微企业融资难、融资贵的问题。

三、大数据征信平台模式分析及启示

此次调研的案例类型，涵盖了政府主导建设的公共信用信息平台、园区信用平台，金融机构主导建设的大数据征信平台以及市场化运作的商业征信机构，这也是市场上主要的三种大数据征信平台模式。

（一）政府主导建设的大数据征信平台

以政府为背景运作的大数据征信平台主要出现在国家大力提倡建设社会信用体系之后。尤其在 2014 年国务院发布《社会信用体系建设规划纲要（2014-2020 年）》等一系列重要文件后，全国积极推进社会信用体系建设。社会信用体系建设不仅是建设信用门户网站，更重要的是将部门间的信用信息进行汇集，通过"一网多库一平台"（一个门户网、多个专业信用数据库、一个数据交换平台）的规定动作，从数据到应用进行全方位的信用体系建设。

目前，全国全部省级公共信用信息平台已经建成，绝大多数市级平台已经建成，并在积极扩大信用应用。政府主导的信用信息平台在数据汇集上具有一定优势。各地的信用信息平台均由发改委牵头建设，并且在各地政府的"十三五"规划中均有对信用体系建设的明确目标。所以在数据汇集方面，各部门配合程度较高，数据质量较好。在信用体系建设中，包括"一个数据交换平台"的建设，这是为了方便多个数据源的信息进行交换治理；编制政府数据目录，一定程度上也为各部门进行数据开放提供了便利条件。

但是，社会信用信息平台的应用场景集中于政务应用，所以在金融行业应用场景较少。这是因为从数据维度上看，金融行为数据有限；从数据格式上看，信用信息平台以各类负面清单为主，全量数据不多，例如纳税方面的信息只有欠缴信息，而没有纳税额等关键字段。

（二）金融机构主导的大数据征信平台

谈到金融机构主导的大数据征信平台，绕不过人民银行征信中心。作为我国征信行业的基础，人民银行征信中心掌握个人及企业在金融机构的信用行为。直到现在，人民银行信报还是信用审批领域最具参考价值的报告。

人民银行征信的数据虽然具有极高的价值，但在金融行业日新月异发展下也有不足之处。比如，个人和企业的覆盖率不足，信息维度不全等。所以，当《征信业管理条例》出台，鼓励社会机构进入征信业之后，大量的社会机构纷纷涌入。同时，大数据和互联网技术的推波助澜，也让大数据征信平台日益增多。

此次考察的江苏银行大数据征信平台，是业内知名的成功案例。江苏银行凭借自身资源，敢于在大数据领域大力投入，现在已经建成以全行业务为基础的新的大数据平台，并基于大数据平台开发了多种产品，甚至已经开始技术输出，向同业银行进行数据产品和服务的营销。

事实上，从2016年开始，以数据驱动为核心的业务管理建设理念为全国金融机构所接受，各大银行都在积极建设自己的大数据平台，从数据源到平台建设，从五大行到城商行，大数据的星星之火已经开始燎原。金融机构不再仅依靠人民银行征信，而是将触角伸向更广泛的数据源。

人民银行也在改变。比如，人民银行宁波市中心支行除了自身的人民银行征信系统之外，还建立了宁波市中小企业信息平台，以数据交换、数据购买等方式，汇集了宁波地区的工商、司法、税务、水电能耗、个人不动产等信息。当地的大多数金融机构已经成为平台会员，能够查询企业和个人的上述信息。最近，此平台计划升级为宁波市普惠金融信息平台，将服务目标拓展至农户及其他重点人群。

（三）社会机构建设的大数据征信平台

社会机构建设的大数据征信平台生态多样，千差万别。

一是典型的平台模式，集中公开信息进行整理，提供免费的数据查询应用，当用户量积累到一定阶段，开始提供收费应用，从而实现盈利，比如企查查、天眼查。他们的数据来源以网络爬取公开信息为主。

二是通过与国家部委的数据渠道对接的方式进行数据汇集，并通过数据采购对平台进行补充。这样的大数据征信平台形式较为灵活，对市场上的数据状况变化较为敏感。

三是专注于自身数据源的建设开发和应用，围绕优势数据源进行业务的开展。典型的机构如微众税银、航聚、敬众。目前，众多互联网企业也以此种形式进入大数据征信行业，比如拥有用户支付数据的芝麻信用，拥有用户航旅数据的同程旅游等，都利用自身经营中积累的数据进行单一场景的应用。而覆盖率最广的芝麻信用更是将应用拓展到共享单车等多个信用应用领域。

上述三种大数据征信平台的模式在根本上都是相通的，首先以数据为基础，可以打造大而全的数据汇集平台，也可以做小而精的专项数据平台；其次，准确对接应用场景，发挥大数据的价值；最后，在数据基础上开发分析、预测等应用功能，紧密贴合用户的需求点，实现数据价值的深度挖掘。

第三节 进一步拓展和完善大数据征信平台在政策性融资担保风险管理中的功能作用

一、指导思想和总体目标

（一）引入大数据征信平台进行风险管理的指导思想

立足国务院对"运用大数据加强市场主体服务和监管"的若干意见，应用大数据、云计算技术、人工智能构建大数据征信平台，加快发展融资性担保行业，营造更好的融资环境，促进中小微企业健康发展。

（二）应用大数据征信平台拟达到的风控总体目标

大数据、云计算技术能充分利用金融及相关市场产生的海量数据来挖掘需求、评价信用、管理融资风险等，是突破传统金融业务发展瓶颈，解决中小微企业融资难等问题的强力助推器。在政策性融资担保风险管理中应用大数据征信平台，拟达到的总体目标如下：

1. 提升贷前评审的风险识别能力

政策性融资担保所服务的对象是中小微企业，因其财务指标表现以及抵押物不足，再加上存在严重的信息缺失，难以从传统金融机构直接获得融资。政策性融资担保以专家判断和财务指标模型评分为主要方式来筛选担保对象，将会缺乏适用性并存在较高的风险。而通过大数据征信平台，可以整合中小微企业、企业法人及高管的历史行为数据（包括银行数据、公共信用信息数据、社交数据、网络舆情数据等），可以更加立体地评价审核对象的信用水平，全面提升贷前评审的风险识别能力。

2. 增强贷后跟踪的风险预警能力

政策性融资担保对原有的贷后跟踪方式主要依靠监测企业的贷款余额及欠息余额、突击式检查等，无法实时有效的监测企业的经营状况变化。大数据征信平台通过对接各第三方平台获取实时数据，并提取关键指标构建动态模型，进而形成实时的风险预警系统。当平台发出警报时，相关工作人员要针对被警示的在保对象进行深入调查，确认是否产生不良担保以及损失程度并采取相应的措施。

3. 改善贷后追偿的回收效果

政策性融资担保的服务具有政策性，存在相对较高的违约风险，贷后追偿能力是保证政策性融资担保持续、稳定发展的重要能力。由于目前政策性融资担保的信息来源较为单一，导致追偿工作难度较大，效果不尽如人意。大数据征信平台不仅整合了在保企业的多维信息，同时跟踪公司法人及高管的个人相关信息，这将有利于明晰债务人的其他关联企业或资产状况，并以此制定切实有效的追偿方案，有效改善贷后追偿的回收效果。

4. 缓解人员配置与工作效率的矛盾

政策性融资担保现有的业务模式和有限的人力资源配置难以满足担保业务

规模的快速增长，亟须新兴技术来实现担保业务流程的自动化和智能化。大数据征信平台可以快速整合、处理、分析数据并做出相关决策，这将改变政策性融资担保的业务流程与工作方式，有效解决执行层风险管控面临的工作内容繁多、手工处理低效、无法落实发展战略等问题，降低了管理和运营成本，提高了政策性融资担保的风险管理效率。

二、政策性融资担保大数据征信平台建设模式分析

人民银行征信系统是金融机构主要参考的征信依据。政策性融资担保的大数据征信平台应用场景，主要是为政策性融资担保业务提供风险控制和商业判断依据，可以吸收前述三种建设模式的优点，以政府主导为主，辅以市场机制补充。从长远来看，可以面向金融机构，服务中小微企业，为金融机构提供中小微企业信用信息征信服务。

从金融机构对于大数据征信的需求角度来看，主要侧重于以下方面：

（一）数据准确性、权威性

不准确的数据无法提供价值。金融机构希望在业务中能够有便捷获取数据的方式，而且要保证数据准确性。如果是政府或者直接数据源部门分享的数据，可以视为有权威性的数据，在准确性上有较高保证。政策性融资担保在协调政府数据上具有相对优势，可以发挥政府主导的优势，将重要的征信数据汇总。

（二）数据独特性、完整性

随着政府数据公开推进，数据采集技术的发展，在大数据行业蓬勃发展的今天，许多数据已经失去了独特性。比如工商基本信息已经成为征信机构的标准基础数据。同时，不同数据源的数据质量也参差不齐，能够提供完整有效的数据，才能打动金融机构使用者。

对比个人征信数据，企业征信数据维度较少。从企业的经营活动中分析，重要的企业征信信息集中在工商、税务、社保、公积金等政府部门。其中财务信息、纳税、社保、公积金等信息作为企业敏感信息，需要企业授权才能从合规渠道进行采集。大数据征信平台能够汇集这些重要信息，并在合规的情况下提供，已经具备数据独特性。

个人的活动痕迹比企业要广泛得多：互联网行为、消费行为、商旅行为、个人纳税状况、个人缴社保状况、个人资产、家庭状况等。但是个人隐私是数据采集中不可逾越的雷池。上述大多数个人征信信息，都需要个人授权才能进行应用。

　　在独特的征信信息汇总上，需要政策性融资担保利用市场机制，引入有价值的第三方征信机构。

（三）数据地区性、专业性

　　金融机构在使用数据时也会关注数据的地区性和专业性，以匹配金融产品和客户的特点。比如，地区性银行业务局限使银行更关注本地的企业和个人数据库。而针对特定行业、特定规模、特定群体的汇集数据库，更显专业性，受到数据使用者的欢迎。这一点在国外成熟的大数据行业已经具有明显的趋势，比如专注法律数据库的律商联讯（LexisNexis）、专注医药行业数据库的艾美仕（IMS），都是典型的大数据机构。

　　政策性融资担保可以围绕上海市中小微企业数据进行深度建设，尤其在国家积极推进普惠金融的大趋势下，建设这样的专业数据库是非常必要的。

三、大数据的选择与甄别

（一）数据来源及获取方式

　　多个案例的调研结果说明，大数据应用日益被社会各方所重视。各行业都在积极开展行动利用大数据解决问题：政府部门利用信用信息平台提升办事效率；金融机构利用大数据征信平台进行贷前审核、贷后监控；第三方征信机构利用大数据模型提升产品服务体验。

　　越来越多的数据源选择开放数据，让数据的来源五花八门。对数据的来源和质量进行分析和比对，大数据的主要来源按照数据产生主体分类，主要分为以下三种数据：

1. 政府部门数据

　　以工商、司法、税务、环保等为代表的政府部门，是法人、自然人经营行为活动的官方记录单位。例如企业法人的注册、经营需要工商审批、备案；自然人的司法纠纷、处罚需要司法单位进行审核、公示。此类数据是法人、自然人行为的直接汇总和记录，并经政府部门核实，具有较高的准确性和权威性。

随着国家提倡政府数据开放，目前许多政府部门的数据已经做到向公众开放或者有条件向公众开放。更多的政府部门数据以授权获取的方式提供。

2. 事业单位和社会团体数据

事业单位和社会团体数据是对政府部门数据的有力补充，能够提供法人、自然人在生产经营、社会活动中涉及能源、资金、奖惩等重要信息。

3. 企业数据

大量的法人、自然人活动，都是在市场经济环境中产生和进行。市场中的企业是这些活动的记录者。尤其是那些进行企业服务、个人服务的企业，能够汇集服务对象的特定行为数据。典型的企业如电信运营商、航空公司、电商平台、结算机构等。这类企业掌握的信息可以描绘刻画法人、自然人的活动信息，反映信用情况。

（二）大数据征信平台的主要数据来源

1. 与各地公共信用信息服务平台对接

各地公共信用信息服务平台提供的信息可以比较准确地描绘法人和自然人在公共行为领域的信用状况。但是，市信息平台提供的信息主要围绕着公共失信行为进行记录。在繁多的信息内容中，哪些数据与金融信贷风险息息相关，哪些数据能真实反映法人、自然人的信用状况，需要仔细甄别。通过信息筛选，避免信息过载带来不必要的效率下降。

2. 从国内领先的第三方企业征信机构引进数据信息

我国第三方企业征信机构的数据源以市场公开数据为主，如工商、司法；有提供部分外部数据接入渠道，如航空行为、车辆信息等；有征信机构汇集的独特数据源，如网络借贷信息、反欺诈信息等。

第三方企业征信机构的作用主要有：一是提供数据汇集、整理、加工服务，尤其是对公开信息的加工；二是提供数据通道，很多有价值的数据通过征信机构渠道提供；三是提供数据分析服务，在数据的基础上进行评分、评级、模型创建。

第三方企业征信机构对于政策性融资担保的价值在于提供补充数据源和分析建模能力。能够与优秀的征信机构合作，可以提升政策性融资担保在风控方面的管理。

3. 直接或间接（通过第三方机构）连接银行等金融机构的征信平台

人民银行征信是法人、自然人在银行间借贷行为的汇总信息，能够直接体现历史违约状况。但人民银行征信也有其局限性，对于广大不能从银行获得融资的法人、自然人，并没有人民银行征信可以参考。所以，越来越多的银行和金融机构开始引入外部数据源，建设自己的外部征信体系，典型的金融机构如江苏银行。

金融机构的大数据征信平台一般通过外部数据源采购，接入工商、司法、税务、个人负面信息、航空行为、网络借贷等多种数据，结合行内数据，为业务部门进行贷前审核、贷后监管，为风控部门进行模型创建提供数据支持。

不同金融机构的外部数据来源不同，有的与当地政府、事业单位进行直接合作，获取数据；有的通过具有资质的第三方机构采购数据。从政策性融资担保的实际应用角度出发，可以与合作银行进行沟通，补充业务中需要的数据，如央行征信；也可以与第三方征信机构合作，获取其他重要数据，如网络借贷信息、反欺诈信息等。

4. 直接或间接（通过第三方机构）连接税务、工商等政务信息

税务、工商等政务信息是权威准确的外部数据源，能够真实反映法人、自然人的经营和活动。目前，工商的公开信息获取渠道众多。但税务等敏感数据的市场获得程度不高，如果能够与政府部门直接合作，具有较大价值。同时，在税务数据的获得中需要解决授权问题。一种典型的解决办法是，征信机构根据税务数据特点定制政策性融资担保认可的税务分析模型，生成评分评级等征信产品，对税务数据进行脱敏处理。

5. 开拓其他数据信息源

根据各地区实际，结合中小微企业的特点，与科委、扶贫办等系统进行对接合作，获取有特点的数据，并建立特色数据库，比如农户档案数据库、科技创业数据库等。

（三）数据获取及使用合规性

我国对于征信行业的系统立法较晚，关于数据获取、加工、使用的范围、标准的规定尚不清晰，早期的相关法律法规散见于各种法律条文中。近年来，随着国家对信用建设的重视，征信行业配套法律法规加快出台。

目前的法律法规对于个人征信的合规性有了明确的规定，但对于企业征信的合规性并无详细准确规范，以企业相关法律法规参考为主。综合以上法律法规的内容对于征信合规性要点梳理如表6-2所示。

表 6-2　个人征信和企业征信授权要求

	征信信息内容	授权要求
个人征信	禁止征信机构采集个人的宗教信仰、基因、指纹、血型、疾病和病史信息以及法律、行政法规规定禁止采集的其他个人信息 征信机构不得采集个人的收入、存款、有价证券、商业保险、不动产的信息和纳税数额信息。但是，征信机构明确告知信息主体提供该信息可能产生的不利后果，并取得其书面同意的除外	采集个人信息应当经信息主体本人同意，未经本人同意不得采集。但是，依照法律、行政法规规定公开的信息除外 企业的董事、监事、高级管理人员与其履行职务相关的信息，不作为个人信息
企业征信	征信机构可以通过信息主体、企业交易对方、行业协会提供信息，政府有关部门依法已公开的信息，人民法院依法公布的判决、裁定等渠道，采集企业信息 征信机构不得采集法律、行政法规禁止采集的企业信息	公开信息不需授权 不得侵犯商业秘密

征信行业的典型合规操作流程是获取信息主体的授权，并与信息提供方就信息使用约定合适的方式。以获取企业税务信息为例，征信机构需要与相应的税务机关签订协议，约定信息开放范围、信息开放方式、信息使用范围等事宜；同时，在使用数据时，需要得到被征信企业的授权。这种方式适用于非公开征信信息的获取，对于企业公开信息，不需要授权使用；对于个人公开信息，视情况获取授权。

第四节　大数据征信平台在风险管理中的应用

一、基于大数据的业务与管理实现

政策性融资担保的业务主要与合作银行开展间接担保类融资担保业务。间接担保是指中小微企业直接向合作银行提出贷款申请，由合作银行自主审批后向政策性融资担保推荐，经政策性融资担保审查通过后与合作银行签订担保合同，纳入政策性融资担保范围的业务模式。

间接担保业务分为两种：批量担保与个案担保。批量担保适用于合作银行推荐的担保贷款额度 300 万元以下（含等于）的项目，审批方式为形式审查，强调对担保行业和企业的合规性判断以及资料完整性的审核，依托这一简易快捷模式，业务规模扩大迅速，业务人员需要处理大批量担保业务。个案担保适用于银行推荐的担保贷款额度超过 300 万元以上的项目，审批方式为实质审查，即在形式审查的基础上，还要强调对项目实质的评估和审核，包括借款企业的财务状况、银行审批意见、担保措施等。

在这样的模式下，可以发挥大数据征信平台的功能，实现网上快速审批，优化决策流程，提高审批效率，增加评估信息维度的优势，在保前审批、保后监管、代偿追偿等几个环节进行应用。大数据征信平台的应用不是对现有的业务流程进行修改，而是为现有流程提供便利工具和创新。

二、大数据征信平台在保前审批系统中的应用

（一）大数据征信——智能数据对比实现快速信息核实

在批量业务形式审核中，担保项目由合作银行推荐，项目信息、客户信息均由银行填报核实。这种机制，会产生经济学上的负面选择问题，即合作银行在有担保机构部分覆盖风险的情况下，对这些小额贷款项目审核标准放宽松，推送的资料不准确、不符合标准。对这些资料仅做形式审核，是不足以准确掌握项目和客户真实情况进而防范保前风险的。如果以政策性融资担保现有人力资源应对这个问题，在项目数量不断增加的背景下，业务人员精力和效率都有局限，即使对项目资料进行实质审核也只能粗略检查明显逻辑不合理的地方，对于细节的真实性核实不能兼顾。

现阶段合作银行向政策性融资担保提供的项目信息主要包括企业基础资料、财务信息，包括负债明细。对这些信息进行分类，可以分为定性信息和定量信息两种，定性信息以企业基本资料为主，定量信息以财务信息为主。对于定性信息的核实以"是否判断"的形式进行。例如，是否涉诉，是否属于行业负面清单企业，是否有欠缴税费记录，是否有欠缴水电费记录等。对于定量信息的核实以数据比对的形式进行。例如，财务信息的重要指标与工商财报数据比对，税务数据与纳税数据比对。考虑我国中小微企业财务实际，大量企业倾向于弱

化财务表现以减轻税务负担,所以中小微企业的税务数据可以一定程度反映企业经营的底线。

通过对企业基础资料和财务信息的核实,已经实现对企业和项目数据的初步加工,对于其中核实不符的信息,反馈给合作金融机构进行补充修改;已经核实的数据进入决策引擎进行审核和判断。实际操作中,银行提供的信息在理论上经过银行自己的验证,真实性相对较高;在政策性融资担保信息核实的环节中,以重点信息、负面信息为核实内容,主要应用是否判断核实,达到快速核实的目的。

(二)大数据决策引擎——智能规则判断实现快速审核

在批量业务审批流程中,业务人员取得银行推送的客户资料后,将根据已备案的"银行批量业务方案"进行匹配,比如:中行推送的客户匹配中行的批量方案,加上自己的专业判断,进行形式审核。

引入大数据决策引擎,可以将银行备案的批量方案固化为规则库,建立"银行批量方案审批规则库",形成"中国银行批量担保审批规则""上海银行批量担保审批规则",甚至更精准的"上海银行文化类企业批量担保审批规则"。同时,对于政策性融资担保自身的评价标准,也形成"批量方案审批规则库"。

决策引擎将决策流程和规则进行可视化、自动化管理,方便业务人员设计、修改决策规则和流程,适用于政策性融资担保的业务流程。对于批量审批,甚至个案审批进行不同的决策流程设计,对于不同产品的审核规则进行不同的定义,由此客户进入系统之后,实现自动匹配决策流程、自动规则审核的目的。

当前面经过大数据征信智能数据对比核实的客户数据进入决策引擎时,首先根据客户特点自动进行审批路径匹配,即根据项目性质,自动判断采用批量审批流程、个案审批流程(包括业务部门经理审批、业务部门会议审批、评审会审批流程等);其次对不同的审批路径中使用的规则进行搭配调用,使不同客户和项目能够在各自的审批路径中匹配到适用的规则,并根据规则智能自动批量审批,节省了业务人员人工审核的时间成本。比如SH银行推送一家中小微企业客户,在信息经过核实后,决策引擎根据项目额度小于300万元的规则判断适用批量审批流程;根据合作银行情况,在批量审批流程中调用"SH银行批量担保审批规则""担保基金通用批量审批规则"两个规则库;通过应用规则库对客户和项目信息进行判断,决定是否同意对此项目进行担保。

应用了大数据决策引擎之后,批量审批业务人员的工作重心发生转变:从业务操作为主要工作内容转向以维护规则库、搭建引擎路径、统计分析决策结果为工作核心内容，实现了从操作到管理的业务重心转移。维护规则库和搭建引擎路径的目的是定制化政策性融资担保的决策引擎，使规则和路径的设计更符合政策性融资担保的业务模式。同时，在业务的不断积累中，政策性融资担保也会发现新的评价规则，合作银行也会提出新的要求，这些都需要业务人员来维护规则库。

基于大数据开发的决策引擎，以数据和规则为决策依据，具有以下优点：一是通过图形化点击进行配置维护，可以拖拽式灵活配置和组合相关的决策规则，方便业务人员和管理人员进行调整，不仅决策流程可以尽心设计配置，规则也可以配置、组合。方便的操作特点可以让业务人员根据实际业务情况发现流程的问题和可改进之处，经过申请报批后，可以自定义决策流程，促进业务系统的完善。二是根据业务需求，可以针对不同业务产品决策流程进行设计。在政策性融资担保智能平台上，决策引擎可以结合申报条件和负面清单信息，进行自动审查。比如，批量业务审批的决策流程和个案业务审批的决策流程不同，批量业务在金额不超过300万元时，只要通过申报条件审查、负面清单筛查即可；而个案业务在自动审查后要自动流转到实质审核，在审核报告进入系统后，要匹配风控模型进行审批。尤其在政策性融资担保不断拓展新业务的场景下，可以根据新业务内容进行灵活设计决策流程。三是规则条件可实现模板化管理。针对政策性融资担保业务中的关键规则和风险点，进行梳理和归档，形成规则条件模块，这样的管理方式方便规则的修改和更新；更重要的是通过不断地积累规则，形成政策性融资担保自己的风险指标库，为今后大数据的综合利用提供便利条件；同时，还提供完整规则的生命周期版本管理，对于规则的增删改查都有详细的日志记录，防止规则管理混乱。

（三）大数据工厂——智能模型构建实现快速评估

除了批量业务审核以外，政策性融资担保的个案业务需要进行实质审核甚至评审会讨论的形式来做出判断。在政策性融资担保形成多数据源汇总的大数据征信平台基础上，可以尝试通过信用模型的构建，建立直观可靠的信用评分评级，为个案的实质审核、评审会审批提供判断依据，进而实现快速评估。

评分评级是目前常见的征信应用，不仅在传统的信用报告、评级报告中常见，如邓白氏评级、中诚信评级；而且新型的征信公司也在积极推出自己的评分评级，如芝麻信用分等。由此看出，评分评级是有效的、广为接受的征信应用。政策性融资担保在大数据的基础上也可以推出自己的评分评级体系。一般建立评分评级体系有两种方式：

1. 专家模型

专家模型是一种定性描述定量化方法，它首先根据评价对象的具体要求选定若干个评价项目，再根据评价项目制定出评价标准，聘请若干代表性专家凭借自己的经验按此评价标准给出各项目的评价分值，然后对其进行结集。专家模型直观简便、计算方法简单，且选择余地比较大，将能够进行定量计算的评价项目和无法进行计算的评价项目都加以考虑。

政策性融资担保可采用专家会的形式，针对中小微企业的特点分步建立专家模型：第一，确定评价指标：业务专家确定哪些指标反映中小微企业信用状况。第二，确定因素权重：业务专家根据各指标对象主体的相对重要性，分别确定其权数，且权数之和为1。第三，划分等级：专家将每个指标划分多个等级，并为各等级赋予定量数值，用于判断对象的各指标在业务活动中所占等级。如可划分为最好、好、较好、一般、较差、差、最差七个等级，可按1、0.8、0.6、0.5、0.4、0.3、0.1打分。第四，计算评分总分：将每项指标权数与对应的等级分别相乘，求出该指标得分。各项指标得分之和即为总分。根据每个客户和项目的总分进行决策。

2. 大数据模型

大数据模型主要依据历史数据或信用分析专家经验来评估客户的信用等级。在政策性融资担保的应用场景里，即对中小微企业的历史数据以及现有的汇集数据进行分析，找出与客户违约相关的指标，并通过数理模型方法预测指标与未来违约行为的概率关系，并以此对企业进行评分评级。大数据模型以汇集多维度中小企业数据库为基础，创建信用风险评估模型，挖掘大数据揭示的企业运行规律及企业信用风险规律。目的是形成科学准确的风险评价模式。完成这一整套的开发和应用，可以借助成熟的大数据工厂等建模工具，实现从数据调度、数据分析到数据结果的一站式处理。

以对中小微企业进行信用评分评级模型建立为例：第一，对影响企业信用的因素进行提炼，比如从财务指标、履约记录、负面记录等方面设计评价指标，并对设计的指标进行数据化，细化指标的数据表现；第二，充分地调用大数据工厂的技术手段，从大数据征信平台进行数据调度，将相关数据纳入模型；第三，通过采用逻辑回归、神经网络、机器学习等数十种数学运算方法和分析模型的比较，挖掘客户的违约行为与多维度指标之间的关系，确定影响客户信用行为的关键因素；第四，根据大数据运算结果进行权重设计，形成一整套适合政策性

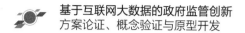
融资担保业务的信用风险评估模型。

政策性融资担保建设大数据评分评级模型的优势在于拥有中投保上海分公司的历史业务数据，不仅在横向广度上覆盖大量中小微企业，而且在纵向深度上积累了相当长期的数据。这份数据包含了中小微企业的违约行为记录，并且跨越了完整的经济周期，对于模型建设具有相当价值。同时，大数据征信平台接入了新的多维度数据，为模型验证、模型调试提供了数据基础。

大数据模型与专家模型相比较优势在于：融合了业务分析的内容，在业务特点的基础上进行指标设计；能够及时进行自我调节，即当数据不断积累对模型结果进行挑战时，模型能够自我检查和升级；结果更客观，并且有数据基础进行验证。大数据模型的最终应用目的是尽量客观地刻画企业的风险表现，并辅助业务人员和管理人员在审核时，通过对评分、评级的直观认识进行快速判断决策。

三、大数据征信平台在保后监管、风险预警中的应用

目前政策性融资担保的保后监管依赖于合作银行及第三方机构帮助执行，政策性融资担保对于保后监管的反馈和管理尚需改善。引入大数据征信平台后，在现有的监管规则上可以做到非重大项目的保后风险管理由银行承担；重大项目的保后风险控制，由征信信息监控和量化监管模块进行监管。

（一）征信信息监控

企业的重大征信信息变动主要有：股东变动、关联公司变动、分支机构变动、注册资本变动等，这些均反映了企业经营的动态和战略方向。政策性融资担保可以使用市场上的监测服务对此类信息进行监测预警，并结合大数据征信平台汇集数据源的定期更新，对企业的重要变动进行掌握。比如，发现企业在异地开办分支机构，并涉足其他不相关产业，可以提出预警，并进一步了解企业的真实意图。

（二）量化监管模块

传统的贷后监管以财务数据为主，通过对企业的财务状况进行分析，掌握相关风险。在大数据征信平台上，可以尝试在传统的财务数据分析基础上增加量化监管模块。量化监管模块是基于企业的财务和经营明细数据，对企业的经营状况进行分析判断，同时将企业的近百项经营指标予以列示，并根据指标发

展趋势、波动幅度等，对指标的表现分为预警、关注、正常三类，实现在保项目动态的风险监管与预警。量化监管与传统监管不同的是在传统财务分析基础上加上了对企业经营明细数据的分析，能够更清楚地刻画企业的动态经营状况（企业的经营明细数据需要企业填报，主要是企业交易类信息，包括企业销售、银行流水、应收账款、企业人力资源、财务报表等数据）。

对于企业的经营数据的预警信号，可以从企业稳定性、增长性、资产规模、经营效率等多个角度进行设计。当企业的数据指标超出波动范围，或者行为表现出现负面信号，进行及时预警。在重大项目上同时使用征信信息监测和量化监管，可以在现有的管理基础上丰富管理措施、增加管理手段，达到及时掌握信息变动，及时预警的目的，并结合预警信号采取相应行动。

四、大数据征信平台在代偿、追偿中的应用

中小微企业的信用状况与企业控制人的信用状况密切相关，在代偿、追偿环节中，及时掌握控制人的资产线索非常关键。利用大数据征信平台，引入反映企业动态、企业控制人活动的外部数据源，帮助发现企业及实际控制人的资产线索，提供更有效的资产处置方案，提高政策性融资担保的代偿回收率。

几种常见的追偿信息源包括：一是个人房产数据，个人房产数据是反映个人财产的重要信息，目前上市地区房管局已有先例将个人房产数据以接口形式对接银行，由银行在贷前、贷后以合规方式进行资产状况查询；二是关联公司信息，对于失联的法人、债务人，通过对关联公司的查找可找到其他资产；三是个人踪迹信息，通过航旅信息对失联法人和债务人的行踪进行分析，或者分析通信等行为数据活动区域、频次及相关线索，但是航旅、通信等涉及个人隐私数据，需要在保障合规的情况下谨慎采用。

五、大数据征信平台在优化风险管理流程中的应用

综合前文所述大数据技术和应用，应用大数据征信平台后，现行的风险管理流程可以实现较大优化。整体规划的大数据审批流程如下：第一，客户资料入库，关键信息与中小企业数据库中信息进行比对，验证真实性；第二，根据客户对应的类别，选择相应的审批决策引擎，例如：对于农户，选择农户审批决策引擎；对于中小企业，选择某行业中小企业审批决策引擎；第三，进入决策引擎后，

第一步进行规则判断，主要应用负面清单信息，结合判断规则，筛选不符合审批规则的企业；第四，符合审批规则的企业，进入第二步风险模型评估，在模型库中匹配合适的评估模型进行风险判断，并给出评分评价；第五，根据评分评价的结果，唤醒对应的审批流程，具有审批权限的人员可以进行审批操作。通过自动审核、自动评估、自动匹配审批流程等一系列设计，可以将大量的业务批量处理，节省成本，提高效率。

本章参考文献

［1］Hurley M., Adebayo J. Credit Scoring in the Era of Big Data ［J］. Yale Journal of Law & Technology, 2016, 18（1）: 149–216.

［2］Blanco A., Pino–Mejías R., Lara J., et al. Credit Scoring Models for the Microfinance Industry Using neural Networks: Evidence from Peru ［J］. Expert Systems with Applications, 2013, 40（1）: 356–364.

［3］Office U.S. G. A. Person–To–Person Lending: New Regulatory Challenges Could Emerge as the Industry Grows ［R］. Government Accountability Office Reports, 2011.

［4］刘新海，丁伟. 大数据征信应用与启示——以美国互联网金融公司 ZestFinance 为例 ［J］. 清华金融评论, 2014（10）: 93–98.

［5］中国人民银行征信中心与金融研究所联合课题组. 互联网信贷、信用风险管理与征信 ［J］. 金融研究, 2014（10）: 133–147.

［6］粟勤，田秀娟. 近二十年海外银行中小企业贷款研究及新进展 ［J］. 浙江大学学报（人文社会科学版）, 2011, 41（2）: 84–93.

［7］姜琳. 美国个人信用评分系统及其对我国的启示 ［J］. 中国金融, 2006（7）: 66–67.

［8］吴明玺. 世界各国中小企业信用担保制度的经验及对我国的启示 ［J］. 世界经济研究, 2014（7）: 16–21.

［9］刘新海. 阿里巴巴集团的大数据战略与征信实践 ［J］. 征信, 2014, 32（10）: 10–14.

［10］廖理，贺裴菲. 从 LendingClub 业务模式转变看 P2P 监管 ［J］. 清华金

融评论, 2014（2）: 24–37.

[11] 黄余送 . 全球视野下征信行业发展模式比较及启示 [J] . 经济社会体制比较, 2013（3）: 57–64.

[12] 杜晓峰 . 我国互联网金融征信体系建设研究 [D] . 厦门: 厦门大学, 2014.

[13] 陈铃, 彭俊宁 . 芝麻信用的发展现状及问题探讨 [J] . 当代经济, 2016（22）: 38–40.

[14] 韩民, 郑庆寰 . 美国小企业 P2P 网络借贷分析与监管改革——基于 Lending Club 的数据 [J] . 现代财经 – 天津财经大学学报, 2016（4）: 44–53.

本章附录 国外非传统数据源应用案例

公司和产品	数据源
LexisNexis–RiskView	住所稳定性、资产所有权、生命阶段分析、财产契约和抵押、纳税记录、犯罪历史、就业历史、身份证明、专业执照等
FICO–Expansion Score	消费计划、支票账户、财产数据、公共数据、定期存款账户记录、话费信息、破产记录、留置权、审判记录、会员记录、信贷数据、房产信息等
Experian–Income Insight	租赁信息、公共信息等
Equifax–Decision 360	电信支付数据、核实就业信息、固定收入、实际收入、消费能力、不动产/资产信息、月支出、当前债务信息、收入负债比、破产指数等
TransUnion–CreditVision	住址历史、交易平衡线、信用限制、逾期记录、实际支出总额等
ZestFinance	主要机构的信用报告和其他考核指标，包括财务信息和非财务信息等
LendUp	主要机构信用报告、社交网络数据、用户浏览其网站的速度等
Kreditech	位置信息、社交画像、网络行为分析、在线交易数据等
Earnest	当前职业、工资、教育背景、存款账户信息、在线信息、信用卡信息等
Demyst Data	信用分、已核实职业信息、欺诈审查、工作历史及稳定性、在线社交行为信息等

实证篇：概念验证

面向政府监管的大数据项目离不开这样三个基本问题：第一，数据从哪来？第二，数据有用吗？第三，项目可以工程化吗？要回答第一个和第二个问题，实证研究是必经之路。只有通过实证研究，找到了可以合法、有效使用的数据，才能进入第三个问题的讨论。从软件产品和信息系统开发的角度看，实证研究可以看成是概念验证（POC），即用于验证解决某个特定监管问题时，数据的可获得性和数据的有效性。

　　本篇展示了几个用于政府监管项目的实证研究实例。这些实例分别使用了机器学习算法和传统的数理统计方法，实证了工商登记数据、行业第三方平台数据和跨行业垂直领域信息服务平台数据对于政府监管项目的实用价值。同时，这些研究说明，面向政府监管的大数据项目，需要通过使用合适的算法、设计合适的数据指标对数据价值进行精心挖掘，才能找出有价值的数据并训练出良好的模型，建立大数据监管信息系统的核心和大脑。

第七章

基于机器学习算法的P2P
网络借贷平台的风险分类评估研究

基于互联网大数据的政府监管项目核心是算法和数据，其中机器学习算法是否有效、何种算法更有效是所有类似项目都很关心的问题。本研究以 P2P 网络借贷平台的风险分类评估为目的，比较和验证了多种机器学习算法，发现对于这类问题，朴素贝叶斯算法的效果最优。

第一节　P2P网络借贷的研究综述

一、P2P 网络借贷的总体研究综述

（一）国内研究综述

对于 P2P 网贷的研究，国内学者的研究主要集中在 P2P 网贷的运作模式、出借人的出借意愿、借款人的借款成功率、P2P 网贷行业的风险评估和监管政策等领域。

在我国 P2P 网络借贷发展早期，国内的 P2P 网贷平台较少，未成规模，因此对于 P2P 网贷的运行模式主要根据不同的网贷平台进行分类。辛宪（2009）将国内的 P2P 网络借贷模式按照拍拍贷模式、宜信模式、青岛模式和齐放模式进行分类介绍。2013 年后国内 P2P 网贷发展迅速并且出现了不同于国外的 P2P 网贷模式。潘庄晨等（2014）对人人贷、拍拍贷、稳盈—安 e 贷、小企业家四个 P2P 的平台进行比较发现，我国 P2P 平台的运作模式主要在线上、线下模式

和本金保障模式上有所区别。张楠等（2014）对我国 P2P 网络借贷模式的异化及其风险进行了研究，将我国的 P2P 网络借贷模式分为信息服务中介模式、小贷公司线上模式、融资性担保公司线上模式和债权转让模式，并对每种模式下的风险进行了剖析。巫卫专（2014）认为国内 P2P 平台采用多种模式，多数为单纯中介和复合中介（线上到线下）、复合中介（线下到线上）三种模式的综合运用。叶湘榕（2014）将我国 P2P 网贷的运行模式分为纯平台模式、保证本金模式、信贷资产证券化模式和债权转让模式。

在 P2P 网络借贷的研究中，国内学者研究最多的领域为借款成功率和借款人与出借人的影响因素。李焰等（2014）以拍拍贷为研究样本，对描述性信息对投资者决策产生的影响进行研究后发现，描述性信息越多，借款人越容易借到贷款，并且信用等级越低的借款人越喜欢提供更多的描述性信息。廖理等（2014）的研究表明，非市场化的利率可以反映部分的违约风险，而投资者可以根据借款人的信息识别利率背后隐藏的违约风险。王会娟等（2015）基于人人贷的交易数据，在对 P2P 网贷平台的信用机制对借贷行为的影响进行研究后发现，线上和线下相结合的信用认证方式更能提高借款成功率并降低借款成本；并且借款描述中的人格特征越多，越容易获得贷款。丁婕等（2015）利用问卷调查的方法对出借意愿的影响因素进行研究，发现交易信任、感知收益会对出借者的出借意愿产生积极的影响；而感知风险和出借人的收入水平并没有对出借人的出借意愿产生显著影响。胡海青（2015）以人人贷为研究对象，对信息不对称下的 P2P 网络借贷投资者行为进行研究，发现在信息不对称的 P2P 网络借贷市场，借款利率的提高会降低借款成功率，借款人还款能力和概率以及借款利率决定了投资人的期望收益；并研究了该 P2P 网贷平台的借款人披露基本信息、标的基本信息、借款人历史借款和还款信息，以及其他投资者历史投标信息对投资者出借行为的影响。严圣阳（2015）通过研究发现在影响 P2P 网贷综合收益率的因素有：P2P 平台背景和品牌效应、平台经营时间长短、平台业务模式、变更信息数、标的项目类别、借款人信用、信息透明度，平台的业务模式对收益率有着最为显著的影响，而平台经营时间长短与收益率的相关性最小。

随着近年来国内 P2P 问题平台不断增多，同时由于我国法律与监管尚未完善，国内学者开始更多地关注我国 P2P 网络借贷行业的监管与政策建议。王敬慈（2013）认为我国 P2P 网络借贷的数据由平台自愿披露，大多平台对外不公开数据或披露信息不全面，公开数据的真实性无从考证，使人们对其合法性、合规性存在严重质疑，因此必须建立信息披露方面的监管体系，才能保护投资者的利益。而王腊梅（2015）认为如果监管制度对 P2P 网络借贷平台信息披露的要求过于严格以及信息披露内容过多，使借款人的隐私及其 P2P 网络借贷平台的利益得不到应有的保护，将削弱 P2P 网络借贷的融资功能，因此信息披露规则的制定应该建立在对投资者保护和适当的原则上。

除了以上主要领域的研究外，也有少数学者对 P2P 网贷的其他领域进行了研究。蔡炎宏等（2014）通过建立垄断条件下 P2P 平台定价模型并针对投资人、借款人在三种平台定价模式下分别建立模型，建模结果分析发现平台对借款人的定价高于对投资人的定价。张日金（2015）利用层次分析法（AHP）对 P2P 平台进行分析，发现不同标准的平台需要采用不同的风险定价机制。陈虹等（2016）利用博弈理论分析了不同 P2P 平台模式下的定价差异，并通过实证研究发现 P2P 平台的定价方式为借贷双方博弈定价和平台自主定价。张高作（2013）则是少数以用户体验理论为基础对 P2P 网贷进行研究的学者。他从用户体验的角度对国内 P2P 借贷平台的运营模式进行分类，并分析不同模式中的用户体验差别；通过问卷调查的形式，对国内典型的 P2P 借贷平台的用户体验进行度量，并对调查结果进行统计分析，得出目前国内 P2P 借贷平台的用户体验度不高。

（二）国外研究综述

国外学者的研究主要集中于借款成功率和平台用户（借款人与出借人）的行为影响因素。Kumar（2007）对 Prosper 借贷平台上借款人、贷款人和还款率的数据进行实证研究，发现借款金额与违约率和利率之间存在显著的相关关系，违约率越高，则利率越高，借款金额越小。Lin M. 等（2013）利用 ProsPer 数据对 P2P 网络借贷市场中借款人在社交网络地位与信息不对称之间的关系进行研究，发现借款人的社交网络地位可以作为借款人的信用评价，来减少网贷市场的信息不对称；因此，借款人的社会网络地位越高，则借款成功率也越高，而利率和事后违约率也越低。Freedman 等（2014）则认为过多的社交网络涉入对借贷并没有好处，因为朋友会出于同情目的为借款人提供证明或承诺，投资人会受到此行为的欺骗，因而依靠社交网络进行的贷款并没有很好的表现。Krumme & Herrero（2009）发现了"羊群效应"在 P2P 网贷中存在证据，即当一些投资人率先对某个项目投资时，其他投资人会紧随着进行投资，投标速度也会明显加快，这是因为其他投资人会依靠先前积累的投资对贷款标的进行信用评估。他们还利用 MATLAB 模拟了多种投资情景，来探索个体投资人进行决策时对彼此的影响，以及初始投资人达到何种程度时，可以使借款标的达到满标。Herzenstein 等（2010）也认为初始投标量的积累可以诱发"羊群效应"，投资的速度会随着投资量的积累而加快，因此初始投资积累得越快，借款人就会越容易获得贷款。Shen 等（2010）对社会因素在 P2P 网络借贷中的影响因素进行研究时，指出"羊群效应"确实存在于借贷的过程中。他们建立了模型，并将 ProsPer 中投标的数量信息输入模型中，通过形成投标数量分布来模拟投资人的动态决策过程；并发现借款人的亲属、朋友的投资行为对借款人的影响最大，此时"羊群效应"最明显。Ceyhan 等（2011）也发现投资人的初始参与率与后续投资存在正相关关系，但也存在着边际效应递减的现象；因为在投资的后续阶段，投资人会越来越多地考虑竞标的成功率，而财务与社会资本因素对投资人决策的影响逐渐变小。Zhang 等（2012）将投资人的机会成本、收益率、贷款表现等指标作为判断依据认为美国的 P2P 借贷市场存在理性的"羊群效应"，并都有显著的影响。Greiner 等（2010）认为，"羊群效应"会造成非理性的借贷市场，同时也会增加借贷行业的风险；"羊群效应"带来的是不当的风险 / 回报比率和更低的投资回报率（ROI），以及更多被浪费的投资机会。

二、P2P 网络借贷的风险研究综述

国内外对于 P2P 网络借贷的风险研究主要集中于借款人风险研究和不同 P2P 平台模式下的风险研究。Kumar（2007）利用 Prosper 借贷平台上的交易数据，对 P2P 市场的有效性进行了实证研究，发现出借人会根据借款者的违约率确定适当的风险溢价，即违约率越高，风险溢价越高，借款成功率越低。Freedman（2008）等认为由于借款者出于保护隐私的目的，不会告知自己的真实信息，尤其是在风险较大的情况下，为了获得贷款，必然会有意识地隐瞒一些对自己不利的信息，甚至提供某些虚假信息，这就使平台上的逆向选择情况变得严重。Shen Dawei 等（2010）收集了 Prosper 借贷平台上的交易数据，通过实证研究发现，Prosper 上的贷款人并没有根据标的风险和回报进行投资决策，而是存在从众效应，这使他们投资的标的整体风险偏高，这也在一定程度上增加了平台的整体风险。王继晖等（2011）认为，P2P 网贷平台的洗钱行为主要是因为平台主体的资质存在问题和网络环境具有虚拟性；他强调要完善实名制和

信息披露制度，建设网贷平台反洗钱统计监测系统，为反洗钱制度的贯彻执行提供有力保障。谢平、邹传伟（2013）以 P2P 网络借贷为例，指出在互联网金融中不同的贷款利率是根据借款人的信用等级来确定的，借款人的信用评价越高，其获得的贷款利率越低；并以 Lending Club 为例，认为其采用内部评级的方法，将借款人根据借款资质分为从 A 到 G 七个等级，同时对应着 6%~25% 不等的贷款利率。李钧（2013）通过对 P2P 网络借贷的性质及其风险进行研究，指出相比于传统金融，在网络借贷平台上，借贷双方具有广泛性，交易方式具有灵活性和高效性，因此只要是借款者信用良好，无须提供担保抵押，也能成功获得贷款。葛庆稳（2014）在对当前 P2P 网络借贷平台发展的研究中指出，网贷平台对借款人的资质审核越来越严格，借款人的借款成功率也越来越受到借款人的信用级别和借款用途的影响，因此借款人应重视自己的信用状况。

P2P 网络借贷的风险分类主要借鉴金融风险的分类，但根据 P2P 网络借贷的特点又有不同的风险分类。罗斯丹（2014）等提出 P2P 的风险包括由信息不对称引起的技术风险、中间账户监管缺位风险、流动性风险和证券化风险、担保与关联风险等。叶湘榕（2014）将 P2P 网贷模式下的风险分为共性风险和特性风险，小额信贷技术风险、中间账户监管风险和财务披露风险是 P2P 网贷各模式的共性风险；而欺诈洗钱风险、个人信息泄露风险、产品异化风险、法律风险、关联风险、流动性风险和非法集资风险是 P2P 网贷的特性风险；各模式的特征有所差异。俞林等（2015）提出互联网金融行业的风险包括违约风险、欺诈风险、政策风险以及操作风险，并以此建立不同参与主体之间的博弈分析模型。刘绘（2015）等对目前我国 P2P 网络借贷存在的风险进行了分析，认为我国 P2P 网贷中存在着五类主要风险包括非法集资、产品异化、资金混同、保障不足和网络技术风险。卢馨等（2015）认为我国 P2P 网贷面临的风险为政策法律风险、洗钱风险、监管风险、网络风险、信用风险和操作风险。张巧良（2015）等经过三轮问卷调查，将 P2P 网贷平台存在的风险确定为法律风险、信用风险、技术风险、无序竞争风险、声誉风险、市场风险、与机构合作风险以及内部管理风险，并采用层次分析法对 P2P 网贷平台的风险进行分析后发现，信用风险是 P2P 网贷平台的最大风险。

第二节　机器学习算法理论与其研究综述

一、机器学习算法理论

（一）机器学习算法概述

机器学习（Machine Learning, ML）是以统计学为基础, 结合概率论、凸分析、算法复杂论等多门学科的人工智能科学。学习算法是机器学习的主要内容, 通过学习算法可以将经验数据在计算机上产生模型；当面对新的情况和新数据时, 模型会对此提供识别判断。机器学习的目标是特征选择与模式分类, 从大数据中挖掘出有意义的特征, 并根据这些特征生成学习模型；由此获得一些暂时无法通过理论分析而得到的结论与规律, 并且通过发现的结论及规律来分析新事物, 实现对新数据较为准确的预测。

在大数据时代, 机器学习与数据挖掘紧密联系。数据挖掘是从海量数据中发掘知识, 对数据进行管理和分析。因此, 基于统计学的机器学习成为数据挖掘的重要技术支撑, 为数据挖掘提供数据分析技术。机器学习是通过从数据里提取规则或模式来把数据转换成信息, 主要的方法有归纳学习法和分析学习法。数据首先被预处理, 形成特征, 然后根据特征创建某种模型。机器学习算法分析收集到的数据, 通过分配权重、阈值和其他参数, 达到学习目的。如果要把数据分成不同的类, 那么可以使用聚类算法；但如果需要预测, 则需要一个分类算法。

机器学习算法包括多种分类算法, 本研究将介绍以下四种最为广泛应用的分类算法, 并在之后的研究中对其分类效果进行比较：

1. 决策树（Decision Trees）

决策树是一类常见的机器学习算法。决策树, 顾名思义是基于树结构来进行预测的模型。一般地, 一棵决策树包含一个根节点、若干个内部节点和若干个叶结点；叶结点对应决策结果, 其他每个节点则对应一个属性测试；每个叶结点包含的样本集合根据属性测试的结果被划分到子节点中；根节点包含样本全集。从根节点到每个叶结点的路径对应了一个判定测试序列。

决策树包括基于 ID3、C4.5 和 CART 算法的决策树。CART 决策树是一种著名的决策树学习算法，分类与回归都可使用。CART 算法可以将进行训练的样本进行二分递归分割，即将当前的样本集分为两个子样本集，再按照其他属性特征继续分割，使生成的每个非叶子节点都有两个分支。CART 决策树采用基尼系数（Gini Index）来选择划分属性。

决策树的优点是能够同时处理数据型和常规型属性，并且比较适合处理有缺失属性值的样本和一些不相关的特征；决策树的缺点是对于大型的决策树模型可能会出现过分拟合的问题，而对于小的决策树模型又可能无法获得重要的特征；此外，对于样本数量不一致的各类别数据，信息增益的结果可能会偏向于那些具有更多数值特征。

2. 支持向量机（SVM）

支持向量机是一种基于分类边界的方法，其基本原理是：对于聚集在不同区域的二维平面上的数据，可以通过训练，找到这些分类之间的边界，这个过程称为线性划分。对于多维空间中的数据，可以将它们视为多维空间中的点，它们之间的分类边界就是超平面边界。

支持向量机算法既可以处理线性可分问题，也可以处理线性不可分问题，其最大的特点是将低维空间的点映射到高维空间，将线性不可分问题转化为线性可分问题，再使用线性划分的原理来判断分类边界。

SVM 算法是应用最为广泛的学习算法，尤其在信用风险研究、可疑金融交易识别等金融风险研究领域，SVM 算法分类器拥有良好的性能，即在解决小样本、非线性及高维模式识别问题中也表现出许多特有的优势。但 SVM 是针对二分类设计的，并且对参数调节和核函数的选择敏感，需要对原始分类器进行专门的修改才可适用于多分类问题。

3. 朴素贝叶斯（Naive Bayesian）

朴素贝叶斯分类的基础是概率推理，就是在已知先验概率或类条件概率的条件下，完成推理和决策，从有限的训练样本中得到后验概率。朴素贝叶斯模型是假设所有属性相互独立的概率模型，更精确地说是一种独立特征模型。

利用朴素贝叶斯算法进行分类过程如下：第一阶段首先进行数据及样本的收集与获取，并确定样本的特征属性；第二阶段将样本及其特征属性数据输入分类程序，进行分类器的训练；第三阶段为应用阶段，将新数据输入分类器，可以得到最终预测的结果。

朴素贝叶斯模型是基于自然概率的精确模型，并在监督学习中可以对样本进行精确、有效的分类。因为朴素贝叶斯模型可以通过计算概率来进行分类，因此也可以用来处理多分类问题。同时，朴素贝叶斯模型对缺失数据不太敏感，但对输入数据的表达形式具有严格的要求。

4.K 近邻分类（KNN）

K 近邻学习是一种常用的监督学习方法，其工作机制是：给定测试样本，基于某种距离度量找出训练集中与其最靠近的 k 个训练样本，然后基于这 k 个相邻的样本信息来进行预测。通常在分类任务中，可选择这 k 个样本中出现最多的类别标记作为预测结果，即投票法；在回归任务中，可将 k 个样本的实际输出标记的平均值作为预测结果，即平均法；还可以基于距离远近进行加权平均或加权投票，距离越近的样本权重越大。

KNN 算法适用于对样本容量比较大的类域进行自动分类；但当样本不平衡时，如某一类的样本容量很大，而其他类样本容量很小时，有可能导致对新样本进行分类时，分类的结果中大容量类的样本占多数。

（二）机器学习算法模型的性能度量

算法模型的好坏是相对的，模型的性能不仅取决于算法和数据，还决定于所面对任务需求。为了在面对不同的任务需求时，获得最优的算法模型，需要对各种分类算法模型的性能进行评估，这就是性能度量。性能度量反映了在面对不同任务需求时，不同模型的分类能力。

性能度量的衡量标准有精度、错误率、精确率、召回率、F1 值和 ROC 曲线。将样例根据其真实类别与模型预测类别的组合划分为真正例（true positive，TP）、假正例（false positive，FP）、真反例（true negative，TN）、假反例（false negative，FN）四种情形，令 TP、FP、TN、FN 分别表示其对应的样例数，则显然有 TP+FP+TN+FN= 样例总数。分类结果的混淆矩阵（confusion matrix）如表 7-1 所示。

表 7-1　混淆矩阵

真实情况	预测结果	
	正例	反例
真例	TP（真正例）	TN（真反例）
假例	FP（假正例）	FN（假反例）

1. 准确率

准确率是分类任务中最常用的一种性能度量，不仅适用于二分类任务，也适用于多分类任务。准确率（Average accuracy）则是分类正确的样本数占样本总数的比例，其表达见式（7–1）。

$$\text{Average accuracy}=（TP+TN）/（TP+FP+TN+FN） \qquad （7\text{–}1）$$

2. Ⅰ型错误率和Ⅱ型错误率

Ⅰ型错误率（Type Ⅰ error）和Ⅱ型错误率（Type Ⅱ error），分别表示的是"假阴性率"和"假阳性率"，即实际是正例的样本被预测为反例的比率和实际是反例的样本被分类为正例的比率。这两种评价标准被广泛用于测量分类结果，比如衡量企业信用风险预测方法的性能，并且通常与精度一起对性能进行衡量，其表达见式（7–2）、式（7–3）。

$$\text{Type Ⅰ error}=FN/（TP+FN） \qquad （7\text{–}2）$$

$$\text{Type Ⅱ error}=FP/（TN+FP） \qquad （7\text{–}3）$$

3. 精确率、召回率与 F1 值

精确率（P）反映了被模型预测为正例样本中真正的正例样本的比重。召回率（R）反映了被预测为正例样本占实际总正例的比重。精确率（P）与召回率（R）分别见式（7–4）、式（7–5）。

$$P=TP/（TP+FP） \qquad （7\text{–}4）$$

$$R=TP/（TP+FN） \qquad （7\text{–}5）$$

精确率与召回率是一对矛盾的度量。一般来说，精确率高时，召回率往往偏低；而召回率高时，精确率偏低。

F1 值就是精确率和召回率的调和均值，高标准的 F1 值确保精确率与准确率的高评价标准，即 F1 值越高，代表分类有着越好的分类表现，见式（7–6）。

$$F1=2/（1/R+1/P） \qquad （7\text{–}6）$$

其中 R、P 分别代表召回率和精确率。

4.ROC 曲线与 AUC

ROC 全称是受试者工作特征（Receiver Operating Characteristic）曲线，是反映敏感性和特异性连续变量的综合指标。ROC 曲线的纵轴是真正例率（True

Positive Rate，TPR），横轴是假正例率（False Positive Rate，FPR），两者分别见式（7-7）、式（7-8）。

$$TPR=TP/（TP+FN） \tag{7-7}$$

$$FPR=FP/（TN+FP） \tag{7-8}$$

其中 TP、FP、TN、FN 分别表示真正例（true positive）、假正例（false positive）、真反例（true negative）、假反例（false negative）。

AUC 表示 ROC 曲线下的面积，值一般在 1.0~0.5。在 AUC 大于 0.5 的情况下，AUC 越接近于 1，说明分类效果越好。AUC 在 0.5~0.7 时，则有着较低的分类准确性；AUC 在 0.7~0.9 时，则有着一定的分类准确性；AUC 在 0.9 以上时，则有着较高的分类准确性。若 AUC 小于 0.5，则说明模型的分类完全不起作用。同时，当曲线下的面积相同（如图 7-1 所示），即 AUC 相等时，曲线越靠左，则表示真正例率越高，其模型（test1 模型）分类的准确性越高。

面积相同 ROC 曲线如图 7-1 所示。

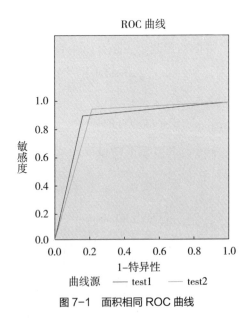

图 7-1 面积相同 ROC 曲线

（三）机器学习算法的优越性

1. 数据处理

机器学习算法可以对分类、聚类、回归、推荐以及图像、文本识别等多个领域的问题进行处理；并可以根据不同的需求和采集的数据信息，选择不同的学习算法。因此，机器学习算法在数据处理方面具有很大的优越性。

机器学习算法最大的特点是可以对线性不可分的问题进行处理。例如，支持向量机算法可以将不同平面上的点通过超曲面进行边界划分，将其转化为线性可分问题；而决策树可以对不相关的特征进行处理。同时，一些机器学习算法，如朴素贝叶斯算法和决策树算法，对缺失数据不太敏感，在一些样本的某些数据特征缺失的情况下，仍然可以进行模型的训练。

此外，机器学习算法可以对文本进行识别，在采集数据时可以加入文本信息，例如舆情信息。机器学习算法还可以针对不同的情况进行改进，使之更加符合不同需求下的数据特征。

2. 模型的性能

机器学习的算法众多，根据不同的需求，可以选择不同算法进行模型的训练。如果不知道哪个算法更有效，则可以对多个算法进行训练。因为样本在训练前可分为训练集和测试集，在训练模型生成的同时，可以看到模型的性能指标。通过对不同模型性能的比较，可以选出在不同需求下最为有效的算法模型，并将模型应用在下一步的预测中。

机器学习算法在预测中有着广泛的应用，其模型也具有良好的预测能力。例如，在生物医学领域，利用机器学习算法模型对疾病发生率和药物效果进行预测；在环境科学领域，则在天气预报、环境监测等方面用于提高预报和检测的准确性；在金融领域，则广泛应用于信用风险的识别、可疑金融交易以及洗钱行为的识别。

总之，机器学习算法模型在分类和预测方面具有非常高的准确性，而机器学习可以为众多科学领域提供重要的技术支撑。

二、机器学习算法理论的研究综述

国内外学者对机器学习算法研究最多的是支持向量机算法，并针对算法的改进做了大量的研究。Lau（2003）等改进了一种在线学习的 SVM 算法，此算法可以按照输入新数据的顺序逐渐进行分类。经过改进的算法分类速度与原算法相比更快，所利用支持向量个数也更少，并具有更好的泛化能力。Laskov（2006）等针对支持向量机处理数据不稳定的特点，提出一种增量支持向量机学习方法，处理数据可以更快速、稳定，模型也更加稳健。Huang（2007）等提出一种大边缘分类器 M4，这种分类器与其他大边缘分类器不同之处在于，其他分类器只能局部地或全局地构建分离超平面，而该模型能够根据不同的需求和数据产生局部和全局的学习判定边界。从以上综述可以看出，支持向量机算法已经发展十分完善与实用，可以灵活地运用到不同领域的数据中。

国内外学者也针对大数据领域中的学习算法应用进行了研究，其中研究最多的是决策树算法。Kim（2012）等通过对决策树算法进行改进，使其更加适用于大数据的特征提取和分类算法；该算法的优点是所需内存较少，可更好地解决大规模数据分类问题，但无法对大型数据进行存储。Franco Arcega（2012）等为解决决策树算法中对各类数据样本之间的比率限制，提出了一种从大规模数据中构造决策树的方法；通过这种方法，可以利用所有的训练集数据来构造决策树模型，并且面对大规模数据样本时，计算速度更快，结果也更加准确。Yang 等（2012）提出一种具有实时挖掘能力的决策树算法。这种算法不仅可以用于处理带有干扰项的大数据，而且与传统的基于大数据的决策树算法相比，其主要优势是可以不断地存储流动的数据，并同时进行数据挖掘，待所有数据存储完后，再将完整的数据用于训练决策树模型，过程具有高效性。

针对 KNN 算法对不平衡数据集进行分类时，分类结果偏向于样本数多的一类，研究学者提出了不同的改进方法。王超学等（2012）提出改进型的加权KNN 算法，通过定义新的权重分配模型，按照权重分配模型计算训练样本权重，再对测试样本分类。实验结果表明改进后的 KNN 算法的性能大幅提升。黄剑华等（2013）对传统的 KNN 算法进行了改进，提出了基于样本距离加权和样本离散度加权的 KNN 算法，改进后的算法可以根据样本分布情况进行分类，并通过应用证明改进后的算法模型具有良好的性能。

由于朴素贝叶斯算法建立在独立条件假设的基础上，然而在实际中很少情况会符合独立假设条件，因此有学者针对此问题对朴素贝叶斯算法进行了改进。张明卫等（2008）提出了基于相关系数的加权朴素贝叶斯分类模型，通过对不同条件属性赋予不同的权重，使改进后的朴素贝叶斯模型分类性能得到了有效提高。为了改善朴素贝叶斯算法在处理海量数据时的局限性，张依杨等（2013）则利用 MapReduce 模型实现朴素贝叶斯分类的算法，通过利用 Map 函数完成对训练文件的解析，利用 Reduce 函数完成类别属性和特征属性知识库的构建，使朴素贝叶斯算法在大数据的情况下也具有良好的分类效果。

通过以上综述可以看出，对于各种分类算法，国内外的学者做了大量的改进研究，使各类算法发展得十分完善；同时通过实验证明改进的算法具有更好的分类性能，也证明了分类算法在各领域的应用中具有很好的实用性。

三、基于机器学习算法的风险研究综述

在风险研究领域，机器学习算法的研究大多局限在可疑金融交易识别、反洗钱研究以及信用风险评估领域。张成虎、赵小虎（2009）在总结出不同信息层次上的可疑金融交易特征的基础上，利用贝叶斯分类法对可疑金融交易进行分类，得到高准确率的分类结果，证明此方法对反洗钱监测是可行、有效的。刘新海等（2015）对美国 Zest Finance 征信实践的研究中发现，Zest Finance 利用大数据进行信用风险的评估。在信贷申请评分方面利用大数据生成数以万计的风险变量，然后分别输入不同的预测模型中，例如欺诈模型、身份验证模型、预付能力模型、还款能力模型、还款意愿模型以及稳定性模型；并利用机器学习算法中的集成学习对输入各模型的数据进行分析预测。Galindo 等（2000）比较了多种机器学习方法用于信用评分预测的效果，发现分类回归决策树（CART）方法的错误率最低，之后是神经网络算法和 K- 近邻算法。汤俊（2005）提出在反洗钱监管中，与传统特征匹配法采用"if then"判别模式不同，基于机器学习等智能和数据分析技术的行为模式识别方法可通过对一段时期的用户行为数据进行理解，掌握其行为模式规律与趋势，从而减少防卫性滥报和误报，提高监管的效率。周晓光、朱蓉（2012）在对上市公司财务风险研究中，将采用不同的度量单位的公司财务指标首先进行标准化，并根据最大最小法计算标准化指标之间的相关系数，建立相似矩阵，最后采用模糊聚类的方法将上市公司进行分类，并利用 TOPSIS 方法对评估的上市公司的财务风险进行模式识别。陈伟松（2014）将支持向量机技术用于个人信用评分系统的设计，提出了一种特征加权支持向量机的个人信用评估方法，然后通过顺序向前特征选择算法对实验结果进行分析，证明了该特征加权支持向量机分类算法的有效性。胡海青（2011）等利用机器学习的方法对供应链金融模式下的信用风险评估进行了研究，并在综合考虑核心企业资信状况及供应链关系状况的基础上建立了信用风险评估指标体系。同时，运用支持向量机建立信用风险评估模型，并与用主成分分析和 Logistic 回归方法建立的模型进行对比，证实了支持向量机的信用风险评估模型对风险的识别更具有效性和优越性。

通过以上综述不难看出，机器学习算法对于风险的评估与识别具有重要的意义。但除了对以上风险领域的研究之外，机器学习算法在其他风险领域还有许多发展空间。

第三节　风险评估模型的建立

为了建立风险评估模型，首先要经过风险评估指标的建立和数据采集与数据处理，之后建立样本，并对算法模型进行训练。在建立风险评估指标时，本研究在采用了风险衡量、问题平台研究和样本预研究三种方法之后，将 27 个数据变量作为风险评估指标；之后进行数据采集和数据处理。在准备好数据信息后，本研究对样本进行了选择和分类，并利用 SMOTE 算法对非平衡数据进行处理；最后，采用决策树、支持向量机、朴素贝叶斯和 KNN 四种算法对模型进行训练。

一、风险评估指标的建立

在研究中，我们决定收集上海地区的 236 家网贷平台的数据，为了从大量的数据中选取对 P2P 网络借贷平台风险评估的重要数据指标，本研究采用了以下方法：

（一）风险衡量

在前文中，本研究针对 P2P 平台的风险将其分为信用风险、操作风险、流动性风险、法律风险以及其他方面的风险。为了全面提取风险特征，需要对 P2P 平台的风险衡量指标进行分析。

信用风险的衡量指标分为偿还能力风险和偿还意愿风险，而注册资金、上线时间、保障模式则是衡量这两类风险的重要指标。操作风险的影响因素主要取决于 P2P 平台的 IT 建设，具体表现为是否有 IT 团队、网站建设水平以及在 IT 建设中投入的资金。对于流动性风险的衡量主要是借款期限和交易人数。法律风险主要是 P2P 平台是否符合法律规范，其主体经营范围是否超越法律界限。

（二）问题平台研究

问题平台可分为四类：诈骗跑路型、提现困难型、经营不善停业型、经侦主动干预型。通过研究发现问题平台的主要特征有以下几个方面：

（1）极高的收益率。为了快速获取大额资金或是在竞争压力下吸引更多的投资人，平台往往会给予较高的收益率。某些诈骗型平台的投资项目年化收益率高达 100% 以上，例如诈骗平台鼎元贷的某些投资项目收益率达到 560%，这些平台往往以跑路收场。而较高的收益率也让有些平台无力维持高昂的成本，最终垮台。

（2）成立期限较短。很多问题平台的成立期限少于一年。

（3）信息透明度较差。如今国内大多数 P2P 平台的信息透明度较差，很多关键信息，如坏账率不进行公开或披露虚假数字。借款标的的信息描述不详，公开信息也较少。

（4）没有专业的团队。有些平台没有明确分工的专业团队，公司员工人数较少，他们既是业务员又是公司高管。国内 P2P 平台的高管大多只有技术背景，缺乏金融、法律等知识。

（5）网页简陋。很多借贷平台的网页是花钱购买的模板，很少进行更新和维护，缺乏必要的信息，用户体验度很差。其平台网站也容易受到攻击，泄露用户信息。

（6）风控体系。P2P 平台人员缺乏专业的金融知识，无法进行有效的风险管控，一旦违约事件达到一定程度，引起投资人的恐慌与挤兑，平台就可能出现资金链断裂，进而倒闭的现象。

二、对样本的预研究——显著性检验

国内外许多学者在对公司绩效方面的研究中发现，股权集中度、高管背景对公司的绩效有着重要的影响。股权集中度是指全部股东因持股比例的不同所表现出来的股权集中还是股权分散的数量化指标，其适当与否直接影响着公司的业绩[1]，而高度的股权集中度也不利于投资风险的分散[2]。高层管理团队背景特征也与企业绩效之间有着重要的相关关系，高管团队的年龄、任期、国际经历、

---

① 丁荣清，张洪珍 . 从国际比较看我国股权集中度［J］. 市场周刊：财经论坛，2004（11）：23-24.

② 蔡纪雯 . 从股权集中度角度看我国上市公司的治理问题［J］. 财经论坛，2010（26）：188.

受教育水平、团队规模、政府背景等因素对企业绩效有着显著的影响①。此外，实缴出资、变更信息也是对公司运营情况的重要衡量标准。

因此，本研究在对以上问题平台进行研究的基础上，又提取30家网贷之家评分较高P2P平台与16家跑路公司的数据，对部分数据项目进行显著性检验。结果发现是以实缴出资比例、变更信息条数、股权集中度以及高管背景为显著差异的，因而以其作为风险变量。

（1）实缴出资比例。实缴出资比例指的是P2P企业的实缴金额与认缴金额的比例。在30家评分高的平台中，实缴出资比例的均值达到0.46，而16家跑路公司的平均实缴出资比例均值只有0.17。在显著性检验中，t值达到3.17，p值也小于0.01，其结果是显著的（见表7-2）。

表7-2　实缴出资比例的显著性研究

	公司类型	均值	平均值差异检验	
			t值	p值
实缴出资比例	评分较高公司	0.46	3.17	0.002
	跑路公司	0.17		

（2）变更信息条数。变更信息条数是指在企业成立年限内，每年平均的变更信息条数。对于评分较高的公司来说，其每年变更的信息均值为7.27，而跑路公司的均值只有1.48。两者之间差异也有显著（见表7-3）。

表7-3　变更信息条数显著性检验

	公司类型	均值	平均值差异检验	
			t值	p值
变更信息条数	评分较高公司	7.27	6.019	3.95E-08
	跑路公司	1.48		

（3）股权集中度。股权集中度分为第一大股东的股权比例和前三大股东的股权比例。根据显著检验结果可知，评分高的公司与跑路公司的差异也是显著的，这说明股权集中度越高，平台风险越大（见表7-4）。

---

① 季健.高管背景特征与企业绩效关系实证研究［J］.财经理论与实践，2011（5）：54-59.

表 7-4　股权集中度的显著性检验

	公司类型	均值	平均值差异检验	
			t 值	p 值
股权集中度（第一大股东股权比例）	评分较高公司	0.13	7.404	0.0079
	跑路公司	0.26		
股权集中度（前三大股东股权比例）	评分较高公司	0.13	14.4711	0.000262
	跑路公司	0.29		

（4）高管背景。P2P 网络借贷属于新型的金融领域，要运营好一个 P2P 平台对于平台高管的要求也很高。在对高管人数、高管学历、高管经历（金融、银行证券等任职比例）、高管经历（法律行业任职比例）四项数据进行显著性检验后，发现除了高管经历（法律行业任职比例），其余三项特征都有显著差异。在评分较高公司中，企业高管人数均值为 3.82，高管大学以上学历比例均值为 0.67，而有着金融背景的高管比例均值达到了 0.53。而跑路公司的高管人数、学历和金融背景都处于较低的水平，分别为 2.46、0.11、0.11（见表 7-5）。

表 7-5　高管背景的显著性检验

	公司类型	均值	平均值差异检验	
			t 值	p 值
高管学历（大学以上比例）	评分较高公司	0.67	7.626	2.67E-11
	跑路公司	0.11		
高管经历（金融、银行证券等任职比例）	评分较高公司	0.53	6.704	1.86E-09
	跑路公司	0.11		
高管人数	评分较高公司	3.82	2.711	0.008617
	跑路公司	2.46		

三、风险评估指标

在对风险衡量指标、负例和之前的预研究的基础之上，本研究尽可能多地提取数据变量，使其可以对 P2P 网贷平台的风险进行更为全面的评估。有些数据是风险的衡量指标，但大多数 P2P 平台数据相近，如主体经营范围、抵押标的等，因此不作为研究的重要风险变量。有一些数据项则在显著性检验中并不显著，但在两类公司中仍具有差异，对衡量企业而言是重要的信息，因而这些数据是 P2P 平台风险评估的重要特征。因此，经过几个方面的考虑，研究主要选择 27 个变量信息作为风险评估指标。

通过风险衡量，将平均收益率、认缴出资额、实缴出资额、涉讼个数、工商处罚次数以及行业标志（商务服务业、技术推广业、软件业）六项数据信息作为风险评估指标；通过对问题平台的研究，选择了信息披露、网站质量两项数据信息作为风险评估的指标；通过预研究，将可以有效衡量公司绩效和治理水平的股东背景、高管人数、高管大学以上学历比例、高管的金融、银行证券等任职比例、高管的法律经历比例、第一大股东股权比例、前三大股东股权比例、实缴出资比例、变更信息条数和平均每年变更次数，共十项数据信息作为风险评估指标。

此外，针对 P2P 网贷平台股东中自然人个数多、信息变更频繁等特点，将自然人个数、自然人在股东个数中占比、关联企业数量、注册商标个数、对外投资个数、投资人（股权）变更、注册资本（金）变更、住所变更和经营范围变更，共九项数据信息作为风险评估指标。

第四节　数据采集与数据处理

首先，本研究的研究对象是上海地区 P2P 网络借贷平台，数据主要来源于网络平台，如天眼查、网贷之家等。在网贷之家可以采集 P2P 平台的信息，包括平台企业信息、收益率、上线时间、注册资本、实缴资本、平台高管、平台网址、网站备案、平台利率、成交量等信息。此外，网贷之家还对部分平台进行了评分，对平台运营状态、公司性质、是否接受过风投、是否加入第三方征信进行了标注。在网贷之家上可以收集大量的平台信息，并可以对其进行分类。其次，在其他查询平台，如天眼查、企信宝上，可以查阅到企业年报、变更信息、对外投资、股东与高管信息、品牌商标、经营范围、法律诉讼等信息。最后，还有一部分信息来自 P2P 企业的网站、站长之家等网络平台。

一、直接获取的变量

来自网贷之家的数据变量：平均收益率、股东背景、高管人数、高管学历、高管经历等数据。股权集中度、自然人个数、关联企业数量、注册商标、行业标志、对外投资个数、诉讼个数、变更信息、实缴出资额、工商处罚次数等数据来自天眼查等工商信息查询平台。此外，其他数据也直接来自其他网络平台的披露和 P2P 公司网站的披露；除了信息披露和网站质量需要对收集的数据信息进行汇总计算外，其他项目的数据可以直接作为变量。

二、信息披露数据的计算

公司的信息披露要求具有真实性、及时性、完整性的特征，而中国的 P2P 发展处于初级阶段尚不具有真实性、及时性、完整性的特征。P2P 网贷平台缺乏统一的信息披露标准，不同平台间的信息披露内容存在明显的差异（何淑飞等，2014）。

根据信息披露的内容可分为财务信息披露和非财务信息披露。财务信息主要包括公司的财务报表、审计报表、出资信息以及企业资产；非财务信息包括公司的产品信息、公司背景等信息（唐跃军等，2005）。

信息披露的主体信息指标如表 7-6 所示。

表 7-6　信息披露的主体信息指标

	一级指标	二级指标	三级指标
			成立时间
			注册资本
			注册地址
		基本情况	办公场所
			联系方式
			营业执照
			企业经营资质
信息披露	主体信息	股东及实际控制人情况	前三位股东
			实际控制人
		法人治理及公司董事，监事及高级管理人员	股东大会、董事会、监事会健全及运作情况
			董事、监事、高级管理人员的从业经历、专业背景
			员工人数
		员工情况	员工学历
			风险控制及 IT 团队

由于 P2P 网络借贷行业尚没有强制性的信息披露标准，大多为企业在其公司网站或 P2P 平台上的自愿披露。因此，本研究将 P2P 借贷平台的信息披露标准分为主体信息、产品信息、业务信息和财务信息四个一级指标，十二个二级指标以及二十九个三级指标。信息披露事项也参考了上海市互联网金融行业协会（ASIFI）的《上海个体网络借贷行业（P2P）平台信息披露指引》。

所有的数据来自其公司网站、第三方平台（如网贷之家、天眼查）的披露情况，有则为 1，无则为 0。最后将各数据相加，得到最后的信息披露评分，为式（7-9）。

$$Y = X_1 + X_2 + \cdots + X_n \qquad （7-9）$$

其中 X_1，X_2，…，$X_n \in \{0, 1\}$，n=29，Y 为信息披露评分，X_1，X_2，…，X_n 为各项指标。

信息披露的产品信息、业务信息、财务信息指标如表 7-7 所示。

表 7-7　信息披露的产品信息、业务信息、财务信息指标

		主要产品种类	主要产品种类
信息披露	产品信息	各类产品基本情况	每类产品基本交易结构
			基本业务环节
			投资人收益
			产品期限
			平台收费方式、标准
	业务信息	交易发生情况	产品历史累计成交量
			当年累计成交量
		交易余额情况	
		交易集中度	平台单一最大融资人融资余额、占比情况
			平台前十大融资人融资余额比情况
		交易逾期情况	
		平台客户情况	平台注册客户数
			尚未结清交易的借款人数、投资人数
	财务信息	财务报告	上年度的会计报表、审计报告（2015）
			出资信息
			企业资产

三、网站质量数据的计算

网站质量的评价是指依据运用有效的评价方法，对网站的特征、质量和价值进行评估。网站质量的评价包括三个方面：操作使用、信息内容和网络活跃度。操作使用主要取决于对网站访问速度和成败的衡量；信息内容是网站为访问者提供信息的丰富度，是对用户体验的重要衡量；而网站活跃度取决于对网站的访问量、流量以及被搜索的次数。

（一）操作使用和网站活跃度评价指标的计算

在网站质量评价中，对于操作使用的衡量主要采用链接分析法，通过链接数量、类型对网站质量进行评价。目前，国内外链接分析主要都是采用成熟的商业搜索引擎作为数据采集工具，如 Alexa、站长之家、链接检测工具等都是获取网站相关信息的有效工具[1]。本研究选择站长之家作为数据获取的主要来源。同样地，对于网站活跃度的各个指标（搜索指数、流量等）也通过站长之家获取。

对于评价指标的选择、指标体系设计及指标权重计算，我们借鉴和采用了电子商务网站评价、电子政务网站定量评价的相关经验，并根据 P2P 网络借贷平台的特点，将 P2P 网络借贷平台的评价指标分为流量指标、链接指标、搜索指标三个方面。

网站操作使用数值的计算见式（7–10）：

$$Y_1 = 0.3333 \times X_1 + 0.1667 \times 1/X_2 + 0.1667 \times X_3 + 0.3333 \times X_4 \tag{7–10}$$

其中 X_1 为入链网页数，X_2 为链接速度，X_3 为出站链接，X_4 为站内链接。

网站活跃度数值的计算见式（7–11）：

$$Y_2 = 0.3333 \times X_5 + 0.1667 \times X_6 + 0.1667 \times X_7 + 0.3333 \times X_8 \tag{7–11}$$

其中 X_5 为收录网页数，X_6 为百度流量预计值，X_7 为百度权重，X_8 为整体搜索指数。

（二）信息内容评价指标的计算

网站的使用价值在于其丰富、充足的信息资源，网站信息资源的丰富程度、

---

[1] 聂进，胡琳霜.基于链接分析的 P2P 网络借贷平台评价探析［J］.图书馆学研究，2015（13）：37–45.

内容的准确性、可靠度以及信息检索、利用的方便程度就成为衡量一个网站的尺度。对此可选取的评价指标有：企业基本信息、产品与服务信息、公司业务介绍。网站信息内容评价数值由 10 个三级指标加总得到。

网站信息内容评价数值的计算见式（7-12）：

$$Y_3 = Z_1 + Z_2 + \cdots + Z_n, \quad Z_1, Z_2, \cdots, Z_n = 0 \text{ 或 } 1, \quad n = 10 \tag{7-12}$$

最后，网站质量的数据等于三项一级指标数值的加总，即式（7-13）：

$$Y = Y_1 + Y_2 + Y_3 \tag{7-13}$$

网站质量指标如表 7-8 所示。

表 7-8　网站质量指标

网站质量	信息内容	企业基本信息	公司简介与组织结构
			股东或高管背景
			年报披露（资金报告）
			公司动态
		产品与服务信息	产品推介
			购买流程
			客服
			风险控制
		公司业务介绍	公司业务范围
			联系方式
	操作使用	入链网页数	外部网站指向该网站的数量（反链）
		链接速度	进入网站需要的时间（毫秒）
		出站链接	
		站内链接	
	网站活跃度	收录网页数	该网站被百度收录的网页
		百度流量预计	
		百度权重	
		整体搜索指数	

第五节　风险评估模型的构建

一、样本采集

对数据进行采集，并确定选取 27 个风险变量作为风险评估指标，之后需要对样本进行选择。因为在数据集中有些平台的变量数据会有缺失，尤其是跑路平台的数据缺失最多，因此选用样本时尽量采用数据完整的公司数据。对样本进行如下选取和分类（见表 7-9）：正常平台 157 家，选取样本 120 家；跑路平台 49 家，选取样本 16 家；歇业平台 24 家，选取样本 12 家；提现困难平台 6 家，选取样本 4 家。将 120 家正常运营平台作为好样本，32 家跑路、歇业、提现困难平台作为坏样本（见表 7-9）。

表 7-9　样本选择

样本集	样本总数	正常运营平台样本数	风险平台样本数
全部样本	152	120	32

正常运营平台与风险平台的样本数比率大约为 4：1，由于少数类样本太少，可能会影响风险分类的效果，需要对非平衡数据进行处理。在此，本研究选用了合成少数类取样算法（SMOTE 算法）对风险平台的样本数据进行处理。

SMOTE 算法是由 Chawla 提出的，通过 SMOTE 算法将少数类样本生成人工样本，以解决因少数类样本过少造成的样本数据不平衡问题。SMOTE 算法的特点是增加新的并不存在的样本，在一定程度上防止了过度拟合的问题。

SMOTE 算法的原理是在少数类样本中的每一个样本 X_i，搜索 K 个最近邻点并从 K 个最近邻点中随机选择一个样本点 Y_i（若采样的倍率为 N，则在 K 个最近邻的样本中选择 N 个样本）。通过计算 X_i 和 Y_i 之间的差值，在 0~1 产生一个随机的数，最后合成一个新样本 P_i，其表达见式（7-14）。

$$P_i = X_i + rand(0, 1)(X_i - Y_i) \qquad (7-14)$$

重复上述步骤，直到少数类样本中的所有 X_i 都进行了重新取样。

在研究中，原先样本数为 n=32，取 N=200%，K=5，最终得到样本数为 n+n×N。

非平衡数据处理后的样本分布如表 7-10 所示。

进行非平衡数据处理后，风险公司的样本数量达到 96 个（见表 7-10），与正常平台样本数量接近，新样本数据可用于接下来的模型训练。

表 7-10　非平衡数据处理后的样本分布

数据集	风险平台	正常平台	总数
原始数据	79	157	236
原始样本数据	32	120	152
新样本数据	96	120	216

二、基于机器学习算法的模型训练

在建立样本之后，本研究利用 Matlab 软件对决策树、支持向量机、朴素贝叶斯、KNN 四种学习算法模型进行训练；并对采用 SMOTE 算法进行数据处理，前后的样本分别进行模型训练，得到训练后的性能度量结果。

为了更好地测试各算法模型的分类性能，本研究选择了利用十折交叉验证法对样本数据进行训练和测试。十折交叉验证法是将样本数据分为十组，将十组数据子集轮流作为一次验证集，其余九组作为训练集，最终将得到的分类准确率的平均数作为性能指标。很多研究证明通过十折交叉验证法也可以获得性能最好的分类模型，通过将数据分割成不同的子集可以防止模型的过度拟合问题。

第六节　实证结果分析

在对决策树、支持向量机、朴素贝叶斯、KNN 四种算法进行模型训练的同时，也获得了四种模型的各个性能指标，以此可作为模型分类效果的评价。为了获得最有效的算法模型，需要对各模型的各类性能指标进行分析比较。因此，在模型训练之后，获得了以下的结果和结论。

一、决策树算法模型的实证结果

从表 7-11 中，可以看到决策树算法模型的风险分类准确率为 84.10%，精确率和召回率分别为 84.10% 和 89%，F1 值为 0.87，Ⅰ型错误率和Ⅱ型错误率分别为 10% 和 24.30%，AUC（ROC 曲线下的面积）为 0.89。从以上各个数据来看，除了Ⅱ型错误率较高外，其他数据均显示决策树算法模型对 P2P 网络借贷平台具有较好的风险分类效果。此外，通过与原始样本训练结果对比可知，利用 SMOTE 算法对非平衡数据进行处理后，模型的风险分类效果有明显提升。

表 7-11　决策树算法模型的性能度量数据

样本	准确率(%)	精确率(%)	召回率(%)	F1 值	Ⅰ型错误率(%)	Ⅱ型错误率(%)	AUC
新样本	84.10	84.10	89.00	0.87	10.00	24.30	0.89
原始样本	66.70	80.00	66.70	0.73	33.30	33.30	0.79

决策树模型的 ROC 曲线如图 7-2 所示。

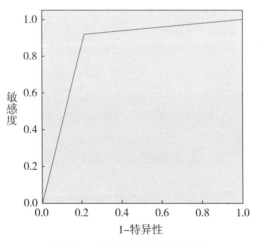

图 7-2　决策树模型的 ROC 曲线

二、支持向量机算法模型的实证结果

从表 7-12 中，我们同样可以看到与原始样本的分类效果相比，新样本的分类效果有了大幅度提升。而新样本的准确率为 87.10%，精确率和召回率、F1 值分别为 88.20%、90%、0.89。Ⅰ 型错误率与 Ⅱ 型错误率也分别为 10% 和 17.10%，AUC 为 0.94。从结果来看，支持向量机模型具有良好的分类效果。

表 7-12　支持向量机算法模型的性能度量数据

样本	准确率（%）	精确率（%）	召回率（%）	F1 值	Ⅰ 型错误率（%）	Ⅱ 型错误率（%）	AUC
新样本	87.10	88.20	90.00	0.89	10.00	17.10	0.94
原始样本	73.00	74.10	74.80	0.74	35.90	25.20	0.80

支持向量机模型的 ROC 曲线如图 7-3 所示。

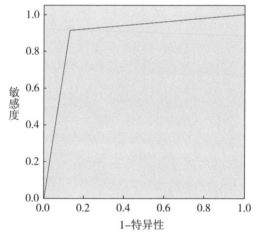

图 7-3　支持向量机模型的 ROC 曲线

三、朴素贝叶斯算法模型的实证结果

与原始样本相比，利用新样本进行朴素贝叶斯算法训练结果中，精确率和 Ⅱ 型错误率的改善最为明显，说明在所有被判定为正常公司中真正的正常公司的比例提高，而风险公司被分为正常公司的比例下降了很多。在新的结果中，准确率为 87.60%，F1 值为 0.89，Ⅰ 型错误率和 Ⅱ 型错误率为 12.00% 和 12.80%，都处于较低的水平，曲线下的面积 AUC 达到了 0.95。由此看来，朴素贝叶斯模型也具有良好的分类效果（见表 7-13）。

表 7-13　朴素贝叶斯算法模型的性能度量

样本	准确率 （%）	精确率 （%）	召回率 （%）	F1 值	I 型错误 率（%）	II 型错误 率（%）	AUC
新样本	87.60	90.70	88.00	0.89	12.00	12.80	0.95
原始样本	80.00	75.00	80.00	0.78	16.70	25.00	0.82

朴素贝叶斯模型的 ROC 曲线如图 7-4 所示。

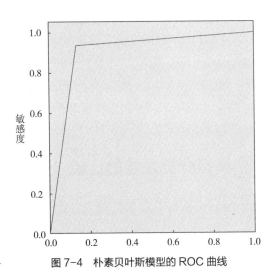

图 7-4　朴素贝叶斯模型的 ROC 曲线

四、KNN 算法模型的实证结果

利用 KNN 算法进行模型训练的结果中，新样本的精确率虽然与原始样本相比略有降低，但其召回率和 F1 值都有大幅度提高，分别为 89% 和 0.83。同时，I 型错误率由 36.70% 降为 11%，说明正常的公司被分为风险公司的比例有了大幅度下降。此外，新样本模型的分类准确率为 78.20%，AUC 为 0.88。由此可知，KNN 算法模型对 P2P 平台的风险也具有较好效果（见表 7-14）。

表 7-14　KNN 算法模型的性能度量数据

样本	准确率 （%）	精确率 （%）	召回率 （%）	F1 值	I 型错误 率（%）	II 型错误 率（%）	AUC
新样本	78.20	77.40	89.00	0.83	11.00	37.00	0.88
原始样本	64.40	79.10	63.30	0.70	36.70	33.30	0.74

KNN 模型的 ROC 曲线如图 7-5 所示。

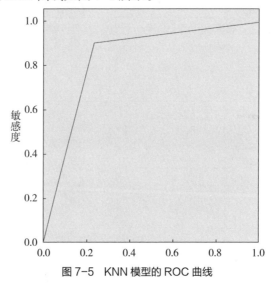

图 7-5　KNN 模型的 ROC 曲线

五、四种算法模型分类性能的比较

从新的分类结果中看到，通过非平衡数据的处理，扩大样本量并进行十折交叉验证后，四种算法分类器的分类效果明显提高（见表 7–15、图 7–6）。决策树算法和 KNN 算法的分类准确率分别由上次研究的 66.70% 和 64.40% 提高到 84.10% 和 78.20%。虽然两者的 ROC 曲线下面积相近，但从 F1 值和 I 型错误率、II 型错误率来看，决策树算法的分类效果较好。

表 7-15　四种算法模型的分类性能比较

学习算法	准确率（%）	精确率（%）	召回率（%）	F1 值	I 型错误率（%）	II 型错误率（%）	AUC
决策树	84.10	84.10	89.00	0.87	10.00	24.30	0.89
朴素贝叶斯	87.60	90.70	88.00	0.89	12.00	12.80	0.95
支持向量机	87.10	90.00	89.00	0.89	10.00	17.10	0.94
KNN	78.20	88.20	77.40	0.83	11.00	37.00	0.88

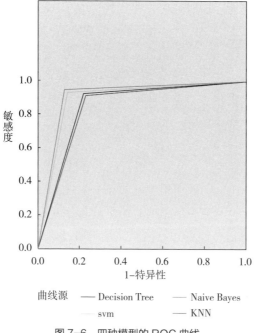

图 7-6　四种模型的 ROC 曲线

朴素贝叶斯算法和支持向量机算法的准确率相近，分别为 87.60% 和 87.10%。两种算法的 F1 值均为 0.89，因此需要从 AUC 的值、Ⅰ 型错误率和 Ⅱ 型错误率进行分析比较。朴素贝叶斯算法分类器的 Ⅰ 型错误率 12%，略高于支持向量机的 10%；但 Ⅱ 型错误率前者 12.80% 却明显低于后者 17.10%，即风险平台被分为正常运营的平台比例，前者则明显低于后者；AUC 值也是前者略高于后者。综合来看，朴素贝叶斯算法模型和支持向量机算法模型的分类效果相近，但朴素贝叶斯算法模型的性能略高于后者。

六、实证结论

在以上的研究中，对可用于进行风险分类的四种算法模型的分类效果进行了验证，并在研究过程中得到了以下结论：

第一，利用 SMOTE 算法和十折交叉验证的效果。采用 SMOTE 算法对少数类样本数据进行处理，再进行建模，并利用十折交叉验证法对模型性能进行评估，发现四种算法模型的预测准确率明显提高，并且都具有较好的分类效果，但朴素贝叶斯算法模型的风险分类效果仍然高于其他三种算法模型。

第二，变量重要性。在研究中，我们共选取了 216 个样本的 27 项数据。但在进行分类的时候我们发现，将训练样本的 27 项变量数据进行分类时，有 14 项变量的分类效果较好，而有 13 项数据重复率太高，分类效果较差，如股东背景、高管法律经历比例等。由于 P2P 公司大多为民营系，而国资系、银行系以及上市公司系较少，无法将其作为企业风险高低的分类项。其余 14 个变量在正常运营公司与风险公司中差异明显，可用于分类。

可用于分类的 14 项数据分别为：①平均收益率；②高管人数；③高管学历：大学以上比例；④高管经历：金融、银行证券等任职比例；⑤自然人个数；⑥自然人在股东个数中占比；⑦股权集中度：第一大股东股权比例；⑧股权集中度：前三大股东股权比例；⑨变更信息数；⑩平均每年变更次数；⑪实缴出资比例；⑫注册商标个数；⑬信息披露；⑭网站质量。通过研究，我们发现这 14 项变量是 P2P 网络借贷平台的重要风险变量，对于 P2P 借贷平台的风险评估具有重要意义。

第三，四种模型风险分类性能。通过研究发现，朴素贝叶斯算法模型对 P2P 平台风险分类能力最好，其次为支持向量机算法、决策树算法和 KNN 算法。虽然支持向量机算法在信用风险等风险评估研究中有广泛的应用和最好的分类效果，在研究的分类性能也与朴素贝叶斯算法相近，但研究实践发现朴素贝叶斯算法的运用更为简单、快速，其出错率也较低，也可以进行多分类研究，而支持向量机算法对于函数的选择更为敏感，选用不同的函数，其分类效果差距比较大，在应用上并没有朴素贝叶斯算法简单、快捷。因此，本研究在以下的风险评估研究中选用朴素贝叶斯模型进行研究。

风险变量重要性如表 7-16 所示。

表 7-16　风险变量重要性

重要的 14 个风险变量	不重要的 13 个风险变量
平均收益率	股东背景
高管人数	高管经历（法律经历比例）
高管学历（大学以上比例）	关联企业数量
高管经历（金融、银行证券等任职比例）	行业标志
自然人个数	对外投资个数
自然人在股东个数中占比	涉讼个数

重要的 14 个风险变量	不重要的 13 个风险变量
股权集中度（第一大股东股权比例）	投资人（股权）变更
股权集中度（前三大股东股权比例）	注册资本（金）变更
变更信息数	住所变更
平均每年变更次数	经营范围变更
实缴出资比例	认缴出资额
注册商标个数	实缴出资额
信息披露	工商处罚次数
网站质量	

第七节　政策建议

在将朴素贝叶斯风险评估模型运用到 P2P 网贷平台的风险分类的基础上，结合有关 P2P 平台运营和风险的知识，本研究提出了以下几个方面的政策建议：

（1）设置高标准的行业准入门槛。在对 P2P 平台风险高低分类结果的分析中，高管背景是判断平台风险高低的主要特征。由于运营 P2P 平台不仅需要互联网技术的支持，也需要对金融风险进行掌控。因此，对于 P2P 平台的高管背景（例如高管学历、高管中有金融从业经验的比例）需要进行规定，以提高 P2P 行业的准入门槛。除此之外，对担保模式、资金托管方式也需要进行规定。

（2）对平台信息披露进行规范。P2P 平台上披露的信息是投资者对平台和借款人进行风险评价的关键。以上的分析结果也表明，风险高的平台信息披露十分不完善。因此，为了减少 P2P 网贷行业中的劣质平台，从而减少行业风险，应该对 P2P 平台的信息披露进行规定，尤其是借款人信息和融资标的信息。此外，还需要相关的法律法规对信息披露的真实性进行保障。

（3）规范平台产品。流动性风险是 P2P 平台经营风险中的主要风险。而平台产品异化是流动性风险的主要原因之一。有些高风险平台的借款标的期限很短，甚至低于一个月，这就给平台造成了很大风险。因此，需要对借款标的的金额、利率、期限进行一定的规定，以减少行业风险。

（4）加强对投资者的教育。随着中国 P2P 网贷行业的迅速发展，有相当一部分的投资者盲目地购买 P2P 产品，对 P2P 行业的运作流程、资金流向还不了解。在这样的情况下，加强投资者对 P2P 行业知识的教育，并对 P2P 行业风险进行普及，显得尤为重要。

第八节　结论与展望

研究针对 P2P 平台的风险分类与评估进行分析，并收集了 236 家上海地区网贷平台的 200 多项数据。在对中国国内的 P2P 平台的发展现状和各类风险进行讨论之后，对平台风险的衡量因素和问题平台进行分析，并对评分较高的平台与跑路平台进行了显著性检验的预研究，随后提取了 236 家网贷平台的 27 项风险变量数据，作为风险评估的指标；在采用 SMOTE 算法对非平衡数据进行处理之后，形成新样本。随后研究采用了机器学习算法对 P2P 平台进行风险评估，首先对决策树、朴素贝叶斯、支持向量机和 KNN 四种学习算法模型分类的性能进行了对比；其次采用了朴素贝叶斯模型对 100 家新的网贷平台数据进行风险评估，并对最后的结果进行了分析。在整个研究过程中，得出了以下结论：

第一，机器学习算法对 P2P 平台风险评估的性能。本研究采用了决策树、朴素贝叶斯、支持向量机、KNN 四种算法进行对比分析。在利用 SMOTE 算法对非平衡数据进行处理，增大样本容量并进行十折交叉验证之后发现，四种算法的风险评估模型的性能都有所提高，并且对 P2P 平台的风险评估都具有良好的性能，其中朴素贝叶斯算法模型的性能最好，其次是支持向量机、决策树和 KNN 三种算法模型。

第二，P2P 平台风险评估重要的风险变量。在利用机器学习算法对样本数据进行训练和预测验证时发现，在 27 个风险变量中，有 14 个风险变量是进行风险识别的重要变量，而其余 13 个变量则对风险的作用不大，可以在之后研究中去除，保留 14 个重要的风险变量。

第三，朴素贝叶斯模型对 P2P 平台风险评估的结果。本研究对上海地区的 P2P 网贷平台的风险进行了研究。在对比四种学习算法模型的性能之后，选用朴素贝叶斯模型进行分类。在对 100 家新的 P2P 平台进行风险分类后，有 37 家低风险平台和 63 家高风险平台，高风险平台数量明显高于低风险平台数量。在对这两类风险平台进行分析后发现，收益率、高管背景、股权集中度、信息披露、网站质量差异最为明显。根据各因素所衡量的风险分析发现，流动性风险是高、低风险平台之间主要差距，其次是信用风险和操作风险，法律风险较难分辨。

因此对于研究的展望有三个方面：首先，在风险变量数据的收集上增加一些对风险衡量比较重要但难以取得的数据，如担保模式、定价模式、贷款余额等，再收集不同地区的 P2P 平台数据进行分析。其次，可以引入更多的机器学习算法进行性能的比较；由于机器学习算法可以对文本进行识别，因此可以利用机器学习算法对文本信息，如舆情信息进行识别处理。最后，可以对训练数据集的风险样本进行风险原因分析，分成不同种类的风险样本，利用不同的风险分类样本识别新数据中的不同种类风险。

本章参考文献

［1］Kumar S. Bank of one：empirical analysis of peer-to-peer financial market places［C］. Americas Conference on Information Systems（AMCIS）Proceedings Paper，2007，305.

［2］Lin Mingfeng，Nagpurnanand R. Prabhala，et al. Judging Borrowers by the Company They Keep：Friendship Networks and Information Asymmetry in Online Peer-to-Peer Lending［J］. Management Science.2011（1）：17-35.

［3］Freedman S.，Jin G.Z .The Information Value of Online Social Networks：Lessons from Peer-to-Peer Lending［J］.Internationl Journal of Industrial Organization，2017（51）：185-222.

［4］Krumme Katherine Ann，Herrero Sergio.Lending Behavior and Community Structure in an Online Peer-to-Peer Economic Network［C］. CSE '09 Proceedings of the 2009 International Conference on Computational Science and Engineering，2009（4）：613-618.

［5］Herzenstein Michal，Utpal M. Dholakia，et al. Andrews. Strategic Herding Behavior in Peer-to-Peer Loan Auctions［J］.Journal of Interactive Marketing，2011，25（1）：27-36.

［6］Shen Dawei，Krumme C.，Lippman A.Follow the profit or the herd?

exploring social effects in peer–to–peer lending［C］.Social Computing（ Social Com）， 2010 IEEE Second International Conference on IEEE，2010：137–144.

［7］Ceyhan Simla,Shi Xiaolin，Leskovec Jure. Dynamics of bidding in a P2P lending service：effects of herding and predicting loan success［C］. Proceedings of the 20th international conference on World wide web，2011：547–556.

［8］Zhang K.，Pei P. Information Asymmetry，Type of Lenders and Herding Effect：The Research Based on Data from Renrendai Platform［J］.Economic Management Journal, 2016（20）：18–43.

［9］Greiner M.，Wang H. Trust–free Systems – a New Research and Design Direction to Handle Trust–Issues in P2P Systems：The Case of Bitcoin［C］. Adoption and Diffusion of Information Technology（SIGADIT），2015：11.

［10］Freedman Seth，Jin Ginger Zhe. Do Social Networks Solve Information Problems for Peer–to–Peer Lending? Evidence from Prosper.com［J］.NET Institute，2008（22）：8–43.

［11］Lin M.，Prabhala N.R. ，Viswanathan S. Can Social Networks Help Mitigate Information Asymmetry in Online Markets?［C］. Icis Proceedings，2009（20）：34–38.

［12］Lau K. W.，Wu Q. H.Online Training of Support Vector Classifier［J］. Pattern Recognition，2003，36（8）：1913–1920.

［13］Laskov P.，Gehl C.，Krüger S.，et al .Incremental support vector learning：analysis，implementation and applications［J］.Journal of Machine Learning Research, 2006，7（9）：1909.

［14］Huang G. B.，Zhu Q. Y.，Siew C. K.Extreme Learning Machine：Theory and Applications［J］. Neuro computing，2006，70：489 – 501.

［15］Kim B. J.A Classifier for Big Data［C］.Proc of the 6th International Conference on Convergence and Hybrid Information Technology.Daejeon，Republic of Korea，2012：505–512.

［16］Franco–Arcega A.，Carrasco–Ochoa J. A.，Sanchez–Diaz G.，et al.Building Fast Decision Trees from Large Training Sets［J］. Intelligent Data Analysis，2012，16（4）：649– 664.

［17］Yang Y. M.，Wang X.N.，Yuan X. F. Bidirectional Extreme Learning Machine for Regression Problem and Its Learning Effectiveness［J］.IEEE Trans on

Neural Networks and Learning Systems，2012，23（9）：1498–1505.

［18］Galindo J.，Tamayo P.Credit Risk Assessment Using Statistical and Machine Learning：Basic Methodology and Risk Modeling Applications［J］. Computational Economics，2000，15：107–143.

［19］Decruyenaere A.，Decruyenaere P.，Vermassen F. et al.，Validation in a Single-Center Cohort of Existing Predictive Models for Delayed Graft Function After Kidney Transplantation［J］.Annals of Transplantation，2015（20）：544–552.

［20］辛宪 . P2P 运营模式探微［J］.商场现代化，2009（21）：19–22.

［21］潘庄晨，邢博，范小云 . 中国 P2P 网络借贷运作模式的比较研究［J］. 现代管理科学，2014（7）：16–18.

［22］张楠，许学金，论我国 P2P 网络借贷的模式异化与风险控制［J］.中国商论，2014（82）：132–133.

［23］巫卫专 . P2P 网络借贷平台主要发展模式探析［J］.金融科技时代，2014（11）：59.

［24］叶湘榕 . P2P 借贷的模式风险与监管研究［J］.金融监管研究，2014（3）：71–82.

［25］李焰,高弋君,李珍妮,等 . 借款人描述性信息对投资人决策的影响——基于 P2P 网络借贷平台的分析［J］.经济研究，2014（S1）：143–155.

［26］廖理，李梦然，王正位 . 聪明的投资者：非完全市场化利率与风险识别——来自 P2P 网络借贷的证据［J］.经济研究，2014（7）：125–137.

［27］王会娟，何琳 . 借款描述对 P2P 网络借贷行为影响的实证研究［J］. 金融经济学研究，2015（1）：77–85.

［28］丁婕，古永红，陈冬宇 . 交易信任、心理感知与出借意愿——P2P 在线借贷平台的出借意愿影响因素分析：第五届（2010）中国管理学年会——信息管理分会场论文集［C］.北京：中国管理现代化研究会，2010（3）：112–121.

［29］胡海青，张琅，张道宏，等 . 基于支持向量机的供应链金融信用风险评估研究［J］.软科学，2011，25（5）：26–30.

［30］严圣阳 .P2P 网贷收益率影响因素的实证研究［J］.商业经济研究，2015（19）：69–71.

［31］王敬慈 .P2P 网络借贷平台的风险控制研究［J］.财经界(学术版)，2015（2）：20–23.

［32］王腊梅 .论我国 P2P 网络借贷平台信息披露制度的构建［J］.南方金融，

2015（7）：76-79.

［33］蔡炎宏，刘淳，张春霞.P2P网贷平台的定价策略研究——基于垄断下的建模分析［J］.投资研究，2014（4）：4-15.

［34］张日金.我国P2P网络借贷风险控制研究——基于网贷平台的角度［D］.杭州：浙江大学，2015.

［35］陈虹，马永健.P2P网贷行业利率定价模式研究［J］.当代财经，2016（5）：45-56.

［36］张高作.基于用户体验的P2P网络借贷平台研究［D］.青岛：中国海洋大学，2013.

［37］王继晖，李成.网络借贷模式下洗钱风险分析及应对［J］.金融与经济，2011（9）：9-11.

［38］谢平，邹传伟.金融危机后有关金融监管改革的理论综述［J］.金融研究，2010（2）：1-17.

［39］李钧.P2P借贷：性质、风险与监管［J］.金融发展评论，2013（3）：35-50.

［40］葛庆稳.对当前我国P2P网络借贷平台发展的思考［J］.时代金融旬刊，2014（22）：48-50.

［41］罗斯丹，王苒.我国加强P2P风险的监管研究［J］.经济纵横，2014(9)：28-31.

［42］俞林，康灿华，王龙.互联网金融监管博弈研究：以P2P网贷模式为例［J］.南开经济研究，2015（5）：126-139.

［43］刘绘，沈庆劼.我国P2P网络借贷的风险与监管研究［J］.财经问题研究，2015（1）：52-59.

［44］卢馨，李慧敏.P2P网络借贷的运行模式与风险管控［J］.改革，2015（2）：60-68.

［45］张巧良，张黎.P2P网贷平台风险评价指标研究［J］.南京审计学院学报，2015（6），85-94.

［46］王超学，潘正茂，马春森，等.改进型加权KNN算法的不平衡数据集分类［J］.计算机工程，2012，38（20）：160-163.

［47］黄剑华，丁建睿，刘家锋，等.基于局部加权的Citation-kNN算法［J］.电子与信息学报，2013（3）：627-632.

［48］张明卫，王波，张斌，等.基于相关系数的加权朴素贝叶斯分类算

法［J］. 东北大学学报（自然科学版），2008，29（7）：952-955.

［49］张依杨，向阳，蒋锐权，等. 朴素贝叶斯算法的 MapReduce 并行化分析与实现［J］. 计算机技术与发展，2013（3）：23-26.

［50］张成虎，赵小虎. 基于贝叶斯分类的可疑金融交易识别研究［J］. 财经研究，2009，35（10）：70-80.

［51］刘新海，丁伟. 美国 ZestFinance 公司大数据征信实践［J］. 征信，2015（8）：27-32.

［52］汤俊. 基于客户行为模式识别的反洗钱数据监测与分析体系［J］. 中南财经政法大学报，2005（4）：62-67.

［53］周晓光，朱蓉. 基于模糊聚类和模式识别的企业财务风险分析［J］. 科技管理研究，2012，32（8）：115-118.

［54］陈伟松. 基于 SVM 的个人信用评分系统设计［D］. 上海：上海交通大学，2014.

［55］胡海青，张琅，张道宏，等. 基于支持向量机的供应链金融信用风险评估研究［J］. 软科学，2011，25（5）：26-30.

［56］丁荣清，张洪珍. 从国际比较看我国的股权集中度［J］. 市场周刊（财经论坛），2004（11）：23-24.

［57］蔡纪雯. 从股权集中度角度看我国上市公司的治理问题［J］. 商场现代化，2010（26）：188.

［58］季健. 高管背景特征与企业绩效关系实证研究［J］. 财经理论与实践，2011（5）：54-59.

［59］马俊，张叶霞.2014 中国网络信贷行业蓝皮书［M］. 北京：清华大学出版社，2015.

［60］何淑飞，谢林. 我国 P2P 网络借贷平台信息披露现状及对策研究［J］. 消费导刊，2014（12）：83.

［61］唐跃军，程新生. 信息披露机制评价、信息披露指数与企业业绩——基于 931 家上市公司的调查［J］. 金融管理，2005，17（10）：8-15.

［62］聂进，胡琳霜. 基于链接分析的 P2P 网络借贷平台评价探析［J］. 图书馆学研究，2015（13）：37-45.

第八章

基于互联网工商登记与第三方行业平台
信息的新业态金融风险监测实证模型研究

传统数理统计模型在大数据项目中的应用前景如何？本章应用非常传统的逻辑斯蒂回归分类方法，对新业态金融平台企业进行了风险分类。其所选取的变量指标，来自互联网公开信息，包括工商登记信息和第三方行业平台信息。结果表明，利用互联网公开数据，选取合适的变量指标，逻辑斯蒂回归分类方法对于网贷平台企业的风险具有较好的预警能力。

第一节 研究背景与研究意义

一、研究背景

近几年来，由于信息技术革命、消费者需求倒逼、产业升级这三大因素的推动，网贷行业迅猛发展。2013 年网贷平台才近 1000 家，2014 年增长到 1575 家，2015 年网贷运营平台达到了 2595 家，同比增长 65%（腾讯财经，2017）[1]。2016 年网贷监管细则发布，大量平台被迫或自愿选择退出。截至 2016 年 12 月底，网贷行业正常运营平台数量相比 2015 年底减少了 985 家。但从成交量可以看出人们对网贷行业的热情有增无减。2015 年全年网贷成交量 9823 亿元，

---

① 腾讯财经.2015 年网贷问题平台超 896 家，四大共性识别跑路 P2P［EB/OL］.［2017-10-30］. http：//www.360doc.com/content/16/0201/17/3161743_532126075.shtml.

2016 年同比增长了 110%，达到了 20638.72 亿元，占 2016 年社会总融资规模的 11.59%。在历史累计成交量方面，网贷行业 2016 年接连突破 2 万亿元、3 万亿元两个大关。2016 年单月成交量甚至突破了 2000 亿元，"网贷双 11"单日再次突破 100 亿元，实现了 116.07 亿元（网贷之家、盈灿咨询，2017）[①]。这一系列的数据都可以看出网贷行业资金体量庞大的事实。

网贷平台发挥了互联网的优势，使社会资金能够更快速的跨时空、跨区域的配置，金融活力得以更进一步释放。网贷平台的出现，避免了传统借贷模式中烦琐的业务流程，使投融资手续更加便捷化。对于投资者来说，这一新兴行业挖掘出他们更多个性化的理财需求，给他们提供多样化的投资渠道。对于融资者而言，他们的融资门槛相应降低，贷款更加快速便利。网贷行业提升了整个社会资金的流动性，加速利率市场化进度，让更多的人以可负担的价格享受到金融服务，达到了普惠金融的目的。如今投资已不只是精英层的专利，几百元甚至几十元也能找到投资渠道，整个社会的资金流动体量迅速增大。网贷使在任何一个行业进行金融产品交易成为现实，网贷平台成为虚拟经济和实体经济的结合点。

二、研究意义

网贷平台在促进经济发展的同时，也给社会带来了巨大的风险。2014 年问题平台 275 家，2015 年问题平台 896 家，同比增长 226%。这些问题平台主要集中在广东、北京、山东、上海、浙江这五个省市，占问题平台总数的 60.16%。2016 年累计问题平台达到 1846 家（于百程，2016）[②]。2015 年整个行业乱象丛生，一些毫无金融知识和金融经验的人也加入到网贷行业的创业大潮中，半路落荒而逃，留下一堆"烂摊子"无人收拾。有些非法分子纯属借概念炒作，虚构的标的物年化率远远高于正常水平，当集资成功后卷款潜逃，最终损害投资人的利益。比如 2015 年 12 月被查处的 e 租宝，它是由两个"80 后"年轻人在 2014 年 2 月建立的。它对外宣称自己是一家融资租赁公司，给予投资者的年化率在 9%~15%，公司的工作人员（全职加上兼职）共有 10 万多人。直至被查处，它

---

① 网贷之家，盈灿咨询 .2016 年中国网络借贷行业年报（完整版）［EB/OL］.［2017-01-06］. http：//www.wdzj.com/news/yanjiu/52614.html.

② 于百程 . 去年 896 家平台出问题为何 P2P 待收还能增 3 倍［EB/OL］. 网贷之家，［2016-01-12］。 http：//www.wdzj.com/news/yanjiu/25956.html.

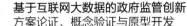

一共吸纳了 700 亿元人民币，涉及的投资者达到了 5 万多人（吴晓波，2015）[①]。最后被法律部门查处时，管理人员早就卷款潜逃，给整个社会造成不小的不安和动荡。

网贷行业不但给投资者提供多样化的投资渠道，而且解决了中国中小微企业融资难的问题，对促进经济的市场化发展起到了重要作用。但网贷行业自身发展尚不成熟，政府部门还存在监管不到位的问题，且整个行业规模巨大，一旦出现问题，就会给社会发展带来巨大打击。因此建立网贷运营风险预警模型，及时发现网贷企业运营风险，这对政府部门制定监管政策、采取监管措施具有重要意义，也有利于促进网贷行业的健康发展。

三、研究目的与研究内容

（一）研究目标

通过对相关文献和新闻报道的阅读，从平台工商信息、平台治理、管理团队、用户口碑、信息披露这五个维度中提取 17 个指标变量，将这 17 个变量纳入预警模型体系，最后利用 SPSS 建立逻辑斯蒂（Logistic）模型。通过该预警模型，监管部门可以预测并判别网贷平台的运营状态。对于那些模型结果显示高风险的网贷平台，监管部门可以采取一些措施来提早规避风险，解决监管滞后性问题。

（二）研究内容

（1）首先根据网贷行业的发展，提出研究意义，说明研究目的和研究方法，对研究实验结构进行系统阐述，最后提出研究创新点。

（2）对关于网贷行业和预警模型的文献进行系统梳理。研究主要从三个方面进行文献综述：网贷风险的理论研究、网贷风险因素的实证性研究、风险预警模型的运用。其中网贷风险的理论研究主要从信用风险、洗钱风险、平台技术风险、监管不完善风险这四个方面进行综述。网贷风险因素的实证性研究分别从借款人风险因素实证研究、平台运营风险实证研究这两个方面进行综述，并说明在目前的研究中，有哪些指标或因素可以指示借款人风险和平台运营风险。风险预警模型的运用主要从网贷行业和其他领域的运用进行综述。以上文献的

[①] 吴晓波. 为什么那么多 P2P 倒闭了。［EB/OL］.［2015–12–23］http：//www.iqiyi.com/v_19rrkfghx8.html?vfm=2001_sgysdh&fromvsogou=1.

研究填补了网贷研究的空白，也为本书研究的预警模型指标体系的建立和模型应用提供了理论基础。在本章最后，对目前的网贷研究现状做了简要的分析。

（3）确认模型指标体系中指标选取原则，根据相关文献、新闻报道等构建指标体系的准则层和指标层，并提出假设。同时，对数据进行预分析，对比并分析三类平台的指标数据。最后对分类变量做卡方检验，看哪些变量对因变量有显著影响。

（4）利用这些指标做多元 Logistic 模型，并说明模型结论。利用 SPSS 随机删减 20% 的样本做稳健性检验，检验模型和相关变量是否具有稳健性。

（5）总结模型结论。根据结论，给监管部门提出几点改善网贷平台运营风险的建议，并对未来网贷行业的风险研究提出了展望。

第二节　文献综述

网贷是指借贷双方不通过银行等传统的金融渠道，而是通过网贷平台直接实现投资、融资需要的一种新型的金融模式，主要参与者包括借款人、网贷平台、投资者。借款人在网贷平台上注册，将自己借款金额、借款期限、个人信息及认证信息发布在平台上，经平台审核成功后，这些信息就会随借款标的被平台放入借款列表。平台主要负责审核借款人信息，剔除不符合要求的借款者，将符合要求的借款者信息发布给投资者。投资者在平台注册后，根据自己的投资需求，可以在投资列表选择合适的投资标的。

对于网贷平台运营风险的预警模型研究，本书研究主要从网贷风险的理论性研究、网贷风险因素的实证研究、风险预警模型研究这三个方面进行文献综述。其中网贷风险的理论性研究综述主要从网贷行业目前存在的四大风险问题进行综述：信用风险、洗钱风险、平台技术风险、监管措施不完善风险。网贷风险因素的实证研究综述主要从借款人风险因素研究和网贷平台风险因素研究这两个方面进行综述，这一部分文献从实证的角度具体说明哪些指标能明确指示借款人和平台运营风险。最后一部分是综述风险预警模型在网贷和其他行业的运用情况。

一、网贷风险的理论研究

网贷平台作为一种新型的民间金融借贷平台，它有效改善了信贷市场供求的不平衡问题。但在网贷平台发展的过程中，由于缺乏有效监管，网贷风险事件频发。国内外众多学者就网贷风险问题做了许多研究，本书研究主要从信用风险、洗钱风险、平台技术风险、监管措施不完善风险这四个方面进行文献综述。

（一）信用风险

网贷受大众欢迎的原因在于，它既可以让投资者获得可观利益，也可以让融资者在只需提供部分信息的情况下就可以快速融资（Magee J.R.，2011）。由于网贷门槛低，那些不满足银行贷款要求的融资者（如收入不稳定、身体有缺陷等）更容易进入该行业，这使网贷行业违约风险高（Berger S.C.，Gleisner F.，2009）。在借贷过程中，借款者为了能够借到自己所需要的资金，会有倾向性地向平台和投资者披露自己的信息。借款者会选择隐瞒那些不利于自己借款的信息，而投资者对这些信息无法判断真伪，处于信息获取的劣势方。例如，相对于传统的金融领域，P2P网贷市场上存在着非常严重的信息不对称情况（Freedman，Jin，2008；Herzenstein，2008）。网贷行业的违约风险主要来源于贷款者和网贷平台。很多网贷平台不对贷款者递交的资料进行真实性验证，直接审核通过，这使越来越多心怀不轨者进入网贷行业，加大该行业的信用风险。因此，平台可以加大对融资者信用水平评级的投入成本，从而降低融资者的信用风险（Berger et al.，2009）。为了减少网贷行业的信息不对称问题，网贷行业最重要的是建立一个信任机制（Martina，Hui，2010）。

（二）洗钱风险

目前网贷平台无法准确识别客户的真实身份，一些非法分子利用网贷平台的不透明性达到洗钱目的。他们将非法所得的钱通过网贷平台分散借给多个融资者，将大笔资金打散成多个小份资金，最后通过回收资金，将非法所得转换成合法利益（张婷等，2017）。网贷平台存在较大洗钱风险主要体现在两个方面：第一，网贷平台尚未纳入反洗钱监管体系，但一些平台推出了概念模糊的理财产品、债权转让模式，极大可能成为洗钱途径。第二，交易数据保存和监测分析十分困难。传统金融行业已经有完善的法律法规指导交易的处理，这有利于反洗钱工作的进行。网贷平台的资金流转往往要通过第三方支付机构，割断了资金链条，使洗钱分子容易利用网上转账的形式快速实现资金的流转（杨莎莎等，2015）。

（三）平台技术风险

网贷利用互联网技术吸收大量的闲散资金，促进了社会资本的流动性，但网贷始终无法独立于传统金融体系，它的发展需要传统金融提供支撑（lanGalloway，2009）。由于网贷借助互联网技术运营，直接在网络上进行借款人资料审核、客户资金流转，这意味着网贷对平台的建设有很高的要求。但在实际中，很多企业直接在网上买了一套系统就开始网贷运营，忽略平台的技术风险。另外，网贷平台借款人一般信用分数不高，存在潜在的机会主义行为风险。他们可能会利用平台的漏洞来提高自己的信用水平，当借款成功后发生违约行为（Chen et al.，2014）。需要注意的是网贷平台上有大量的投资者和借款人信息，需要有很高的网络技术来保护这些信息，以免流失或被盗。但很多平台无法满足该条件，用户信息存在很大的安全隐患（胡旻昱等，2014）。一些不法分子利用网贷平台的漏洞，非法获取客户资料。据统计，全国大约有80%的平台遭受过黑客攻击（何晟，2017）。一旦平台被黑客击垮，就会造成客户资料信息的泄露，从而影响客户的信息安全和资金安全（王紫薇，2012）。对于那些无资质证书、安全证书的网站以及被黑客攻击过的网站（如网站页面已失效，无法打开），投资者应该选择避开（鲁雪岩等、任建春，2014）。

（四）监管措施不完善风险

通过分析网贷发展现象，发现目前网贷风险高发的原因主要是监管措施的不完善（何晓玲等，2013）。网贷平台成立门槛低，监管措施的不完善，让不法分子有机可乘，如中间账户的监管缺失，使可能会出现平台在没有授权的情况下擅自动用用户资金的情况。没有第三方监管，投资者无法及时了解自己资金的走向（罗建华等，2015）。平台可能会发布虚假标的，将投资者的钱用于证券、房地产等行业，损害投资者利益。监管措施的不完善，使平台更有可能触碰非法集资、非法诈骗等法律红线（衷凤英，2017）。同时，网贷的开放性、虚拟性要求相应的监管人员具有全面的知识技能。其不光要了解金融业务知识，也需要有计算机行业和信息系统工作经验（王琳等，2016）。

由于网贷行业在国外发展较为成熟，有比较完善的监管体系，如美国证券交易委员会（SEC）要求所有P2P平台接受监管，所有的P2P标的都将被定义为证券，因此不论是 Lending Club 还是 ProsPer 都需要经过 SEC 的注册审批才能继续开展业务，这在一定程度降低了网贷平台的运营风险水平。所以国外学者对于网贷行业的研究大都倾向于网贷行业的信用风险。但在国内，由于网贷行业缺乏有效的监管措施，网贷风险问题更加复杂。目前国内的网贷风险主要有信用风险、洗钱风险、平台技术风险、监管措施不完善风险，本书研究会根据这几类风险提取风险维度，建立风险预警模型体系。

二、网贷风险因素的实证研究

网贷作为一种新兴行业，存在极高的风险，目前学术界已经有大量的文献从实证的角度分析网贷风险因素，这些文献主要从两个方面展开：借款人风险因素研究、平台运营风险因素研究。

（一）借款人风险因素研究

在其他条件相同的情况下，参与率高的标的要比参与率低的标的更受投资者的欢迎（Eunkyoung Lee、Byungtae Lee，2012）。投资者会根据借款人的信息来判断借款人的信用水平，所以信用水平低的人借款成功的可能性不高（Jefferson Duarte，2012）。借款人的信用级别、借款额度、账户认证信息等变量对借款违约率有显著影响（Kumar，2007）。Riza Emekter 等（2015）利用贷款用途、债务收入比、借款人收入、当前房屋状况、信用历史、债务状况、FICO 评分、循环额度占比等指标对借款人借款风险进行研究。也有学者对借款人的"软信息"，如照片上的内容与违约率之间的关系进行了检验（Klafft，2008；Duarte，2012）。借款人的借款金额与借款成功率负相关，所以借款人可以在权衡自己的实际情况和需求后，考虑减少借款数量，从而达到成功借款的目的（Lauri Puro，2010）。研究者通过研究 ProsPer 官网数据，发现 AAA 等级的借款人借款风险较低，也更容易成功借款（Michael Klafft，2008）。也有数据表明金融领域存在种族歧视和年龄歧视。白人比黑人成功借款的概率要高，年龄在35~60 岁的人获得贷款的可能性大（Devin G. Pope、Justin R. Sydnor，2008）。

中国的研究者选取人人贷官网上所发布的 3148 条订单数据，并对这些数据进行了回归分析，发现借款人的信用分数、年龄、学历水平、是否结婚、是否拥有不动产等变量对借款成功率有显著的影响（陈建中等，2013）。贷款人的贷款项目、学历、所从事的职业、所在城市等信息对借款成功率有显著影响（李广明，2011）。数据整理显示借款利率与获得借款概率呈负相关，借款金额、借款人历史成功次数、平台审核项目数这三个变量与借款成功率呈正相关，性别差异、住宅情况也会对借款结果产生显著影响（温小霓等，2014）。实证研究表明借款利率、借款人的信用得分较高有助于借款成功，还款期限与借款的交易进度呈负相关（高彦彬，2016）。借款期数对违约金额有着显著影响，借款期数越多，违约金额越大（汤英汉，2014）。借款人信用等级与递交借款申请书中描述性特征信息呈反向关系，但对投资者的投资决策有正向影响（李焰等，2014）。陈霄等（2013）、顾慧莹和姚铮（2015）、肖曼君（2015）等选取借款人的居住地区、借款期限、还款利率、信用等级、性别、借款金额、年龄、收入水平、婚姻状况、受教育年限、所属职业等多项指标对借款成功可能性进行分析。一些学者将朋友关系、小组关系、推荐信任替代社会资本变量，分析社会资本是否对借款人违约风险有显著影响（缪莲英等，2014）。

（二）平台运营风险因素研究

对比正常运营的平台和问题平台，发现大部分的问题平台是民营系平台，利率显著高于正常运营的平台，标的较少，高管团队成员学历较低、金融经验较少（叶青等，2016）。投资者可以从平台规模、透明度、运营保障、背景保障这四个方面，综合判断网贷平台是否运营规范（曹业奇，2016）。当某地区发生违约事件越多，该地区借款人信用水平越低，平台运营风险越高。平台投资人数越少，说明平台吸收资金的能力不强。短期债务占比越高，平台短期还款压力大，处于过度扩张状态，不利于长期发展（单鹏等，2016）。注册资金／借款资金比例越高，平台运营风险越小。平均借款期限越长，网贷企业有充足的时间进行产品开发，有利于企业运营。前十大借款人借款额占比过大，平台越不安全。30日现金流入／未来60日现金流出的值与平台运营风险成反比（何剑等，2015）。平台注册地、平台资金的保障方式、平台用户资金托管制度对平台运营有显著影响（周少甫，2016）。平台运营时间、平台所在区域、创始人在金融行业工作年限、平台收益率、平台投标保障、投标期限和资金托管，这些因素都对网贷平台的运营状况有显著影响（孙宝文等，2016）。利用AHP模型研究网贷平台的综合风险，研究结果表明分散度指标、透明度指标、杠杆指标、技术指标和流动性指标对平台的综合风险有显著的影响（蔡友莉，2017）。

受国外学者的影响，国内学者起初研究网贷行业风险，也倾向于研究借款人风险因素，所以在国内外，借款人风险因素的研究较为全面。近几年，有一部分学者考虑到我国网贷行业的复杂性，开始从实证的角度分析网贷平台的运营风险。但选取的维度不够全面，如风险维度基本是股东背景、平台治理、管理人团队、平台工商信息等。本书研究在以往文献的基础上，增加新的风险维度，建立风险预警模型体系，找到新的判别网贷平台运营风险指标。

三、风险预警模型的运用

风险是指在某一特定环境下，某一特定时间内，发生某种损失的可能性。任何行业都存在风险问题，风险具有很大的不确定性。为了降低风险，风险预警模型在各个领域都被广泛运用。本书研究主要从两个方面对风险预警模型的运用进行文献综述：风险预警模型在网贷行业的运用和风险预警模型在其他领域的运用。

（一）风险预警模型在网贷行业的运用

于晓虹等（2016）采用随机森林分类和回归算法对少量非均衡样本建立网贷违约风险预警模型时发现，年龄、婚姻状况、文化程度、单位性质、住房条件和违约笔数六个指标重要性指数分别为 0.0616、0.0657、0.0796、0.0979、0.0974 和 0.1747。李宇（2016）通过对流动指数、营运指数、资金保障和背景实力四个一级指标进行主成分分析和筛选，结合赋权法和修正的主观专家评价法对 17 个指标赋权，建立了网贷平台运营风险预警模型。吴姗姗（2016）采集 GDP 增长率、固定资产投资增长率、通货膨胀率、货币供应量 M2 增长率、房地产投资增长率、制造业采购经理指数（PMI）、平台风险准备金覆盖率、平台坏账率、平台平均投标利率、风险备用金余额增长率、历史成交金额增长率、社会融资规模增长率、金融机构各项贷款余额增长率和小额贷款公司贷款余额增长率这 14 个指标，建立网贷平台风险预警 BP 模型，并利用这个模型预测网贷公司的运营风险。一些研究者利用机器学习中的无监督学习算法二分 K-means 聚类对网贷平台进行分类，分析各类平台的指标表现，确定各类别的等级，结果发现网贷平台风险评级与网贷之家的风险评级基本一致（张蜀林等，李萌萌，2017）。从平台资金风险预警指数、投资人资金风险预警指数、借款人资金风险预警指数三个维度中，选取 19 个指标构建网贷平台资金风险预警模型。结果发现风险依次递减的维度为平台资金风险、借款人资金风险、投资人资金风险，其中平台资金风险中对平台运营影响最大的指标是注册资本，借款人资金风险中影响最大的因素是前十大借款人待还占比、借款人数，投资人资金风险中影响最大的指标是待收投资人数（隋婷婷等，2016）。

（二）风险预警模型在其他领域的运用

Bussiere 等（2006）基于 Logit 模型建立货币危机预警模型。运用序关系分析法，确定偿债能力指标、资金运行绩效指标、资金支付能力指标、发展潜力指标这四个指标的权重，从而建立高校负债融资风险预警模型（王萌，2016）。利用偏好信息熵与物元可拓理论相融合的偏好熵权物元可拓方法，构建基于偏好熵权物元可拓的商业银行信用风险预警模型（顾海峰，2013）。运用三元 Logistic 模型建立中国外汇风险预警模型，估计我国外汇风险指数（石柱鲜等，2005）。刘艳（2012）以 1980~2002 年主要金融危机作为研究对象，建立了基于面板数据的金融危机预警模型。傅强等（2015）选取 19 个样本国家、9 个宏观经济指标、5 个金融变量指标，基于面板数据和动态 Logit 方法的金融危机预警模型。收集我国上市公司在 2006~2011 年的财务数据，运用 Logistic 回归方法构建公司信用风险预警模型（闫晨辉，2013）。将宏观经济、行业、地区、成长能力、偿债能力、风信信号、贷款数量、质量、银行、授信、法人、股东、关联、担保这 14 个指标分成 124 个细分指标，构建基于 Logistic 与 SVM 的银行业信用风险预警模型，该模型具有捕捉和刻画影响因素，对客户违约风险的线性和非线性的复杂关系，具有较高的预测准确率（张奇等，2015）。

目前有少量的学者采用随机森林分类、回归算法赋权法、修正的主观专家评价法、无监督学习算法、二分 K-means 聚类等方法，建立网贷平台运营风险预警模型，在一定程度上填补了网贷平台运营预警模型研究的空白。但很少有学者采用 Logostic 模型建立网贷平台运营风险预警模型，而 Logostic 模型在其他领域运用特别广泛。所以本书研究综合其他领域的文献综述，利用 Logostic 建立网贷平台预警模型，增加了网贷平台运营预警模型新的研究方法。

四、对目前研究现状的简要评价

网贷行业在中国发展了十几年，发展速度十分迅猛，给社会经济带来巨大效益。由于发展尚不成熟，网贷行业仍存在信用风险、洗钱风险、平台技术风险。随着监管措施逐渐落地，对缓解问题起到了关键作用，但仍存在监管滞后性、监管措施不完善等问题。

网贷风险研究主要是研究借款人风险和平台运营风险。由于国外的网贷市场被 Lending club、Prosper 等几家公司称霸，公司数量相对较少，国外的网贷行业的研究数据一般来自单个的企业。而且国外网贷行业有明确的监管部门，比如美国的网贷行业由美国证券交易委员会负责监督，人们对网贷平台的信任度相对较高。学术界对网贷平台的运营风险研究不多，学者们基本倾向于研究借款人的信用风险，且有一部分学者用实证的方法提出了哪些因素可以指示借款人的信用风险大小。中国由于早期监管的不完善，许多平台存在风险运营的状况。中国研究网贷风险既包括了借款人风险研究，也包括了网贷平台运营风险研究。部分学者从实证的角度分析了哪些指标可以指示借款人信用风险，哪些指标可以指示网贷平台运营风险。但在研究网贷平台运营风险中，大部分学者只从平台的经营数据、背景、高管这几个维度选取研究指标，很少会考虑平台的用户口碑维度，选取的指标不够全面。本书研究在选取指标时，增加了用户口碑维度，从用户口碑维度选取关注人数、评分这两个变量，看他们是否能指示网贷平台运营风险。

预警模型可以利用一些指标，实时地反映企业运营状况，判断企业运营风险大小。通过查看目前的文献，可以发现预警模型的运用特别广泛，无论是高校的负债融资、企业的财务运营风险、客户的信用风险、中国的外汇市场、金融市场等都运用了预警模型。由于 Logistic 回归模型可以找到危险因素，还能显示这些风险因素对结果的影响大小。同时，Logistic 回归模型还能起到预测和判别作用，能根据自变量的变化，判断某事发生的概率大小。所以学者们在考虑用哪类方法做预警模型时，都倾向于 Logistic 回归模型。但 Logistic 回归模型在网贷平台运营风险的预警模型中运用仍然比较匮乏。以往研究网贷平台风险的学者们基本都喜欢用机器算法，直接把数据放进模型，判别风险。但这种方法缺乏可理解性，无法让读者了解每个变量对模型的具体作用。

本书研究者根据前人的研究和自己对网贷行业的理解，构建网贷平台运营风险预警指标体系，运用这个指标体系建立 Logistic 回归预警模型。利用建立的模型监测网贷企业的运营状态，相关监管部门可以对模型结果显示高风险的企业予以重点关注，通过采取一些措施降低网贷平台的运营风险，有助于提高监管的有效性和前瞻性。

第三节　预警模型指标体系的建立

一、指标选择原则

（一）指标的灵敏性

网贷是实现资金配置的跨时间、跨区域的流通，它的本质就是金融，金融是一个对于风险反应要求具有极其灵敏性的行业。所以对于网贷风险预警来说，时效性是必须具备的。本书研究使用的各项指标数据均来源于网贷平台第三方统计网站，也正是因为网贷平台的互联网属性，模型中所有数据都能够做到逐月更新，甚至其中很大一部分数据能够逐日更新，因此本书研究选取的指标具有相当的时效性和灵敏性。

（二）指标的可获得性

本书研究的指标均来源于网贷之家、网贷之眼、天眼查，这些网站上的所有指标都是公开的，研究者只需登录网站，即可查找到相应的指标。由于目前我国的网络借贷监管体系和征信体系并不完善，公开的指标保证了数据的可获得性。

二、指标的连续性

本书研究的数据来源于网贷之家等第三方网贷数据平台，由于网贷具有互联网属性，所有数据都能逐月更新，甚至有一部分数据可以做到逐日更新，只需将指标更新后的数据放入模型，就可保证建模处理过后的风险值能时常更新。

三、指标体系的构建

学术上，有部分学者提出了一些维度衡量网贷平台运营风险大小。刘崎廷（2013）认为平台综合实力应从平台资金、成立时间、技术团队、管理层、地理位置、历史交易数据六个方面进行评价，不过没有设计具体的评价模型对平

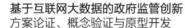
台进行科学合理的评级。万校基（2013）认为应从服务、安全、技术、品牌四个维度衡量网贷平台运营风险。国内还有很多第三方评级机构从平台背景实力、风险控制能力、信息披露和运营能力四个方面，对网贷平台运营风险进行评级。

以往的文献基本都是从平台背景、管理层技术团队、运营能力、部分工商信息、信息披露等方面建立网贷平台运营风险的评价体系，很少考虑用户口碑指标。在信息披露维度中，很少有文献根据信息披露的不同内容，对不同类别的内容进行研究。本书研究借鉴传统企业运营风险所考虑的指标体系以及现有网贷风险评级体系，提出了五个准则层，并将准则层往下细分成了 17 个指标。

（一）准则层设置

基于网贷风险种类，借鉴以往文献的评价指标，本书研究共设置平台工商信息、平台治理、平台管理团队、用户口碑和信息披露五个准则层，从而建立网贷平台预警模型体系。具体通过设置平台工商信息准则层来反映监管措施不完善风险，通过设置平台治理准则层来反映平台是否有洗钱风险，通过设置平台管理团队和用户口碑准则层反映技术风险，通过设置信息披露准则层反映信用风险。

（二）指标层设置

1. 平台工商信息

以国资系、银行系为背景的平台资金实力比民营系平台更强大，较容易获得投资者的青睐（李宇航等，2015）。有国资和上市公司背景的平台规模大，资金和管理团队有一定优势，能较好地处理平台产生的逾期和坏账。所以，平台背景越强大，平台出现风险运营的可能性越小（林春雨等，2015）。截至 2017年 8 月，共 3869 家问题平台。其中国资系平台有 24 家、银行系平台 3 家、上市系平台 6 家、风投系 1 家，但民营系平台有 3835 家，占总问题平台的 99.12%（网贷之家，2017）[①]。不同股东背景的平台，运营风险概率有较大差别。

数据显示，问题平台大都在经济较为发达的江浙粤三省以及矿产资源丰富的地区。2014 年，浙江、江苏、广东、安徽、湖北、上海、湖南、山东这些省市的问题平台数量处于全国前八位，分别有 21 家、19 家、14 家、8 家、8 家、7 家、5 家、5 家（梅安察，2014）。有研究者通过对比 50 家网贷平台的综合评

分和排名，发现综合评分前十名中，有八个平台位于东部地区，两个平台位于西部地区，中部地区的平台实力一般。上海、山东、福建、辽宁、江苏五省市在 2013 年的贷款总量占全国贷款总量的 42.27%。东部地区金融行业较为发达，竞争十分激烈。为了生存下去，东部的平台都努力地提高自己的服务质量及管理水平，市场化的结果使东部沿海地区的平台利率处于一个相对合理的水平，平台的运营效率比较高。中部地区的人们理财观念较弱，网贷平台的规模远不及东部地区。西部地区平台量更少，金融抑制程度更高，许多融资需求得不到满足，所以造成西部地区的平台利率普遍较高，信贷配比十分严重。如慧财网和招商贷的平均利率达 21.81% 和 34.4%（郭海凤等，2015）。

一方面，网贷行业在我国发展尚不成熟，较低的注册资本会让很多没有认识到行业风险、准备还未充分的人或企业进入网贷行业，这会给监管带来巨大的成本和压力。另一方面，提高注册资本可以增加网贷行业的违法成本，将一些不法分子拒之门外（何文颢，2015）。注册资本和上线时间能体现网贷平台的资金规模和用户规模。根据"马太效应"，资金规模和用户规模越大的平台，吸引投资者的能力也越强（闫鑫等，2017）。资金规模越大的平台，其偿还能力越强。网贷平台成立的时间越长，它的品牌认可度就越高（尹钧惠等，2016）。

根据对以往文献的整理，本书研究将平台工商信息维度往下细分为股东背景、注册地区、注册资金、上线时间四个指标。

2. 平台治理

利率代表了投资者对借款人违约的预期，借款人违约风险率越高，借款利率越高（廖理等，2014）。以银行基准利率为标准，考虑市场情况，当借款利率达到一定水平时，很多借款者根本无力还款。但由于我国征信制度缺乏，违约成本比较低，利率奇高的现象仍然存在于网贷市场。有些动机不良的借款者，为了迎合投资者想要获得高报酬的心理，故意把借款利率设得很高，诱导偏爱高收益、高风险的投资者。当他们借款成功后，直接卷资逃跑。若平台预期平均收益率过高，一旦借款者发生违约，平台就要花更多的风险准备金或其他资金垫付给投资者，这给平台的资金流动带来了巨大的压力。一般情况下，平台的利率水平越高，出问题的概率也越高（叶青等，2016），因此平均预期收益率过高是问题平台一个主要的特征。

一般来说，网贷平台的投资期限多种多样，比如红岭创投，最短的有 3 天，最长的有 12 个月。红岭创投整体的平均投资期限较短，只有 1.82 个月，但也有部分平台平均投资期限较长，比如钜宝盆有 35.74 个月。在实际投资中，投资者在投资时会考虑项目期限。一般投资者偏爱期限短的项目,便于资金的流动。对于那些期限较长的项目,投资者往往觉得风险较大,害怕资金被锁住[①]。但借款者偏向于长期借款,这就存在资金供需双方对借款期限要求对不上的问题。平台为了满足资金供需双方的要求,存在将长期标的拆成短期标的的行为。这种行为属于高风险操作,容易造成平台资金链断裂现象。

分支公司一般是指法人在其主营业地以外开设的具有相对独立的法律地位,在一定程度上能够自己执行一些职能,以自己的名义从事具体的民商事活动的机构,与法人是从属关系,是企业实现跨区域经营的一种手段(张小玲,2013)。我国没有法律法规明确规定企业不能为关联公司融资,即便是在上市公司运作规则中也只要求披露,并没有禁止关联交易。自融并不包括关联公司,如果以非法目的开展关联公司融资,则属于变相自融(肖飒,2016)。这些也说明我国监管对网贷企业的关联公司融资行为没有具体规范,也许存在很多企业利用关联公司做一些目的不纯的资金行为。

自动投标是平台在接受了投资者的委托后,根据投资者的要求,为投资者选择标的进行投资的操作。自动投标一般是服务于那些时间相对紧张、对网贷规则缺乏了解的人,比如人人贷设立的"优选理财计划",用户加入优选理财计划后,人人贷平台优先帮这些用户进行资金投标。但自动投标业务有可能成为某些平台建立资金池的渠道。某些平台将用户资金利用"自动投标"工具汇集起来,然后再寻找投资标的,而这种资金期限错配的操作直接触犯了法律红线[②]。本书研究收集多家网贷平台是否有自动投标业务,用实证的方法检查平台的自动投标业务是否影响了网贷平台正常运营。

在债权可转让的网贷平台上,当客户 A 急需周转资金,他可以在平台上将未到期的理财产品转让给其他人。债权转让模式作为网贷行业的创新性业务,使投资端和借款端实现相对分离,只需初始资金的滚动便可扩大交易规模,增加平台资金的流动性,但债权转让模式的有效性存在质疑。由于网贷市场信息的不对称,部分平台发行假标后再多次转让给投资者,从中获取转让收益。但

---

① MrBrick. 新手入门:判断网贷平台值得投资的十个数据[EB/OL].[2017–08–20]. https://www.wdzj.com/zhuanlan/licai/7-5059-1.html.

② 希财新金融 .P2P "自动投标" 知多少[EB/OL].[2015–07–16].http://www.csai.cn/p2pzixun/844881.html.

这种模式严重损害了投资者的利益，触犯法律底线[①]。债权转让加大了平台的洗钱风险，有些人在平台上注册多个账号，将非法所得通过一个账号借出去后，进行债权转让，再拿另一个账号接受这笔债权，实现洗钱的目的。本书研究将网贷平台债权转让次数放入预警模型指标体系，查看它是否能显著影响网贷平台的运营风险。

风险准备金是网贷平台用来维护平台的正常运转、弥补借款人逾期或不还款等无法预见的风险造成平台亏损的资金。随着经济市场化程度的提高，市场机制变得更加复杂，市场风险也随之增加。网贷行业是社会流动资金的中转站，是经济犯罪的高发领域。平台设立准备金，可以在借款者欠款后立即还钱给投资者，维护投资者利益的同时也维护了平台的声誉。平台在还完款给投资者后，可以去找借款者催收，增加借款人的审核力度，优化平台以后的运营模式。

平台治理对平台运营起到了至关重要的作用。即使平台背景再强、资金再多，如果治理方式出现问题，平台运营风险就会立马提高。本书研究将平台治理维度往下细分为平均预期收益率、预期投资期限、自动投标、债权转让、风险准备金存管、分支公司数量六个指标。

3. 平台管理团队

高管作为企业的领导者和运营者，他们思维模式和知识结构关系企业的运营方式。在高管特征中，高管团队的规模是综合因素，规模大的团队一般拥有较多的资源（刘进池、趁芳，2016）。管理成员越多，给企业提供的想法和思路就越多，决策更加多样化。同时高管成员之间能相互监督，从而实现企业的内部控制质量，降低企业经营风险。考虑到这些因素，本书研究将高管人数纳入预警模型的指标体系中。

网贷属于互联网金融，网贷的发展离不开专业团队的运营。如果网贷平台高管团队中没有金融专业背景的人，那么平台的运营是在没有根据和目标的探索。团队成员无法立刻感受到金融市场的变化，无法了解这个领域消费者的特点、这个行业的运营模式，遇到突发的专业情况，其风险控制能力不足的缺点立马就暴露出来。只有通过专业团队的运作，平台才能为客户提供满意的服务体验。团队成员能用自己的专业知识和金融经验，结合市场情况，打造差异化的产品（林爱南，2016）。所以拥有一个具有金融知识和高学历团队的网贷平台要比非

---

① mxd511.债权转让类网贷存在的法律、风控问题，平台运营及网贷产品设计建议［EB/OL］.［2017-09-16］.http://www.360doc.com/content/15/0721/09/22074441_486355006.shtm.

专业人士运营的网贷平台更具优势。本书研究在指标体系中放入高管学历、高管金融经验这两个变量。

任何企业的发展都离不开优秀的管理团队，管理者的思维模式、做事风格对企业的战略方向、市场定位、企业文化等起到了重要的作用，网贷行业也不例外。因此，本书研究将平台管理团队维度往下细分为高管人数、高管学历、高管金融经验三个指标。

4. 用户口碑

网贷平台具有网络外部性特征，即消费者在平台上获得的价值取决于这个平台上其他消费者数量。投资者为了降低自己的投资风险，一般会选择有更多人关注的平台。所以网贷平台都希望能用最短的时间扩大自己的规模，获得更多人的关注，以此来获得规模经济（王达，2014）。为了获得更多的用户关注，多个平台实施了各种各样的措施。比如红岭创投实施的措施有：用户每邀请一位好友注册或投资即可积累人气值，凭人气值可兑换奖品，其中奖品有拍立得、Kindle、iPadmini4、iPhone7 等；用户邀请好友注册，随着注册好友人数的变化，可转变成普通推广员和精英推广员，而身份不同，用户获得的奖励基数和奖励比例都不同（何飞等，2016）。网贷平台关注人数可以表示其人气，人气越高的平台，说明平台口碑越好，潜在客户越多，对平台的运营有积极推动的作用。

声誉是指企业的利益相关者对企业表现的评价。一个声誉好的企业，说明企业是值得利益相关者信任的。声誉对企业的发展至关重要，很多人或组织会因为企业声誉好而重复性产生合作，为企业创造价值，网贷平台也不例外。本书研究将评分变量代替网贷平台的声誉，探究评分变量是否能预测网贷平台的运营风险。用户根据平台的提现速度、服务水平、体验水平等因素对其进行打分，如网贷之家综合所有用户的点评后，给予平台一个总的用户点评分数，因此，本书研究采取用户点评分数作为各平台评分变量。

用户口碑在传统企业风险研究中运用较为广泛，但在评价网贷平台运营风险领域运用较为贫乏。本书研究将用户口碑纳入到网贷平台预警模型体系，并将其往下细分为关注人数与评分两个指标，用实证方法验证这两个指标能否预示平台运营风险。

5. 信息披露

网贷平台良莠不齐，多数平台信息透明度不高，投资者基本上是"摸着石头过河"，稍不留神就踩到"雷区"。因此，信息披露一方面有助于投资者及时了解网贷平台的运营状况，督促平台做好风控工作，有助于平台降低运营风险。

另一方面，投资者可以根据网贷平台的信息披露质量筛选合适的投资平台。而有诈骗意图的平台无法将自己真实意图公告投资者，害怕言多必失，所以会尽量减少自己的信息披露。还有一部分平台经营效果不好，害怕披露自己的运营信息会影响平台声誉，一般也会选择尽量减少披露信息。优质的平台运营规范，信息披露相对充分。在一定程度上，信息披露水平反映了平台经营的规范度。信息披露水平越高，平台出现问题的概率越低（叶青等，2016）。

以往的文献普遍都认为信息披露有助降低平台运营风险，但很少有文献把信息披露维度按披露的不同内容进行更细划分，从而判断不同类别的信息披露对网贷平台运营风险的影响。本书研究根据信息披露的内容，将信息披露准则层往下细分司法风险、经营风险公告次数这两个指标，并验证这两类信息披露能否指示网贷平台运营风险。

预警模型体系的建立如表 8-1 所示。

表 8-1　预警模型体系的建立

准则层	指标层
平台工商信息	股东背景
	注册地区
	注册资金
	上线时间
平台治理	平均预期收益率
	预期投资期限
	自动投标
	债权转让
	风险准备金存管
	分支公司数量
平台管理团队	高管人数
	高管学历
	高管金融经验
用户口碑	关注人数
	评分
信息披露	司法风险
	经营风险公告次数

第四节　实证模型设计与模型结果分析

一、假设提出

一般情况下，网贷平台如果风控能力、资金实力、服务意识这几方面的能力强大，平台就会有较为强大的信用和借贷保障，他们基本上有实力将借款利率压得比较低。同时，利率较高会增加借款者的融资成本，这些成本甚至盖过了他们借款所得的利润，这使条件较好的借款者不会选择从网贷平台借款，而转向别的渠道去融资。那些条件较差的融资者没有办法从其他途径获取资金，就会转向网贷平台，由于他们之中有很大一部分人无法偿还这么高利率的本息，从而加大网贷平台的信用风险和违约率（江耘等，2017）。涉嫌违法犯罪行为的平台约定的标的利率通常较高（黄震，2014）。实践证明，年化率超过20%的平台运营风险高，这种高收益不是资金进入实体经济产生的 [①]。超过20%的年化率通常是网贷平台自己设置资金池，通过在网上拆东墙补西墙制造效益高的假象，并对平台大肆进行虚假宣传，吸引投资者片面地追求高收益而非理性投资，实质就是高风险运营平台非法吸收公众存款，甚至集资诈骗。所以平台应该考虑自身的资金端和负债端后，合理确定平台标的利率，不能为了争夺市场盲目提高标的收益率，这样不利于平台的健康发展（杨文斌，2016）。因此，本书研究根据对网贷行业相关文献的理解提出以下假设：

假设1：预期平均收益率越高，网贷平台运营风险越高。

网贷借款者分为中小微企业、个人。平台收集个人信息的难度比收集企业信息的难度要高，平台难以准确地对个人信用水平进行评级，所以企业借款者信用水平比个人借款者高，且违约率低。一个企业的生产周期是半年到一年的时间，借款者为了满足自己的资金要求，一般倾向于长期借款。然而通过对网贷行业现状的分析，本书研究发现目前网贷平台的平均借款期限只有3~4个月，这就存在借款期限对不上的问题。平台为了满足借款者长期借款要求，存在将

---

① 易P2P. 盘点2014年P2P网贷十大"问题"平台［EB/OL］. 钛媒体［2014-12-28］，http：//www.tmtpost.com/181937.html.

长期借款标的拆分成短期标的的行为。当某个借款标的到期时，平台就会将新标的筹款偿还给到期标的投资者，这种行为要求平台资金端特别强大，能源源不断地吸引投资者加入平台，同时也对平台资金的流动性要求高。一旦某些标的到期，平台又无法吸引新的投资者，整个平台资金链就会断掉，立马陷入"垮台"状态。所以平台应适当延长借款期限，减少平台资金流动性风险（何剑等，2015）。平台应减少超短期标的数量，防范因资金链断裂而出现跑路现象（杨文斌，2016）。本书研究根据相关文献理解，提出以下假设：

假设 2：预期投资期限越短，网贷平台运营风险越高。

口碑管理在传统企业运营的研究中应用较广，同样也适用于网贷行业。企业口碑能帮助消费者收集信息，这些信息可以直接影响他们在未来会不会购买企业产品和服务。一方面，积极的口碑效应可以保持现有客户的忠诚度及潜在客户的挖掘。另一方面，消极的口碑效应会让企业损失价值较大的客户。因为任何客户的不满都可以通过客户的传播来降低外界对企业的可信度（赵骅等，2005）。互联网的出现为消费者获取产品信息提供了极大的便利条件。通过互联网，消费者不但可以快速搜索到企业发布的产品信息，而且可以方便地获得其他人对产品使用的评价和意见（郭国庆、杨学成，2006）。网贷平台具有网络外部性特征，即消费者在平台上获得的价值取决于这个平台上其他消费者数量。如果网贷平台口碑不好，消费者自然会借助互联网工具宣泄自己的不满情绪。这种不满的情绪会通过互联网扩散到更广的范围群体，从而降低平台声誉，造成消费者对平台的不信任。在影响用户的可持续投资因素中，用户对平台的信任感是关键因素。一旦用户对平台产生不信任感，就不会对平台再次投资，甚至影响平台潜在客户的转化（江耘等，2017）。得不到客户的平台，资金端会不断萎缩，易陷入停业或跑路状况。所以，口碑好的网贷平台往往比口碑差的平台运营风险小。本书研究将口碑管理往下细分了两个指标：关注人数和评分。关注人数表示平台潜在客户量，评分表示平台现有客户的支持率。本书研究借鉴以往研究中用户口碑对企业运营的影响作用，提出以下假设：

假设 3：评分越低，网贷平台运营风险越高。

假设 4：关注人数越少，网贷平台运营风险越高。

任何企业的发展都离不开优秀的管理团队，管理者的思维模式、做事风格对企业的战略方向、市场定位、企业文化等起到了重要的作用。金融行业在资源配置中起主导作用，是一个高负债、高风险行业。该行业的管理者需具备很高的风险意识，能迅速发现危机的存在，并制定相应的措施，防范危机给企业造成巨大的打击。然而这种风险意识的培养需要经验的累积，没有金融经验的人不了解金融市场运行规律，不能及时地感知市场信息，无法对网贷平台进行有效管理。一些涉嫌违法违规的网贷平台，其高管团队中有金融经验的人较少，这些平台的管理者根本不了解网贷的本质，之所以创办并经营网贷平台，主要是钻网贷领域疏于监管的空子，谋取短期利益。因此一个具有核心竞争力的网贷平台，需要管理团队积累相关业务经验，熟悉整个行业的运转。如果一个网贷平台的管理团队只擅长客户体验、信息推广、互联网技术，而不了解网贷领域知识，这样的平台会随着经营不善而采用非法违规手段来维持运营（孔庆波、周德勇，2016）。所以本书研究提出以下假设：

假设 5：高管团队中，有金融经验的高管人数越少，网贷运营风险越高。

经营风险公告次数是经营异常、行政处罚、严重违法、股权出质、动产抵押、欠税公告、司法拍卖七个指标次数之和。经营异常的企业行为包括注册地址不真实，不依法按时提交年报，在未获得法律许可的情况下擅自经营一些业务（百度经验，2017）[①]。平台若是受到了行政处罚，说明平台曾经有过违反政策规定的行为。股权质押是出质人为了获取资金，将手中的股权质押给其他人。网贷平台股东多次将股权出质出去，存在股东不看好平台发展的可能。平台施行动产抵押的原因也许是平台运营资金较少，需要拿动产抵押获得融资。由于经营风险公告次数里的六个指标基本都是反映平台运营不正常、风险高的情况，所以本书研究提出以下假设：

假设 6：经营风险公告次数越多，网贷平台运营风险越高。

网贷平台发展初期，我国无清晰的法律法规制度，网贷平台在放任自由的情况下，随心所欲发展，肆意增长的背后是平台问题居高不下，建立法律法规制度成为网贷行业健康发展的关键结点（刁惠玉，2015）。2016 年 8 月之前，我国没有对网贷平台实施常态化监管，没有实质性的监管主体。2016 年 8 月之后，银监会颁布网贷监管办法，规定网贷行业的准入门槛、监管主体、监管规则等，引导平台回归小额分散、信息中介的普惠金融本质（石磊，2017）。随后，各地不断推出新的监管措施，很多没有合规资本、无法解决实际金融问题的平台被勒令退出。在目前这个阶段，任何想无视或忽略法律监管的行为都不太会发生，平台只能按照规定自查，根据监管部门的意见进行整改，在法律法规所要求的

---

① 百度经验. 你的公司被列入经营异常，怎么办？[EB/OL].［2017-03-06］. https://jingyan. baidu.com/article/3aed632e3ac6cb7011809160.html.

范围内经营，对那些无法满足要求的平台，相关监管部门会强制将其退出网贷行业。在 2016 年 8 月以后上线的平台，通过了相关机构的审核，比以往上线的平台多了一层安全保障，所以本书研究提出以下假设：

假设 7：2016 年 8 月之后上线的网贷平台比在这之前上线的网贷平台运营风险低。

二、数据来源与预处理

本书研究的样本数据主要来源于网贷之家、天眼查、网贷之眼等第三方网贷平台，数据截取时间段为 2017 年 4~6 月。首先从网贷之家官网上选取了 4734 个样本作为初始样本，从网贷之家获取运营状态、股东背景、注册地区、上线时间、平均预期收益率、预期投资期限、评分、关注人数、自动投标、债权转让、风险准备金存管、注册资金、高管人数、高管学历、高管金融经验这 15 个指标。接着本书研究在天眼查手动收集了分支公司数量、司法风险、经营风险公告次数三个指标。若有些指标数据无法从这两个网站获取，本书将利用网贷之眼的数据将其补齐。当所有数据收集完成后，本书研究对这 4734 个样本进行预处理，删除含有缺失值（如无高管简介，无法判断高管人数、高管学历水平、高管金融经验等）的样本。最后得到 1434 个样本数据、18 个变量指标。

三、指标变量的解释

网贷之家将网贷平台运营状态分为跑路、提现困难、经侦介入、停业、歇业、良性退出、正常运营。相对跑路、提现困难、经侦介入，停业、歇业、良性退出这三种形式是平台退出网贷行业的主动而良好的形式，给社会造成的危害小，所以本书研究统一将停业、歇业、良性退出纳入停业状态。跑路、提现困难、经侦介入三种形式存在网贷平台不偿还投资者本息的行为，对社会危害大，本书研究统一将这三类状态归为存在道德风险运营状态。根据平台运营状态对社会危害性大小，本书将平台运营状态依次分为存在道德风险运营、停业、正常运营，并认为这三种状态的风险水平依次降低。

本书研究中自变量有 17 个，分别是股东背景、注册地区、上线时间、平均预期收益率、预期投资期限、评分、关注人数、自动投标、债权转让、风险准备金存管、注册资金、高管人数、高管学历、高管金融经验、分支公司数量、司法风险、经营风险公告次数。

平台股东背景有民营系、风投系、上市公司参股、上市公司控股、银行系、国资参股、国资控股。本书研究将注册地区进行分类，分别为华东、华南、华北、华中、东北、西南、西北七类。

中国的网贷行业兴起于 2007 年，在 2013 年之前，发展相对缓慢。但在 2013 年之后，在互联网的推动下，网贷呈野蛮式增长。2016 年 8 月，国家出台政策要求网贷行业进行全面整改，平台的增长数量虽有所下降，但质量显著上升。所以本书研究以这两个时间点为参考，将样本上线时间分为三类，分别是 2013 年前、2013 年至 2016 年 8 月、2016 年 8 月之后，并运用实证的方法查看这三个时间段的网贷平台运营状态有无差别。

本书研究根据平台在网贷之家官网上的数据，将债权转让分为五类：无债权转让信息、随时可转让、低于一年方可转让（包含一年期限）、一年以上方可转让、不可转让。

司法风险是平台在天眼查上法律诉讼、法院公告、失信人、被执行人这四个指标的次数之和。经营风险公告次数是经营异常、行政处罚、严重违法、股权出质、动产抵押、欠税公告这六个指标之和。

指标变量的解释如表 8-2 所示。

表 8-2　变量解释

变量名称	英语简称	变量解释
运营状态	State	存在道德风险运营；停业；正常运营
股东背景	Background	民营系；风投系；上市公司参股、上市公司控股；银行系；国资参股、国资控股
注册地区	Region	西北；西南；东北；华中；华北；华南；华东
上线时间	Time	2013 年前上线；2013 年~2016 年 8 月（包含 8 月）上线；2016 年 8 月之后上线
平均预期收益率	Rate	直接从网贷之家官网摘录
预期投资期限	Term	直接从网贷之家官网摘录
评分	Score	直接从网贷之家官网摘录
关注人数	Attention	直接从网贷之家官网摘录
自动投标	Bid	平台支持自动投标；平台不支持自动投标
债权转让	Right	无债权转让信息；随时可转让；低于一年就可转让（包含一年）；一年以上方可转让；不可转让

变量名称	英语简称	变量解释
风险准备金存管	Reserve	平台无风险准备金；平台有风险准备金
注册资金	Capital	直接从网贷之家官网摘录
高管人数	Executive	网贷之家官网上平台的高管介绍人数
高管学历	Education	高管介绍中有大学及以上文凭的高管人数
高管金融经验	Experience	高管介绍中有金融经验的高管人数
分支公司数量	Branch	直接从天眼查官网摘录
司法风险	Judicial	天眼查官网中法律诉讼、法院公告、失信人、被执行人这四个指标的次数之和
经营风险公告次数	Announcement	天眼查官网上经营异常、行政处罚、严重违法、股权出质、动产抵押、欠税公告这六个指标之和

四、指标变量的预分析

（一）三类平台各指标的对比分析

为了查看存在道德风险运营的平台、停业平台、正常运营平台在这17类指标中是否有较大差异，先对这17个自变量数据进行了对比。

1.连续性变量的均值分析

连续性变量的均值分析如表8-3所示。

表8-3　连续性变量的均值分析

	存在道德风险运营	停业	正常运营
平均预期收益率（％）	17.00	14.91	11.69
预期投资期限（月）	2.28	2.38	4.58
评分（0~5）	1.36	1.27	2.70
关注人数（人）	43.47	20.81	424.43
注册资金（万元）	4474.49	4010.42	6452.02
高管人数（人）	2.82	2.86	3.32
高管学历（大专及以上人数）	0.88	1.04	1.40
高管金融经验(有金融经验人数)	0.65	0.68	1.38
分支公司数量（个）	0.40	0.14	0.37

续表

	存在道德风险运营	停业	正常运营
司法风险（次）	1.18	0.95	1.42
经营风险公告次数	0.96	0.49	0.34

通过对比三类平台数据，本书研究发现平台运营风险程度与一些指标数据存在规律。

（1）平均预期收益越高，平台运营风险越高。比较三类平台，研究发现维持正常运营状态的平台收益率最低，平均收益率为11.69%；存在道德风险运营的平台平均预期收益率最高，为17.00%。停业平台的收益率排在三类平台中间，为14.91%。

（2）预期投资期限越短，平台运营风险越高。存在道德风险运营的平台预期投资期限最短，停业平台次之，正常运营的平台投资期限最长，它们的预期投资期限分别为2.28个月、2.38个月、4.58个月。正常运营平台的投资期限是存在道德风险运营平台的两倍多。

（3）高管人数越少，学历水平越低，金融经验水平越低，网贷平台运营风险水平越高。停业平台和存在道德风险运营平台的平均高管人数分别为2.86、2.82。正常运营平台的平均高管人数最多，为3.32，高于停业平台和道德风险运营平台16%、17.7%。

正常运营的平台、停业平台、存在道德风险运营的平台的高管平均学历分别为1.40、1.04、0.88，高管的金融经验平均水平分别为1.38、0.68、0.65。其中正常运营平台的高管平均学历比存在道德风险运营平台的高管平均学历高59%，比停业平台的高管平均学历高34.6%。正常运营平台的高管金融经验平均水平比存在道德风险运营平台的高管金融经验平均水平高112.3%，比停业平台的高管金融经验平均水平高102.9%。

（4）经营风险公告次数越多，网贷平台运营风险越高。存在道德风险运营、停业、正常运营的平台经营风险公告次数依次递减，分别为0.96、0.49、0.34。存在道德风险运营的平台和停业平台的经营风险公告次数分别高于正常运营平台经营风险公告次数182%、44%。

2. 分类变量与运营状态交叉表、直方图分析

（1）股东背景与运营状态。股东背景与运营状态的样本平台分布情况如表8-4所示。

表8-4　股东背景与运营状态

		股东背景					合计
		民营系	风投系	上市系	银行系	国资系	
运营状态	存在道德风险	170	0	1	0	1	172
	停业	269	1	2	1	5	278
	正常	785	27	61	2	108	983
合计		1224	28	64	3	114	1433

在 172 个存在道德风险运营的样本平台中,民营系、风投系、上市系、银行系、国资系分别占 98.84%、0、0.58%、0、0.58%。在 278 家停业的样本平台中,民营系、风投系、上市系、银行系、国资系占比依次为 96.76%、0.36%、0.72%、0.36%、1.80%。在 983 家正常运营的样本平台中,民营系、风投系、上市系、银行系、国资系占比分别为 79.86%、2.74%、6.20%、0.20%、10.99%。

股东背景与运营状态的样本平台分布情况如图 8-1 所示。

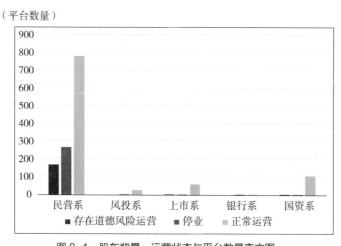

（平台数量）

图8-1　股东背景、运营状态与平台数量直方图

从直方图可以直观看出,民营系背景的网贷平台占总样本量最大,占比依次递减的是国资系、上市系、风投系、银行系。民营系存在道德风险运营和停业的平台量在各系股东背景中最多,分别占总道德风险运营平台和停业平台的比例最大。

（2）注册地区与运营状态。注册地区与运营状态的样本平台分布情况如表8-5 所示。

表8-5 注册地区与运营状态

		注册地区							合计
		西北	西南	东北	华中	华北	华南	华东	
运营状态	存在道德风险	5	8	2	21	20	39	77	172
	停业	9	20	5	34	47	63	100	278
	正常	24	66	15	67	201	227	383	983
合计		38	94	22	122	268	329	560	1433

西北、西南、东北、华中、华北、华南、华东地区的平台中存在道德风险运营的分别有5、8、2、21、20、39、77家，分别占存在道德风险运营的样本平台总数的2.90%、4.65%、1.16%、12.20%、11.63%、22.67%、44.77%。

西北、西南、东北、华中、华北、华南、华东地区的平台中停业的分别有9、20、5、34、47、63、100家，分别占停业的样本平台总数的3.20%、7.20%、1.80%、12.23%、16.90%、22.66%、35.97%。

西北、西南、东北、华中、华北、华南、华东地区的平台中正常运营的分别有24、66、15、67、201、227、383家，分别占正常运营的样本平台总数的2.44%、6.70%、1.53%、6.80%、20.45%、23.00%、38.96%。

注册地区与运营状态的样本平台分布情况如图8-2所示。

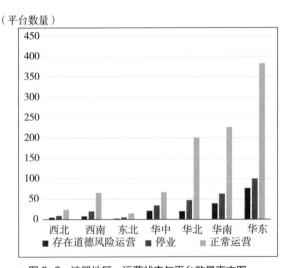

图8-2 注册地区、运营状态与平台数量直方图

由于华东、华南地区经济发展较快，人均收入较高，很多居民手中都有部分闲钱急需投资渠道。另外，华东、华南地区创业氛围较为浓郁，中小微企业融资需求更加旺盛，这些因素造成网贷行业的蓬勃发展。华东、华南地区的网贷平台最多，依次递减的是华北、华中、西南、西北、东北地区。其中存在道德风险运营平台最多的是华东地区，华南地区次之，依次递减是华中、华北、西南、西北、东北地区。停业的平台量依次递减是华东、华南、华北、华中、西南、西北、东北地区。

（3）上线时间与运营状态。上线时间与运营状态的样本平台分布情况如表8-6所示。

表8-6 上线时间与运营状态

		上线时间			合计
		2013 年以前	2013 年至 2016 年 8 月	2016 年 8 月以后	
运营状态	存在道德风险	7	162	3	172
	停业	0	275	3	278
	正常	38	918	27	983
合计		45	1355	33	1433

在 172 家存在道德风险运营的样本平台中，2013 年前上线的平台共 7 家，占 4.06%。2013 年至 2016 年 8 月上线的平台存在道德风险运营的有 162 家，占存在道德风险运营平台样本总数的 94.19%。2016 年 8 月份以后上线的平台，只有 3 家存在道德风险运营情况。

在 278 家停业的样本平台中，2013 年前上线的平台不存在道德风险运营情况。2013 年至 2016 年 8 月上线的平台中，有 275 家平台停业，占停业平台样本总数的 98.92%。2016 年 8 月以后上线的平台，只有 3 家停业。

在 983 家正常运营的样本平台中，38 家平台是 2013 年前上线，918 家平台是在 2013 年至 2016 年 8 月上线，27 家是在 2016 年 8 月后上线。

2013 年至 2016 年 8 月（包含 8 月）上线的平台中，存在道德风险运营和停业的平台数量最多。2013 年是"互联网元年"，网贷行业野蛮生长，平均每天都有一家网贷平台成立。直到 2016 年监管细则落地，网贷行业门槛提高，平台数量减少的同时，质量也随之提高。所以 2016 年 8 月之后上线的平台数量最少，其存在道德风险运营的平台数量和停业的平台数量最少。

（4）自动投标与运营状态。自动投标与运营状态的样本平台分布情况如表8-7所示。

表8-7　自动投标与运营状态

		自动投标		合计
		支持	不支持	
运营状态	存在道德风险	62	110	172
	停业	113	165	278
	正常	465	518	983
合计		640	793	1433

支持自动投标的样本平台中，存在道德风险运营的平台共62家，占存在道德风险运营平台样本总数的36.05%；停业的有113家，占停业平台样本总数的40.65%；正常运营的平台有465家，占正常运营平台样本总数的47.3%。

不支持自动投标的样本平台有110家存在道德风险运营，占存在道德风险运营平台样本总数的63.95%；停业的有165家，占停业平台样本总数的59.35%；518家平台正常运营，占正常运营平台样本总数的52.70%。

自动投标与运营状态的样本平台分布情况如图8-3所示。

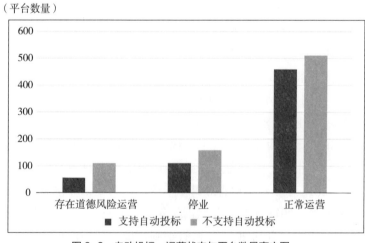

图8-3　自动投标、运营状态与平台数量直方图

从直方图可以直观看出，无论是存在道德风险运营的平台量，还是停业的平台量、正常运营的平台量，不支持自动投标的数量稍微多一点，不过整体上二者相对来说较为均衡。

（5）债权转让与运营状态。债权转让与运营状态的样本平台分布情况如表8-8所示。

表8-8　债权转让与运营状态

		债权转让					合计
		无债权转让信息	随时可转让	低于一年可转让（包含一年）	一年以上可转让	不可转让	
运营状态	存在道德风险	22	46	23	0	81	172
	停业	35	79	56	1	107	278
	正常	80	275	249	1	378	983
合计		137	400	328	2	566	1433

在172家存在道德风险运营的样本平台中，平台量依次递减的是债权不可转让、债权随时可转让、债权低于一年就可转让（包含一年）、无债权转让信息、一年以上方可转让，它们的平台量分别为81家、46家、23家、22家、0家，分别占存在道德风险运营平台总数的47.09%、26.74%、13.37%、12.79%、0。

在278家停业的样本平台中，平台量依次递减的是债权不可转让、债权随时可转让、债权低于一年就可转让（包含一年）、无债权转让信息、一年以上方可转让，它们的平台量分别为107家、79家、56家、35家、1家，分别占停业平台总数的38.49%、28.42%、20.14%、12.59%、0.36%。

在983家正常运营的样本平台中，平台量依次递减的是债权不可转让、债权随时可转让、债权低于一年就可转让（包含一年）、无债权转让信息、一年以上方可转让，它们的平台量分别为378家、275家、249家、80家、1家，分别占正常运营平台总数的38.45%、27.98%、25.33%、8.14%、0.1%。

债权转让与运营状态的样本平台分布情况如图8-4所示。

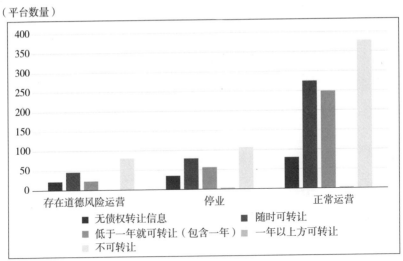

图 8-4 债权转让、运营状态与平台数量直方图

不可转让的平台量占样本总量的比例最大，债权不可转让型平台存在道德风险运营的平台量也最多。在各类债权转让时间长短不一的平台中，债权不可转让型的平台存在道德风险运营的占比最大，达 47.09%。

（6）风险准备金存管与运营状态。风险准备金存管与运营状态的样本平台分布情况如表 8-9 所示。

表 8-9 风险准备金存管与运营状态

		风险准备金存管		合计
		无	有	
运营状态	存在道德风险	158	14	172
	停业	261	17	278
	正常	907	76	983
合计		1326	107	1433

在存在道德风险运营的样本平台中，有 91.86% 的平台没有风险准备金，只有 8.14% 的平台有风险准备金。在停业样本平台中，93.88% 的平台无风险准备金，6.12% 的平台有风险准备金。存在 92.27% 的正常运营样本平台无风险准备金，7.73% 的正常运营样本平台有风险准备金。

风险准备金存管与运营状态的样本平台分布情况如图 8-5 所示。

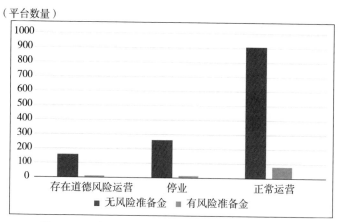

（平台数量）

图 8-5　风险准备金存管、运营状态与平台数量直方图

从图 8-5 可以看出，在总样本中，无风险准备金的平台占大多数。其中存在道德风险运营的平台数量、停业的平台数量，都是无风险准备金的平台比有风险准备金的平台多。

（二）分类变量的卡方检验

卡方检验用于研究分类变量取不同类别时，是否具有显著性差异。为了研究股东背景、注册地区、上线时间、自动投标、债权转让、风险准备金存管取不同类别时，是否具有较大偏差，本书研究先对这六个变量做卡方检验。

1. 股东背景的卡方检验

股东背景的卡方检验如表 8-10 所示。

表 8-10　股东背景的卡方检验

	值	df	渐进 Sig.（双侧）
Pearson 卡方	79.740[a]	8	0.000
似然比	105.456	8	0.000
线性和线性组合	58.101	1	0.000
有效案例中的 N	1433		

a. 4 单元格（26.7%）的期望计数少于 5。最小期望计数为 0.36。

从卡方检验表中可以看出，股东背景与运营状态的 Pearson 卡方为 79.740，在显著性水平为 0.01 时显著，说明平台股东背景不同，其运营状态具有显著差异。

2. 注册地区的卡方检验

注册地区的卡方检验如表 8-11 所示。

表 8-11　注册地区的卡方检验

	值	df	渐进 Sig.（双侧）
Pearson 卡方	21.429[a]	12	0.044
似然比	21.540	12	0.043
线性和线性组合	0.003	1	0.953
有效案例中的 N	1433		

a. 3 单元格（14.3%）的期望计数少于 5。最小期望计数为 2.64。

在注册地区与运营状态的卡方检验中，Pearson 卡方为 21.429，sig 小于 0.05，说明不同注册地区的平台运营状态具有显著性差异。

3. 上线时间的卡方检验

上线时间的卡方检验如表 8-12 所示。

表 8-12　上线时间的卡方检验

	值	df	渐进 Sig.（双侧）
Pearson 卡方	14.437[a]	4	0.006
似然比	23.425	4	0.000
线性和线性组合	0.001	1	0.973
有效案例中的 N	1433		

a. 1 单元格（11.1%）的期望计数少于 5。最小期望计数为 3.96。

上线时间与运营状态的 Pearson 卡方为 14.437，在 0.01 的显著性水平下显著，说明不同时间上线的平台运营状态有显著差异。

4. 自动投标的卡方检验

自动投标的卡方检验如表 8-13 所示。

表 8-13　自动投标的卡方检验

	值	df	渐进 Sig.（双侧）
Pearson 卡方	9.755[a]	2	0.008

续表

	值	df	渐进 Sig.（双侧）
似然比	9.851	2	0.007
线性和线性组合	9.668	1	0.002
有效案例中的 N	1433		

a. 0 单元格（0.0%）的期望计数少于 5。最小期望计数为 76.82。

自动投标与运营状态的 Pearson 卡方值为 9.755，在显著性水平为 0.01 时显著，说明平台是否支持自动投标对平台的运营有显著差异。

5. 债权转让的卡方检验

债权转让的卡方检验如表 8-14 所示。

表 8-14　债权转让的卡方检验

	值	df	渐进 Sig.（双侧）
Pearson 卡方	21.179[a]	8	0.007
似然比	21.837	8	0.005
线性和线性组合	0.072	1	0.789
有效案例中的 N	1433		

a. 3 单元格（20.0%）的期望计数少于 5。最小期望计数为 0.24。

债权转让与运营状态的 Pearson 卡方为 21.179，在 0.05 的显著性水平下显著。说明债权转让模式不同，平台运营状态存在显著差异。

6. 风险准备金存管的卡方检验

风险准备金存管的卡方检验如表 8-15 所示。

表 8-15　风险准备金存管的卡方检验

	值	df	渐进 Sig.（双侧）
Pearson 卡方	0.947[a]	2	0.623
似然比	0.988	2	0.610
线性和线性组合	0.043	1	0.835
有效案例中的 N	1433		

a. 0 单元格（0.0%）的期望计数少于 5。最小期望计数为 12.84。

风险准备金存管与运营状态的 Pearson 卡方为 0.947,双侧渐进 Sig 值为 0.623,大于 0.1,无统计学意义,说明有无风险准备金对平台运营风险状态无显著性差异。

　　综上所述,除了风险准备金存管外,股东背景、注册地区、上线时间、自动投标、债权转让这五个变量取不同类别时,平台运营状态存在显著差异。

第五节　多元Logistic模型的实证研究结果分析

　　如果因变量分成三类或三类以上的分类变量,那么就可以用多元 Logistic 回归模型对变量进行分析。在分析多元 Logistic 回归模型时,需要在多个水平中选某一个水平,将其定义为参照水平(本书研究直接采用 SPSS 默认方式,即选取值最大的水平为参照水平),其他水平分别与参照水平进行对比,从而建立水平数减 1 的广义 Logit 模型。

一、变量的描述性分析

　　连续变量的描述性分析如表 8-16 所示。

表 8-16　连续变量的描述性分析

	极小值	极大值	均值	标准差
平均预期收益率(%)	4.80	74.00	12.95	4.62
预期投资期限(月)	0.27	35.74	3.88	3.70
评分(0~5)	0.00	5.00	2.26	1.83
关注人数(人)	0.00	17688.00	300.40	1219.93
注册资金(万元)	50.00	250000.00	5741.00	11808.70
高管人数(人)	0.00	12.00	3.17	1.58
高管学历(大专及以上人数)	0.00	11.00	1.27	1.40
高管金融经验(有金融经验人数)	0.00	7.00	1.16	1.19
分支公司数量(个)	0.00	49.00	0.33	2.44
司法风险(次)	0.00	142.00	1.30	7.78
经营风险公告次数	0.00	16.00	0.44	0.88

平均预期收益率极小值为 4.80%，极大值为 74%，均值为 12.95%，标准差为 4.62，对于利率过高的平台，监管部门应找平台相关负责人约谈，探究其平台利率过高的原因，并密切关注其运营状况，一旦发现平台的风险状况，应快速采取措施。关注人数极大值为 17688，极小值为 0，标准差为 1219.93，这说明投资者对待平台的态度完全不一样。但每个投资者都追求在同等风险下效益最大化或在同等效益下风险最小化。投资虽然存在信息不对称情况，但投资者具有收集信息的能力，他们可以利用自身收集到的信息判断该平台值不值得投资。所以投资者对平台的态度从一定程度上说明了平台的运营风险。注册资金越多，平台开展业务种类和业务量则更多，实力相对来说较强。注册资金极大值达 250000 万元，极小值为 50 万元，标准值为 11808.68 万元。这些数据说明样本平台的本身实力参差不齐。

分类变量的描述性分析如表 8-17 所示。

表 8-17　分类变量的描述性分析

		样本数	百分比（%）	最小值	最大值	均值	标准差
运营状态	存在道德风险	172.00	12.00	−1.00	1.00	0.57	0.70
	停业	278.00	19.40				
	正常	983.00	68.60				
股东背景	民营系	1224.00	85.40	1.00	5.00	1.43	1.14
	风投系	28.00	2.00				
	上市系	64.00	4.50				
	银行系	3.00	0.20				
	国资系	114.00	8.00				
注册地区	西北	38.00	2.70	1.00	7.00	5.59	1.61
	西南	94.00	6.60				
	东北	22.00	1.50				
	华中	122.00	8.50				
	华北	268.00	18.70				
	华南	329.00	23.00				
	华东	560.00	39.10				
上线时间	2013 年以前	45.00	3.10	1.00	3.00	1.99	0.23
	2013 年至 2016 年 8 月	1355.00	94.60				

续表

		样本数	百分比（%）	最小值	最大值	均值	标准差
上线时间	2016年8月以后	33.00	2.30	1.00	3.00	1.99	0.23
自动投标	支持	640.00	44.70	1.00	2.00	1.55	0.50
	不支持	793.00	55.30				
债权转让	无债权转让信息	137.00	9.60	1.00	5.00	3.32	1.46
	随时可转让	400.00	27.90				
	低于一年可转让（包含一年）	328.00	22.90				
	一年以上可转让	2.00	0.10				
	不可转让	566.00	39.50				
风险准备金存管	无	1326.00	92.50	1.00	2.00	1.07	0.26
	有	107.00	7.50				

在正常运营变量的统计分析中，存在道德风险运营的网贷企业，在样本中占比12.0%，共有172家；停业的网贷企业，共有278个样本，占总样本的19.4%；正常运营的网贷企业，共有983家，在样本中占比最大，达68.6%。若将存在道德风险运营和停业的网贷企业归纳为非正常运营的企业，非正常经营的网贷企业高达31.4%，这个数据更能有力证明网贷行业属于高风险行业。

在1433个样本平台中，民营系平台占比最多，达85.4%，共有1224家；风投系的平台有28家，占总样本的2.0%；上市公司参股、上市公司控股的平台共有64家，占总样本4.5%；股东背景为银行系的平台数量最少，只有3家，占总样本0.2%；国资参股、国资控股的平台数量达到114家，占总样本8.0%。这些数据说明网贷平台股东背景多样化，越来越多人或机构参与进来，网贷行业发展潜力大。

从注册地区统计分析可以看出，西北、西南、东北这些地区网贷平台较少，平台数量都没超过100家。华中地区平台数量也只有122家，在总样本中占比8.5%。而在华北、华南、华东地区，平台数量分别为268、329、560家，在总样本中占比分别为 18.7%、23.0%、39.1%。这其中的原因是北京、广东、上海、浙江、江苏、山东等这些经济比较发达的省市都属于这三个区域。在经济较发达的地区，资金的流动性需求大，有着更适合网贷行业发展的环境。

本书研究按上线时间将平台分成了三类。在 2013 年前上线的平台，占总样本的 3.1%，只有 45 家。2013 年至 2016 年 8 月上线的平台，共有 1355 家，占总样本的 94.6%。2016 年 8 月以后上线的平台，共有 33 家，占比 2.3%。中国网贷行业兴起于 2007 年拍拍贷的成立，在往后的六年时间里，发展相当缓慢。2013 年是互联网元年，因技术进步和社会信息化的推动，网贷行业增长一发不可收拾。很多人想借助此次浪潮从中挖金，但因专业知识的匮乏而能力不足，导致创业之路过早夭折。更有一些心怀不轨者利用网贷平台集资，骗取他人钱财，阻碍了网贷行业的健康发展。

在这 1433 个样本中，有 640 家平台支持自动投标，占比 44.7%。其余 793 家不支持自动投标，占比 55.3%。样本中支持自动投标的平台比不支持自动投标的平台要少。

根据平台可进行债权转让的时间，总共将债权转让分成五类。在总样本中，无债权转让信息的平台有 137 家；随时可转让的平台有 400 家；低于一年就可转让（包含一年）的平台有 328 家；一年以上方可转让平台只有两家；不可进行债权转让的平台共有 566 家。各类分别占比 9.6%、27.9%、0.10%、39.5%。

无风险准备金存管的平台有 1326 家，占比达 92.5%。有风险准备金存管的平台只有 107 家，占比 7.5%。

二、模型结果分析

指标的描述性统计，从一定程度说明了样本数据的基本特征，反映了数据的中心位置和变异程度。但这些指标能否判别平台运营风险，本书研究需要通过多元 Logistic 模型分析得出结论。

模型拟合信息如表 8-18 所示。

表 8-18 模型拟合信息

模型	模型拟合标准	似然比检验	
	−2 倍对数似然值	卡方	显著水平
仅截距	2382.095		

续表

模型	模型拟合标准	似然比检验	
	−2 倍对数似然值	卡方	显著水平
最终	1627.022	755.073	0.000

从模型拟合信息表中可以分析模型是否拟合良好。其中 −2 倍对数似然值越小越好。从结果中可以看出 −2 倍对数似然值在仅截距的情况下为 2382.095，加入自变量后变成 1627.022，减小了 755.073（即卡方值），说明加入自变量后的模型比只有常数项的模型拟合要好。似然比检验中的显著性水平小于 0.01，说明模型中至少有一个自变量对因变量有显著影响，回归系数与 0 有显著性差异，加入自变量后模型得到改善。

模型的拟合优度信息如表 8-19 所示。

表 8-19　模型的拟合优度

	卡方	显著水平
Pearson	14136.707	0.000
偏差	1627.022	1.000

在拟合优度检验中，Pearson 的显著水平小于 0.01，卡方值为 14136.707，说明模型拟合优度较好。

模型的似然比检验信息如表 8-20 所示。

表 8-20　模型的似然比检验

效应	模型拟合标准	似然比检验	
	简化后的模型的 −2 倍对数似然值	卡方	显著水平
截距	1627.022[a]	0.000	0.000
平均预期收益率	1708.832	81.810	0.000
预期投资期限	1654.460	27.437	0.000
评分	1654.466	27.443	0.000
关注人数	1729.515	102.492	0.000
注册资金	1628.396	1.373	0.503
高管人数	1627.473	0.451	0.798
高管学历	1630.230	3.208	0.201

续表

效应	模型拟合标准	似然比检验	
	简化后的模型的 -2 倍对数似然值	卡方	显著水平
高管金融经验	1656.763	29.741	0.000
分支公司数量	1628.122	1.100	0.577
司法风险	1628.791	1.769	0.413
经营风险公告次数	1695.763	68.740	0.000
股东背景	1635.651	8.629	0.375
注册地区	1633.696	6.674	0.878
上线时间	1640.970	13.948	0.007
自动投标	1627.300	0.278	0.870
债权转让	1635.091	8.069	0.427
风险准备金存管	1628.980	1.958	0.376

似然比检验中，显示了每个自变量的似然比检验结果。显著性水平低于 0.01 时，变量显著，变量在模型中对因变量起重要作用。在似然比检验中，平均预期收益率、预期投资期限、评分、关注人数、高管金融经验、经营风险公告次数、上线时间这七个变量在显著性水平为 0.01 下显著，说明这七个变量对网贷平台的运营状态有显著影响。这些变量与网贷平台运营状态具体有什么样的关系，需要看总模型系数分析表。

总模型系数分析如表 8-21 所示。

表 8-21 模型系数分析

	运营状态	
	-1	0
截距	-4.674 （0.001）	-2.666 （0.000）
平均预期收益率	0.215 （0.000）	0.150 （0.000）
预期投资期限	-0.170 （0.003）	-0.184 （0.000）

续表

	运营状态	
	−1	0
评分	−0.282 (0.000)	−0.168 (0.000)
关注人数	−0.003 (0.016)	−0.020 (0.000)
注册资金	0.000 (0.208)	0.000 (0.724)
高管人数	0.063 (0.502)	0.015 (0.848)
高管学历	0.030 (0.772)	0.144 (0.079)
高管金融经验	−0.496 (0.000)	−0.491 (0.000)
分支公司数量	0.036 (0.283)	0.002 (0.977)
司法风险	0.015 (0.255)	0.012 (0.288)
经营风险公告次数	1.042 (0.000)	0.308 (0.019)
股东背景（民营系）	1.592 (0.130)	0.433 (0.397)
股东背景（风投系）	−16.548 (0.745)	0.432 (0.731)
股东背景（上市系）	0.604 (0.691)	−0.009 (0.992)
股东背景（银行系）	−12.576 (0.153)	3.419 (0.063)
股东背景（国资系）	0[b]	0[b]
注册地区（西北）	0.467 (0.416)	0.225 (0.630)

	运营状态	
	-1	0
注册地区（西南）	-0.156 （0.727）	0.156 （0.643）
注册地区（东北）	0.121 （0.890）	0.395 （0.533）
注册地区（华中）	0.227 （0.515）	0.400 （0.174）
注册地区（华北）	-0.426 （0.189）	0.047 （0.846）
注册地区（华南）	0.054 （0.842）	0.310 （0.167）
注册地区（华东）	0^b	0^b
上线时间（2013 年以前）	1.778 （0.071）	-13.58 （0.993）
上线时间（2013 年至 2016 年 8 月）	0.029 （0.967）	1.138 （0.085）
上线时间（2016 年 8 月以后）	0^b	0^b
自动投标（支持）	-0.099 （0.655）	0.018 （0.918）
自动投标（不支持）	0^b	0^b
债权转让（无债权转让信息）	0.316 （0.336）	0.307 （0.271）
债权转让（随时可转让）	-0.179 （0.482）	0.055 （0.790）
债权转让［低于一年可转让（包含一年）］	-0.371 （0.225）	0.175 （0.455）
债权转让（一年以上可转让）	-7.726 （0.999）	17.084 （0.993）
债权转让（不可转让）	0^b	0^b
风险准备金存管（无）	-0.557 （0.179）	-0.368 （0.317）

续表

	运营状态	
	−1	0
风险准备金存管（有）	0[b]	0[b]

注：b 代表比较基准。

表 8-21 左边一列表示存在道德风险运营与正常运营发生比的影响因素的系数大小及显著性，此列系数正负表示平台存在道德风险运营的概率是否高于正常运营的概率。右边一列是停业与正常运营发生比的影响因素的系数大小与显著性，此列系数正负表示平台停业的概率是否高于正常运营的概率。最后通过对比变量的两列系数绝对值大小，看平台存在道德风险运营的概率是否大于停业概率，从而得出该变量与平台运营风险的关系。

从左边一列可以看出，平均预期收益率的回归系数为 0.215，在 0.01 水平下显著，说明平均预期收益率越高的平台存在道德风险运营的概率越高。在表右边一列，平均预期收益率的回归系数为 0.150，在显著性水平为 0.01 时显著，说明平均预期收益率越高，平台越容易出现停业现象。同时，由于 0.215 大于 0.15，说明网贷平台收益率越高，相对于平台停业，平台更容易存在道德风险运营状况。通过平台预期收益率系数分析，本书研究发现平均预期收益率越高，平台运营风险越高，即假设 1 成立。

预期投资期限在左边一列的回归系数为 −0.170，在 0.01 水平下显著，说明预期投资期限越长的平台出现道德风险运营的可能性越小。预期投资期限在右边一列的回归系数为 −0.184，在显著性水平为 0.01 时显著，说明投资期限越长，平台出现停业的可能性越小。同时，0.170 小于 0.184，说明投资期限越长，相对于出现道德风险运营状态，平台出现停业现象的概率更高。通过预期投资期限系数分析，本书研究发现投资期限越长，平台运营风险越低，即假设 2 成立。

评分变量在左边一列的系数为 −0.282，在 0.01 水平下显著。说明评分越低的平台存在道德风险运营的可能性越高。评分变量在右边一列的系数为 −0.168，在 0.01 水平下显著。说明评分越低的平台出现停业的可能性越高。对比评分的两列系数，0.282 大于 0.168，说明评分越高，相对于平台停业，平台更可能出现道德风险运营状态。通过评分系数分析，本书研究发现当只存在道德风险运营状态和正常运营状态或停业状态和正常运营状态，评分越高，平台运营出现正常运营状态的概率越高。但如果只存在道德风险运营状态和停业状态，评分越高，平台出现道德风险运营状态的概率越高，即评分越高，网贷平台出现停业、道德风险运营、正常运营三种状态的概率依次递增，所以假设 3 不成立。

在表左边一列，关注人数变量在显著性为 0.05 的水平下显著，回归系数为 -0.003，说明关注人数越少的平台，出现道德运营风险的可能性越高。在上表右边一列，关注人数的回归系数为 -0.020，在 0.01 的显著性水平下显著，说明关注人数越少，平台越容易出现停业状态。对比关注人数的两列回归系数，0.003 小于 0.02，说明关注人数越少，平台出现道德风险运营状态的概率要高于停业状态的概率。通过关注人数系数分析，本书研究发现关注人数越多，平台运营风险越低，即假设 4 成立。

在表左边一列，高管金融经验回归系数为 -0.496，在 0.01 的显著性水平下显著。这意味着高管中有金融经验的人越少，平台出现道德风险运营的可能性越大。在表右边一列，高管金融经验的回归系数为 -0.491，在 0.01 的显著性水平下显著，这说明高管团队中，有金融经验的人越少，平台出现停业的可能性越大。0.496 大于 0.491，说明高管团队中，有金融经验的人越多，平台出现道德风险运营的概率高于停业概率。通过对高管金融经验的系数分析，本书研究发现如果平台经营状态分为正常和存在道德风险或正常和停业，高管团队中，有金融经验的人越多，平台出现正常运营的概率越大。但如果运营状态分为存在道德风险运营和停业，在高管团队中，有金融经验的人越多，平台出现道德风险运营的概率越大，即在高管团队中，有金融经验的人越多，平台出现停业、存在道德风险运营、正常运营三种状态的概率依次增大，即假设 5 不成立。因为高管金融经验指标是从高管介绍中获得，由于时间有限，本书研究者无法一一去实地调查取证，也许会有部分平台，尤其是欺诈性平台，存在捏造高管简历的行为，而这一部分数据未反映真实情况，影响了实证结果。

经营风险公告次数左边一列的回归系数为 1.042，在显著性水平为 0.01 时显著，说明平台经营风险公告次数越多，其越有可能存在道德风险运营。经营风险公告次数右边一列的回归系数为 0.308，在显著性水平为 0.05 时显著，说明平台经营风险公告次数越多，其越有可能出现停业状态。1.042 大于 0.308，说明经营风险公告次数越多，平台出现道德风险运营状态的概率高于停业概率。通过对经营风险公告次数两列系数分析，本书研究发现经营风险公告次数越多，平台经营风险越高，即假设 6 成立。

上线时间等于 1 时，左列的回归系数为正，在显著性水平为 0.1 时显著。即在 2013 年前上线的平台比 2016 年 8 月后上线的平台存在道德风险运营的可能性更大。上线时间等于 2 时，右列的回归系数为 1.138，在 0.1 的显著性水平下显著，说明 2013 年至 2016 年 8 月上线的平台存在停业的可能性大于正常运营的可能性。通过分析可以得出，2016 年 8 月之后上线的平台运营风险比在这之前上线的平台运营风险低，即假设 7 成立。

在分析停业与正常运营的发生比影响因素时，本书研究发现高管学历系数为 0.144，在 0.1 的显著性水平下显著。这说明高学历高管的人数越多，平台更容易出现停业状态。这其中的原因是网贷属于金融行业，需要有金融经验及互联网经验的人管理。样本平台中的高管，虽然很多有本科及本科以上学历，但他们的专业跟金融毫不相关。而那些没有接受过高等教育的高管可能以前有大量民间借贷的经验，反倒比只有文凭的大学生更善于经营网贷企业。

同时，本书研究还发现股东背景（银行系）在右边一列的回归系数为 3.419，在 0.1 的显著性水平下显著。即银行系的网贷平台比国资系的平台更容易出现停业风险。银行系平台是以银行为背景的网贷平台，有着雄厚的资金实力和客户来源。但因为该类平台与银行有着紧密联系，该类平台的产品不可避免的有着银行理财产品时间长、流动性差等特点。

模型预测准确率信息如表 8-22 所示。

表 8-22　模型预测准确率

观察值	预测值			
	−1	0	1	百分比校正（%）
−1	48	58	66	27.9
0	23	118	137	42.4
1	14	37	932	94.8
总百分比（%）	5.9	14.9	79.2	76.6

从模型预测准确率可以看出，本书研究建立的 Logistic 模型综合预测准确率达 76.6%，在一定程度上能预测网贷平台运营风险大小。

三、稳健性检验

本书研究用 SPSS 随机减少了 20% 的样本，再将保留的 1171 个样本放入模型中，从而验证模型是否具有稳定性。

稳健性模型的拟合性检验如表 8-23 所示。

表 8-23　稳健性模型的拟合性检验

模型	模型拟合标准	似然比检验		
	−2 倍对数似然值	卡方	df	显著水平
仅截距	1932.087			
最终	1313.126	618.961	58	0.000

从模型拟合信息表可以看出，在只有截距的情况下，−2 倍对数似然值为 1932.087。将变量全部放入模型中，−2 倍对数似然值变成 1313.126，减少了 618.961，说明变量对因变量有显著影响。模型在 0.01 的显著性水平下显著，模型拟合较好。

稳健性模型的似然比检验如表 8-24 所示。

表 8-24　稳健性模型的似然比检验

效应	模型拟合标准	似然比检验		
	简化后的模型的 −2 倍对数似然值	卡方	df	显著水平
截距	1313.126[a]	0.000	0	0.000
平均预期收益率	1383.343	70.217	2	0.000
预期投资期限	1332.366	19.240	2	0.000
评分	1342.819	29.693	2	0.000
关注人数	1391.889	78.762	2	0.000
注册资金	1314.807	1.681	2	0.432
高管人数	1314.197	1.070	2	0.586
高管学历	1314.451	1.325	2	0.516
高管金融经验	1339.929	26.803	2	0.000
分支公司数量	1314.017	0.891	2	0.641
司法风险	1316.454	3.328	2	0.189
经营风险公告次数	1369.468	56.342	2	0.000

续表

效应	模型拟合标准	似然比检验		
	简化后的模型的 −2 倍对数似然值	卡方	df	显著水平
股东背景	1319.986	6.860	8	0.552
注册地区	1322.450	9.324	12	0.675
上线时间	1321.248	8.122	4	0.087
自动投标	1313.177	0.051	2	0.975
债权转让	1322.034	8.908	8	0.350
风险准备金存管	1315.839	2.713	2	0.258

在似然比检验中，平均预期收益率、预期投资期限、评分、关注人数、高管金融经验、经营风险公告次数在显著性水平为 0.01 时显著。上线时间在 0.1 的显著性水平下显著。即平均预期收益率、预期投资期限、评分、关注人数、高管金融经验、高管学历、上线时间、经营风险公告次数这八个变量对因变量有显著影响。

稳健性模型系数分析如表 8−25 所示。

表 8−25　稳健性模型系数分析

	运营状态 a	
	−1	0
截距	−4.658 （0.001）	−2.134 （0.031）
平均预期收益率	0.217 （0.000）	0.160 （0.000）
预期投资期限	−0.158 （0.010）	−0.170 （0.001）
评分	−0.314 （0.000）	−0.209 （0.000）
关注人数	−0.003 （0.030）	−0.020 （0.000）

续表

	运营状态 a	
	−1	0
注册资金	0.000 (0.120)	0.000 (0.932)
高管人数	0.106 (0.307)	0.018 (0.841)
高管学历	0.002 (0.986)	0.099 (0.279)
高管金融经验	−0.489 (0.001)	−0.541 (0.000)
分支公司数量	0.027 (0.410)	−0.029 (0.744)
司法风险	0.023 (0.066)	0.014 (0.218)
经营风险公告次数	1.050 (0.000)	0.393 (0.008)
股东背景（民营系）	1.409 (0.194)	−0.001 (0.999)
股东背景（风投系）	−15.104 (0.998)	0.314 (0.812)
股东背景（上市系）	0.561 (0.713)	−0.200 (0.834)
股东背景（银行系）	−12.744 (0.12)	3.287 (0.080)
股东背景（国资系）	0^c	0^c
注册地区（西北）	0.248 (0.732)	0.295 (0.589)
注册地区（西南）	−0.241 (0.614)	0.185 (0.615)
注册地区（东北）	0.313 (0.723)	0.487 (0.478)
注册地区（华中）	0.224 (0.556)	0.497 (0.126)
注册地区（华北）	−0.714 (0.056)	0.095 (0.725)

续表

	运营状态 a	
	−1	0
注册地区（华南）	−0.034 （0.911）	0.352 （0.171）
注册地区（华东）	0ᶜ	0ᶜ
上线时间（2013 年以前）	1.668 （0.137）	−13.135 （0.994）
上线时间（2013 年至 2016 年 8 月）	0.075 （0.916）	1.051 （0.117）
上线时间（2016 年 8 月以后）	0ᶜ	0ᶜ
自动投标（支持）	−0.021 （0.933）	−0.045 （0.822）
自动投标（不支持）	0ᶜ	0ᶜ
债权转让（无债权转让信息）	0.482 （0.176）	0.479 （0.121）
债权转让（随时可转让）	−0.071 （0.804）	0.184 （0.43）
债权转让［低于一年可转让（包含一年）］	−0.357 （0.300）	0.215 （0.411）
债权转让（一年以上可转让）	−8.053 （0.999）	16.510 （0.991）
债权转让（不可转让）	0ᶜ	0ᶜ
风险准备金存管（无）	−0.579 （0.209）	−0.604 （0.124）
风险准备金存管（有）	0ᶜ	0ᶜ

注：c 代表比较基准。

　　跟分析原模型思路一样，分析道德风险运营与正常运营发生比影响因素和停业与正常运营的发生比影响因素的系数及显著性。

　　在左边一列中，平均预期收益率的回归系数为 0.217，在 0.01 水平下显著。

在右边一列中，平均预期收益率的回归系数为 0.160，在显著性水平为 0.01 下显著。0.217 大于 0.160，平均预期收益率的系数分析结论跟原模型分析结论相同，即平均预期收益率水平越高，平台运营风险越高。

预期投资期限在左边一列的回归系数为 –0.158，在 0.05 水平下显著。在右边一列回归系数为 –0.170，当显著性水平为 0.01 时变量显著。0.158 小于 0.170，预期投资期限的系数分析结论跟原模型结论相同，即预期投资期限越长，平台运营风险越小。

评分变量在左边一列的系数为 –0.314，在 0.01 水平下显著。在右边一列回归系数是 –0.209，在 0.01 的显著性水平下显著。0.314 大于 0.209，评分系数的分析结论与原模型结果相同，当只存在道德风险运营状态和正常运营状态或停业状态和正常运营状态时，评分越高，平台出现正常运营状态的概率越高，但如果只存在道德风险运营状态和停业状态，评分越高，平台存在道德风险运营状态的概率越高。随着评分增加，平台出现停业状态、道德风险运营状态、正常运营状态的概率依次递增。

关注人数变量在左边一列的回归系数为 –0.003，在显著性为 0.05 的水平下显著。关注人数在右边一列的回归系数为 –0.020，在显著性水平为 0.01 时显著。0.020 大于 0.003，关注人数系数分析结论跟原模型结果相同，即关注人数越多，平台运营风险越低。

高管金融经验在左边一列的回归系数为 –0.489，在 0.01 的显著性水平下显著。高管金融经验在右边一列的回归系数是 –0.541，在 0.01 的显著性水平下显著。0.489 小于 0.541，说明高管团队中，富有金融经验的人越多，平台越容易出现停业状态，这与原模型分析结果不同。在稳健模型中，本书研究发现高管团队中，有金融经验的人越多，平台运营风险越低。

经营风险公告次数在左边一列的回归系数为 1.050，在显著性水平为 0.01 时显著，在右边一列的回归系数是 0.393，在 0.01 的显著性水平下显著。1.050 大于 0.393，经营风险公告次数的系数分析结论与原模型结论相同，即经营风险公告次数越多，平台运营风险越大。

股东背景（银行系）在右侧一列的回归系数为 3.287，在 0.1 的显著性水平下显著。即股东背景为银行系的平台运营风险比国资系平台运营风险高，与原模型结论相同。

对比原模型，去掉 20% 的样本后，整体模型依然拟合较好。平均预期收益率、预期投资期限、评分、关注人数、高管金融经验、经营风险公告次数这六个变量除了系数有轻微的变化，显著性依然没变，仍在 0.01 的显著性水平下显著。原模型中上线时间原来在 0.01 的水平下显著，现在变成在 0.1 的水平下显著，稳健性较弱。模型系数分析中，平均预期收益率、预期投资期限、评分、关注人数、高管金融经验、经营风险公告次数这六个变量的系数分析结果与分析结果相同，而上线时间变量系数不显著，无法指示平台运营风险。所以，预警模型指标体系中，平均预期收益率、预期投资期限、评分、关注人数、高管金融经验、经营风险公告次数这六个指标能较好的指示平台运营风险，稳健性较强，而上线时间稳健性较弱。

稳健性模型预测准确率信息如表 8-26 所示。

表 8-26　稳健性模型预测准确率

观察值	预测值			
	−1	0	1	百分比校正（%）
−1	31	52	55	22.5
0	22	92	111	40.9
1	13	33	762	94.3
总百分比（%）	5.6	15.1	79.2	75.6

通过对比稳健性模型和原模型的预测准确率，发现即使删了 20% 的样本，模型预测准确率仍然跟原模型预测准确率相符，这说明运用本书研究的预警模型体系建立的模型稳健性较高。

第六节　研究结论与建议展望

一、研究结论

网贷平台在过去几年发展飞快，加速了社会资金的流动，提高了市场利率化水平。由于过去网贷缺乏监管，网贷平台问题居高不下，给社会带来许多不良影响。本书研究通过对网贷行业的文献梳理，从平台工商信息、平台治理、高管团队、用户口碑、信息披露五个维度建立预警模型的准则层，将这五个维度往下细分成 17 个指标：注册资金、分支公司数量、股东背景、注册地区、上线时间、平均预期收益率、预期投资期限、自动投标、债权转让、风险准备金存管、高管人数、高管学历、高管金融经验、评分、关注人数、司法风险、经营风险公告次数作为预警模型指标层。

本书研究通过收集 1433 家网贷平台在 2017 年 4~6 月的相关数据，采用多元 Logistic 方法建立了可监测网贷平台运营风险的预警模型。模型结果显示工商信息维度中的上线时间、平台治理维度中的平均预期收益率和预期投资期限、高管团队维度中的高管金融经验、用户口碑维度中的评分和关注人数、信息披露维度中的经验风险公告次数是平台进行风险判别的主要风险特征。整个模型预测准确率达 76.6%，在一定程度上能预测平台的运营状态。同时，本书研究通过模型的稳健性检验，发现模型即使减少 20% 的样本，预测准确率仍然达 75.6%。为了更好地了解各类风险指标与平台运营风险之间的具体关系，本书研究对模型系数进行了对比分析，结果发现：

（1）公司治理维度中，平台平均预期收益率越高，平台运营风险越高；预期投资期限越短，平台运营风险越高。一方面，有一些人存在道德风险，利用高利率去诱惑投资者，从而达到骗取钱财的目的。这类人一般不考虑还款给投资者，所以利率尽量能提高就提高。另一方面，网贷运营平台太多，竞争十分激烈，一些平台不得不利用提高利率的手段来吸引更多的投资者，扩大自己的资金端。但过高的利率加大了平台的运营成本，一旦无法消耗这些成本，平台就只能"垮台"。

投资期限越短，对平台资金的流动性要求越高，很多平台只是一味想要扩大资金端，迎合投资者喜欢短期标的的心理，将标的进行拆标处理。但这样会加大平台运营风险，一旦处理不当，平台容易出现资金断裂现象，无法继续经营。

（2）高管团队维度中，高管金融经验水平越低，网贷运营风险越高。高管负责制定公司战略，把控整个公司的运营方向。网贷行业属于金融行业，那就必须遵守金融市场的准则，高管必须敏锐感受到网贷行业的风险。如果高管中金融经验者居多，那他们可以根据自己以往的经验提出更多建设性的建议来服务平台，从而降低平台出现道德运营风险的可能性。

（3）用户管理维度中，关注人数越少，平台运营风险越高；网贷平台出现停业、道德风险运营、正常运营三种状态的概率依次递增。投资者作为经济人，追求利益最大化。他们为了使自己投资的风险最小化，在选择平台进行投资前，会收集关于平台的资料，从而对平台风险做出自己的判断。对于那些投资者认为风险高的平台他们肯定选择不关注。当他们觉得某家平台风险低，为了更加了解平台运营状况，一般会选择关注这个平台。这一部分人也就成为平台的潜在客户。

当只存在道德风险运营状态和正常运营状态或停业状态和正常运营状态，评分越高，平台运营出现正常运营状态的概率越高。但如果只存在道德风险运营状态和停业状态，评分越高，平台出现道德风险运营状态的概率越高。现实中一些违法分子，为了获取资金，会雇佣水军去给自己刷高信誉，让人们误认为他们的平台运营风险小，这种行为的确会误导部分不懂金融的投资者，从而使这些违法分子骗取大量资金。但这种行为无法持久，投资者终究会看清他们的目的，不再相信他们的谎言。停业平台本身就是想好好经营，但由于管理者能力不足或其他原因，不得不退出网贷行业，退出行业的方式也较为友好且良性，不存在刷评论提高评分的行为，他们的数据更加真实地反映了平台运营状况。

（4）平台工商信息维度中，股东背景、上线时间在一定程度上能指示平台运营风险。股东背景、上线时间虽然在模型系数表中不稳健，但在一定程度上能指示平台运营风险，如银行系的平台比国资系的平台更容易出现停业问题。虽然银行系和国资系平台都被认为背景十分强大，但相比于国资系，银行系的平台产品和服务设计受限制较为严重，受政策影响较大。在 2016 年 8 月之前上线的平台运营风险比在这之后上线的平台运营风险高。2016 年 8 月，银监会等部门联合发布了网贷管理办法，从多个方面对平台的运营做了限制，只有达到标准的平台才可以上线，这在一定程度上降低了平台运营风险。

二、对策建议

（一）明确规定网贷标的的收益率上限，要求网贷平台延长标的的投资期限

如果借款标的利率过高，这就意味着借款者需要支付高额的本息给投资者，而且平台对于借款者的收费明显高于对投资者的收费。高额的本息及平台费用增大了借款者的融资成本，这些成本甚至超过借款者借款资金所得到的利润，所以优质的借款者基本不愿意付出这么大的融资成本去获取贷款。而那些自身信用水平低，无法从其他渠道获取资金的借款者就会蜂拥而至。这种"劣币驱逐良币"的现象造成了网贷行业高风险状态。甚至有些人利用网贷平台，发布高利率的假标的，从而达到骗取资金的目的，严重损害投资者的利益。所以相

关监管部门应该明确规定网贷标的的收益率上限，避免投资者被过高收益率的标的诱惑，造成巨大的损失。

一般而言，借款主体为企业的标的风险低于借款主体为个人的标的。一个正常的企业生产周期是半年到一年不等，借款者为了资金周转顺畅，都倾向于长期借款。但网贷借款预期投资期限平均只有 3~4 月，完全满足不了企业正常的生产周期需要。如果平台的借款主体为企业，那么很多网贷平台就会存在拆标现象。拆标对网贷平台资金流通的要求很高，因为一旦管理不慎，平台资金链就容易出现断链现象，从而陷入停业或被迫跑路状态。如果借款者为个人，由于我国征信体系不完善，平台很难对个人的信用评级做出准确的评价。一旦平台有多个逾期标的，平台就容易出现风险运营状况。监管部门应对那些平均投资期限较短的平台做深入研究，了解平台标的投资期限短的原因。如果发现平台存在拆标等不规范的行为，监管部门应该立即对此类平台发出提醒、警告，要求其规范操作。

（二）加强金融知识的普及，鼓励网贷团队多引进富有金融经验的人

任何企业的发展都离不开优秀的管理团队，管理者的思维模式、做事风格对企业的战略方向、市场定位、企业文化等起到了重要的作用。金融行业在资源配置中起主导作用，是一个高负债、高风险行业。管理者如果缺乏金融常识、战略意识、风险意识，就容易使自己管理的企业陷入亏损或破产，甚至会波及整个资本市场，引起社会动荡。所以该行业的管理者被要求需具备很高的风险意识，能迅速发现危机的存在，并制定出相应的措施，防范危机给管理的企业造成巨大的打击。金融管理者需要及时捕捉到金融市场的信息，并能合理运用这些信息进行决策，以便于抢占新市场，占据主动权。

网贷行业是"互联网＋"与金融的结合，它克服了传统金融在运行方式上的压抑和桎梏，使金融活力得到释放。网贷本质上就是金融，属于金融管理者的素质，网贷平台管理者同样需要。但目前，网贷平台管理团队并没有重视到金融经验的重要性。一个人如果有金融经验，是他在以前从事金融行业时，慢慢地就会培养金融风险意识，他比其他没有金融经验的人更能了解金融市场的变化，能够及时准确地发现风险。所以监管部门应该加强网贷行业金融知识的普及，让人们认识到网贷是一个高风险行业，应提高风险防范意识。地方监管部门可以将每个月的某天选为网贷知识普及日，请在网贷领域有很深造诣的专家来现

场给大家讲授网贷知识，或鼓励他们在管理团队中多引进富有金融经验的人。

（三）深入调查评分低、关注人数过少的平台，了解它们的运营状态

目前，网络技术十分发达，任何客户都可以在网络平台上发表自己对某种产品、某个公司的观点，而这种观点会随着网络平台的扩散传播到其他未接触过该产品、公司的人耳中。这些观点会成为这些人了解这个产品和公司的信息，形成他们对该产品和公司的印象。对于网贷平台而言，投资者可以在网络上对平台发表言论，网贷之家会根据他们的言论对平台进行打分，并公布在网站上供其他投资者参考。如果网贷平台评分过低，那么说明在某些方面，平台存在一些问题，这些问题引起了投资者的不满情绪。

监管部门可以建立相应的平台，鼓励群众举报和反映网贷平台的不良行为。地方监管部门应成立专门的网贷平台调研小组，走访平台的客户和工作人员等，以便更好地从群众口中了解该平台运营是否规范。对存在运营不规范行为的平台进行深入调研，了解平台具体哪些地方不规范，要求平台改进。监管部门还可以从网站上收集网贷平台的评分、关注人数等资料，并整理成动态的电子文档保存在专门的平台，实时观测这些指标的变化。而对那些评分低、关注人数少的平台进行实地调研，深入了解这些平台评分低、关注人数少的原因。

（四）加快完善监管制度，建立预警模型，加强监管的前瞻性和有效性

2016 年 8 月，银监会等部门联合发布网贷监管暂行办法，从监督管理、备案管理、法律责任等多个方面对网贷行为作出了明确的规范。从实证结果可以看出，2016 年 8 月后上线的平台运营风险要低于在这之前上线的平台运营风险，可见政策对网贷平台规范运营的效应立竿见影。所以加快完善监督制度，对网贷行业健康发展起到了积极的推进作用；一方面，相关监管部门需要根据管理办法，出台监管细则，积极推动管理办法的实施；另一方面，立法机构应尽快将管理办法纳入国家正式的法律机制里，对网贷行业的违法犯罪行为给予严厉的打击。同时，监管部门可以根据网贷的本质、运营特点，从多个维度提取指标构建网贷平台运营风险预警模型。

本书研究具有一定的参考意义，相关监管部门可以运用本书研究的预警模型，将数据不断更新放入，从而监测到不同平台的运营信息，及时发现运营状

态不正常的平台，并找到引发这些平台不正常的因素。监管部门可以根据监测监管，采取一些措施，及时降低网贷平台的运营风险，对于那些损害他人利益的平台，给予严厉的打击，提高网贷监管的前瞻性和有效性。

本章参考文献

［1］Berger，Sven C.，Gleisner F.Emergence of financial intermediaries in electronic markets：The case of online P2P lending［J］.Social Science Electronic Publishing，2009，2（1）：39–65.

［2］Chen D.，Lai F.，Lin Z.A Trust Model for Online Peer–to–peer Lending：A Lender's Perspective［J］.Information Technology and Management，2014，15（4）：239–254.

［3］Pope Devin G.，Sydnor Justin R.What's in a Picture? Evidence of Discrimination from Prosper.com［J］.Journal of Human Resources，2011（1）：53–92.

［4］Eunkyoung Lee，Byungtae Lee. Herding behavior in online P2P lending：An empirical investigation［J］.Electronic Commerce Research and Applications.2012，11（5）：495–503.

［5］Freedman S.and Jin G.Z .Do Social Networks Solve Information Problem for Peer–to–Peer Lending? Evidence from Prosper.Com［J］. Social Science Electronic Publishing，2008–11–06：8–43.

［6］Lauri Puro，Jeffrey E.，Teich，et al.Borrower Decision Aid for people–to–people lending［J］.Decision Support Systems.2010，49（1）：52–60.

［7］Herzenstein M.，Andrews R.L.The Democratization of Personal Consumer Loans?Determinants of Success in Online Peer–to–Peer Lending Communities［J］. Bulletin of the University of Delaware，2008，14（6）：1–45.

［8］Greiner M.E.，Wang H.Building consumer to consumer trust in E–finance marketplaces：An empirical ananlysis.International Journal of Electronic Commerce，2010（15）：105–136.

［9］Matthieu Bussiere，Marcel Fratzscher.Towards A New Early Warning

System of Financial Crises［J］.Journal of International Money and Finance，2006，25（6）：953-973.

［10］Klafft Michael.Online Peer-to-Peer Lending：A Lenders' Perspective［C］.CSREA Press，2008：371-375.

［11］Riza Emekter，Yanbin Tu，Benjamas Jirasakuldech，et al.Evaluating credit risk and loan Performance in online Peer-to-Peer（P2P）lending［J］.Applied Economics，2015（1）：54-70.

［12］蔡友莉.基于 AHP 的 P2P 网贷平台风险实证分析［J］.现代商贸工业，2017（4）：98-99.

［13］曹业奇.我国 P2P 网贷行业规范发展程度测评与建议［J］.经济纵横，2016（8）：110-113.

［14］陈建中，宁欣.P2P 网络借贷中个人信息对借贷成功率影响的实证研究——以人人贷为例［J］.投资与融资，2013（6）：13-17.

［15］陈雯倩，艾浏洋，朱屹宁，等.P2P 网贷经营者信息披露制度的构建［J］.现代经济信息，2017（6）：283-284.

［16］陈霄，丁晓裕，王贝芬.民间借贷逾期行为研究——基于 P2P 网络借贷的实证分析［J］.金融论坛，2013（11）：65-72.

［17］刁惠玉.我国 P2P 网贷风险的法律规制［D］.武汉：华中科技大学，2015.

［18］单鹏，杨佳琳，邓颖璐.我国 P2P 网贷平台风险评估实证研究［J］.中国物价，2016（11）：44-47.

［19］傅强，陈园园，刘军，等.基于面板数据和动态 Logit 方法的金融危机预警模型［J］.中央财经大学学报，2015（1）：33-40.

［20］高彦斌.P2P 网络借贷交易进度的影响因素考量［J］.中国集体经济，2016（7）：74-75.

［21］顾海峰.信用突变下商业银行信用风险预警模型及应用［J］.数量经济技术经济研究，2013（9）：122-136.

［22］顾慧莹，姚铮.P2P 网络借贷平台中借款人违约风险影响因素研究——以 WDW 为例［J］.上海经济研究，2015（11）：37-46.

［23］郭国庆，杨学成.互联网时代的口碑营稍及应用策略［J］.财贸经济，2006（9）：56-59.

［24］郭海凤，陈霄.P2P 网贷平台综合竞争力评价研究［J］.金融论坛，

2015（2）：12-23.

［25］韩菁菁，吴升镖，林晓屏.基于用户偏好的 P2P 网贷评价模型指标评分系统构建研究——以保障性为例［J］.时代金融，2015（21）：282-283.

［26］何飞，张兵.中国 P2P 网贷人气与发展的跨期关系——基于非线性 Granger 因果检验的研究［J］.兰州大学学报（社会科学版），2016（4）：95-108.

［27］何剑，王小康，于淑利.中国 P2P 网贷行业的风险评析——基于 126 家 P2P 网货平台的实证［J］.嘉应学院学报，2015（6）：34-39.

［28］何晟.P2P 网络借贷风险及其防范对策［J］.经济师，2017（4）：156-157.

［29］何文颢.我国 P2P 网贷风险管理研究［D］.南宁：广西大学，2015.

［30］何晓玲，王玫.P2P 网络借贷现状及风险防范［J］.中国商贸，2013（20）：79.

［31］胡旻昱，孟庆军.P2P 网贷平台发展中的风险及其系统分析［J］.武汉金融，2014（6）：45-48.

［32］黄震，邓建鹏.互联网金融法律与风险控制［M］.北京：机械工业出版社，2014.

［33］江耘，刘莹，姜睿清.基于风险与信任的 P2P 网贷平台用户持续投资意愿实证研究［J］.企业经济，2017（2）：156-160.

［34］孔庆波，周德勇.P2P 网贷平台涉嫌违法违规运营的风险和特征探讨［J］.公安学刊（浙江警察学院学报），2016（3）：25-30.

［35］李广明，诸唯君，周欢.P2P 网络融资中贷款者欠款特征提取实证研究［J］.商业时代，2011（1）：41-42.

［36］李焰，高弋君，李珍妮，等.借款人描述性信息对投资人决策的影响——基于 P2P 网络借贷平台的分析［J］.经济研究，2014（S1）：143-155.

［37］李宇.P2P 网贷平台风险预警量化研究［D］.重庆：西南财经大学，2016.

［38］李宇航，夏绍模.基于主成分聚类方法评价 P2P 平台［J］.价值工程，2015（13）：180-182.

［39］廖理，李梦然，王正位.聪明的投资者：非完全市场化利率与风险识别——来自 P2P 网络借贷的证据［J］.经济研究，2014（7）：125-137.

［40］林爱南.P2P 网贷运营模式与风险控制研究［D］.厦门：华侨大学，

2016.

　　［41］林春雨，李崇纲，许方圆，等.基于大数据技术的P2P网贷平台风险预警模型［J］.大数据，2015（4）：18-28.

　　［42］刘进，池趁芳.高管团队特征、薪酬激励对内部控制质量影响的实证研究——来自创业板上市公司的经验数据［J］.工业技术经济，2016（2）：60-67.

　　［43］刘琪.微信成网贷年报主渠道，敏感信息披露有进步，投资人依旧难寻有价值信息［N］.证券日报，2017-02-11（2）.

　　［44］刘艳.基于面板数据Logit模型的系统性金融危机预警研究［D］.重庆：西南财经大学，2012.

　　［45］刘峙廷.我国P2P网络信贷风险评估研究［D］.南宁：广西大学，2013.

　　［46］罗建华，谭嘉玲.我国P2P网贷平台风险防范研究［J］.商，2015（1）：182.

　　［47］梅安察.问题P2P网贷平台特征及事发原因分析——基于百家问题平台的调查［J］.财会月刊，2014（22）：40-43.

　　［48］缪莲英，陈金龙.P2P网络借贷中社会资本对借款者违约风险的影响——以Prosper为例［J］.金融论坛，2014（3）：9-15.

　　［49］石柱鲜，牟晓云.关于中国外汇风险预警研究——利用三元Logit模型［J］.金融研究，2005（7）：24-32.

　　［50］隋婷婷，张友棠，张雅倩.P2P网贷平台资金风险预警指数模型构建——基于三维视角［J］.财会通讯，2016（17）：81-84.

　　［51］孙宝文，牛超群，赵宣凯，等.财务困境识别：中国P2P平台的风险特征研究［J］.中央财经大学学报，2016（7）：32-43.

　　［52］石磊.P2P网络借贷法律监管研究——基于中英美三国立法的比较分析［D］.长春：吉林大学，2017.

　　［53］汤英汉，中国P2P网贷违约特征实证研究［J］.商业时代，2014（32）：90-92.

　　［54］万校基.网络借贷（P2P）平台的成长模型研究［D］.大连：大连理工大学，2013.

　　［55］王达.美国互联网金融的发展及中美互联网金融的比较——基于网络经济学视角的研究与思考［J］.国际金融研究，2014（12）：47-57.

［56］王琳，崔兴楠.我国网络金融风险监管现状分析及完善措施探讨［J］.现代营销（学苑版），2016（2）：113–115.

［57］王萌.高校负债融资风险预警模型的构建［J］.财会月刊，2016（2）：52–56.

［58］王紫薇，袁中华，钟鑫.中国 P2P 网络小额信贷运营模式研究——基于"拍拍贷""宜家贷"的案例分析［J］.新金融，2012（2）：42–45.

［59］温小霓，武小娟.P2P 网络借贷成功率影响因素分析——以拍拍贷为例［J］.金融论坛.2014（3）：3–8.

［60］肖曼君，欧缘媛，李颖.我国 P2P 网络借贷信用风险影响因素研究——基于排序选择模型的实证分析［J］.财经理论与实践，2015（16）：2–6.

［61］闫晨辉.我国 ST 上市公司信用风险预警模型——基于 Logistic 回归模型的实证研究［D］.重庆：西南财经大学，2013.

［62］闫鑫，孙建军，康乐乐.面向投资者的 P2P 网贷平台选择——聚类分析方法的应用［J］.图书馆学研究，2017（5）：38–45.

［63］杨莎莎，刘振.P2P 网络借贷平台洗钱风险及反洗钱政策建议［J］.金融纵横，2015（4）：62–70.

［64］杨文斌.基于 DEA 方法的 P2P 网贷平台运行效率与风险研究［D］.成都：西南财经大学，2016.

［65］姚畅燕，吴姗姗.P2P 网络借贷平台风险预警模型构建及实证分析［J］.西安财经学院学报，2016（4）：52–59.

［66］叶青，李增泉，徐伟航.P2P 网络借贷平台的风险识别研究［J］.会计研究，2016（6）：38–45.

［67］尹钧惠，熊冉冉.基于因子分析的 P2P 网络借贷平台内部风险评估［J］.财会月刊，2016（33）：72–75.

［68］于晓虹，楼文高.基于随机森林的 P2P 网贷信用风险评价、预警与实证研究［J］.金融理论与实践，2016（2）：53–58.

［69］张奇，胡蓝艺，王珏.基于 Logit 与 SVM 的银行业信用风险预警模型研究［J］.系统工程理论与实践，2015（7）：1784–1790.

［70］张蜀林，李萌萌.机器学习算法在 P2P 网贷平台风险评级中的应用［J］.时代金融，2017（1）：261–263.

［71］张小玲.外国公司分支机构的内涵考辩［J］.警官教育论坛.2013（1）：193–197.

［72］张缘成.信息披露将推动网贷行业各方权责归位［N］.农村金融时报，2017-09-04（3）.

［73］赵骅，夏秀兰.基于口碑效应的客户终身价值改进模型［J］.中国流通经济，2005（12）：42-45.

［74］衷凤英.P2B平台的运营模式与风险控制研究［J］.北京财贸职业学院学报，2017（2）：31-35.

［75］周少甫，李逸翔，裴逸杰.P2P网贷平台资信因素对正常经营影响的实证分析［J］.武汉金融，2016（1）：34-36.

［76］曹业奇.我国P2P网贷行业规范发展程度测评与建议［J］.经济纵横，2016（8）：110-113.

|第九章|
基于互联网招聘信息的新业态金融风险监测

如何监测和提早发现新业态金融企业的风险，多方都在努力探索。这其中，人力资源招聘信息作为一个先行指标引起了研究者的关注。但是经过一些探索后，发现诸如招聘人数的多少等变量，并不能作为区分企业风险大小的指标。本书研究独辟蹊径，从企业业务分析和企业资源能力理论出发，以人员招聘岗位结构构成和各岗位数量作为变量采样点，结果发现，具有不合理人员招聘结构的企业风险显著大于招聘结构合理的新业态金融企业，这为使用互联网招聘数据作为风险监测指标提供了很好的启示。

第一节　引言

P2P 网络借贷平台是依靠互联网来实现借贷双方的资金需求的直接交易，它与传统金融模式大有不同，其经营理念来自尤努斯教授创办的"乡村银行"。随着互联网的发展和民间借贷的兴起，P2P 网络借贷平台作为一种新的金融信贷模式，打破了传统借贷模式的范围受限、需求匹配困难的问题，让更多的投资者和借款人跨越地域和熟人圈子建立联系，更加方便、更加灵活地筹集和放出资金，运用资金的流动性，让资金得以充分利用。

然而由于门槛低、限制条件少、部分信息不公开等特点使许多 P2P 网络借贷平台陆续出现提现困难、资金短路、突然倒闭等现象，还有管理不善、监管不够等因素使许多企业陷入风险状况，这在一定程度上引起了大众对新事物的恐慌和疑虑，许多投资者为此也纷纷要求提现和撤资，这就导致了一些 P2P 网络借贷平台出现资金链断裂、被迫停业的风险，P2P 企业潜在风险很大。

作为一个理性投资人，如何做出最安全的、利益最大化的投资决定是至关重要的。监管部门也非常关心如何尽早发现有较大潜在风险的企业，以便施以精准监管。公司的经营业绩与其人力资源密不可分，而招聘在人力资源管理中是一个重要的环节。招聘使企业获得新的活力，注入新的血液，成功的招聘可以提升该企业的核心竞争力和经营业绩。而不合理的招聘则可能预示着企业具有较大的潜在风险。本书研究从收集、分析网贷企业的招聘信息角度，研究 P2P 网络借贷平台的经营风险。

第二节　P2P网络借贷文献综述

一、P2P 网络借贷平台兴起的原因

P2P 网络借贷的本质属于民间金融，因此国内外学者关于民间金融兴起的原因做了比较多的探讨，其中金融抑制、经济内生性发展、金融产品提供主体的所有制、金融产品需求者的异质性等因素引起了学者的研究兴趣。

美国斯坦福大学教授、当代金融发展理论奠基人罗纳德·麦金农（Ronald I.Mckinnon）在其第一本著作 *Money and capital in economic development* 中成功地分析了金融抑制的危害，他指出："民间借贷之所以在发展中国家大量出现，是因为存在金融抑制。"要想解决问题，政府首先要放弃对金融业过多的干预，让市场发挥资源配置的作用。Kellee Tsai 在 2001 年通过比较温州等四个地方的民间金融发展状况，得到以下结论：民间金融兴起的原因主要归结为改革开放前国家有意地忽视了对地方的投资；改革开放后当地政府对民营经济大力支持，对金融创新也大力推动，由此产生了民间金融；民间金融是从民营经济中产生的一种金融形式。Anders Isaksson（2002）提出，民间金融是对政策扭曲和金融抑制的理性回应。由于金融抑制下的政府信贷配给、体制内金融制机构的制度歧视以及所有制的偏见忽视了个人消费和中小型企业的融资需求，民间金融就此产生。林彬乐、林乐芬（2002）从我国的经济体制出发，指出了金融需求和目前金融制度下的信贷工具之间的矛盾。他们认为民间金融的兴盛是因为目前的金融制度内部的信贷工具无法满足体制外部的越来越强烈的金融需求。民间金融在这个空位上发挥了作用，由此产生并成为非公有制融资

的重要渠道。

张庆亮（2001）从新制度经济学出发分析民间金融兴起的原因。他认为中国产生的民间金融属于一种内生性的金融制度安排，这种内生表现在民营经济的发展壮大对金融经济的需求。民营经济已经成为中国经济发展的重要推动力量，在这个条件下，国有金融对民营金融的支持严重不足，因此民营经济的发展还得依靠内生性的金融制度安排——民间金融。以上这些都是从外生因素和内生制度安排方面分析了民间金融形成的原因，这对我们理解民间金融的形成逻辑有很大的启发作用。高新波、张军田（2006）也从制度经济学出发对民间金融进行了研究，结论认为民间金融是经济主体对潜在的、隐藏的利润不断追逐的结果，而这个潜在利润是在制度非均衡条件下存在的，是某种制度变迁的产物。

林毅夫（2005）以农村正规与非正规金融发展影响区域产业结构升级的理论为基础，基于我国的比较优势和资源禀赋方面的考察，构建了一个包括异质的中小企业借款者和异质的贷款者的金融市场模型。其中异质的贷款者指具有不同信息结构的非正规金融和正规金融部门。他发现民间金融可以通过多种方式和关系得到中小企业的信息，在向中小企业提供贷款方面特别具有信息优势，而这恰好是民间金融兴起并快速发展的根本原因。由此，林毅夫否定了罗纳德·麦金农（Ronald I. Mckinnon）有关民间金融兴起发展根本原因的阐述，指出金融抑制政策只是民间金融兴盛快速发展的一个重要原因，而非根本性的原因。

综上所述，民间金融兴起的主要原因可能是现行金融制度存在很多缺陷，即正规金融的覆盖面有限，存在一些正规金融无法覆盖的领域。在这些领域中，利益的驱使和现实的需求使网络借贷平台这种民间金融性质的新业态金融得以产生并迅速发展。

二、P2P 网络借贷平台面临的风险

网络借贷平台面临的风险首先来自产生较多不良贷款的风险。Herrero S. Lopez（2009）指出当前的 P2P 网络借贷平台对借款申请人的评估与审核的关注点存在问题，他们更多地把关注点集中在借款申请人个人上面，这样会造成评级误差大。因为 P2P 网络借贷平台存在特殊性，P2P 企业应该更多地把评估与审核的关注点集中在借款申请人的社会关系上面，这样可以对借款人有更多

的了解，有助于对他们进行综合分析。Shen D. 等（2010）通过研究认为当前的 P2P 网络借贷平台的贷款者都偏向于高风险的投资，且还存在从众现象，从而使 P2P 网络借贷平台的总体风险上升。

网络借贷平台面临的风险还来自法律风险。刘丽丽（2013）认为不健全的法律法规制度很难保证 P2P 网络借贷平台的合法性，对 P2P 网络借贷平台业务的监控不足可能导致宏观政策执行效果不如预期的那样好，信息不对称、统一信用评级体系的缺乏可能会给投资者带来信用风险，P2P 网络借贷平台挪用中间账户资金可能会造成非法集资等操作方面的风险。为了减小风险或避免风险，促使 P2P 行业的健康快速发展，应该加强对 P2P 网络借贷平台的监管和控制，建立健全法律法规，并明确监管主体具体的监管内容。Freedman（2008）指出 P2P 网络借贷平台会曝光借款人的个人隐私信息，使几乎每一个可能的贷款人和整个网络的使用者都能看到，这种现象对借款人不利。王振（2012）提出 P2P 网络借贷平台存在洗钱风险。洗钱风险是由于审核制度不完善、监管力度不够、主体存在资质问题等造成的，因此要加强国际合作，建立健全监管机制，加强平台的安全建设，加大对借贷平台的反洗钱力度。

网络借贷平台运营能力不足给整个行业也造成了不同程度的风险。马运全（2012）指出 P2P 网络借贷平台作为一个新型金融模式，深受大众欢迎。然而 P2P 公司在业务流程上大同小异，在总体上风险控制能力不足，在实际运作中还存在资金流向不明、个人信息容易泄露、可能会发生非法集资的风险隐患，借贷业务中还存在道德风险和逆向选择的问题，这些不能忽视。艾金娣（2012）将国内外 P2P 网络借贷平台的运营情况进行对比，认为 P2P 网络借贷平台存在道德风险、信用风险、监管风险、操作风险等风险，并对这些风险提出了合理的建议。

国外的 P2P 网络借贷平台进入门槛很高、监管严格，平台出现问题的概率小，所以国外的研究者将风险的研究对象关注点放在投资人和借款人上面，对平台极少关注。国内的研究者更多地关注平台本身的道德风险、法律风险、模式风险等。

三、P2P 网络借贷的运营模式和特点

P2P 字面意思是"伙伴对伙伴"，是一种将小额资金聚集起来借贷给有资金需求人群的一种民间小额借贷模式。它通过中介机构将借贷双方连接起来实现

各自的需求，中介机构要收取一定的手续费或利息差。P2P 在初期发展阶段，分为线上理财和线下理财两种模式，某些企业也可将二者结合起来。线上理财模式充分利用互联网，贷款申请、投标、风险审核、贷款发放都在线上进行，平台企业提供双方撮合的平台。线下理财模式是这些贷款的流程都在线下进行，一般需要抵押物，募集资金由线上理财模式平台自主支配，贷给借款人。很多 P2P 理财平台使用线下模式。

P2P 网络借贷平台具有贷款期限短、金额较小、比较重视贷款者的信用材料、融资门槛相对较低的特点。低门槛使很多小型企业和个人都可以进行 P2P 网络借贷，扩大了 P2P 参与者的来源范围，也使更多的人加入这个行业。其交易方式灵活、高效，双方只要达成共识，就可以顺利地完成一笔业务。此外，P2P 简化了传统借贷层层审批的烦琐的程序，借钱的手续比较简单，资金能够很快到账，快速满足借款人的资金需求，帮助其解决资金方面的困难。

四、P2P 的发展态势及风险现状

P2P 作为一种新的金融模式，打破了传统金额借贷模式的局限性，使借贷双方可以跨地域建立联系，满足各自的资金需求，即借款者可以"随时随地"提出借款申请。据网贷之家最新发布的《2015 年中国网络借贷行业年报》显示，2015 年，网贷行业投资人数与借款人数分别达 586 万人和 285 万人，较 2014 年分别增加 405% 和 352%，网贷行业人气明显飙升。截至 2015 年底，2015 年全年网贷成交量达到了 9823.04 亿元，相比 2014 年全年网贷成交量增长了 288.57%。按照目前增长态势，预计 2016 年全年网贷成交量或超过 3 万亿元。由此可见，P2P 网络借贷平台的发展潜力很大，在投资者和借款人之间很受欢迎。

P2P 的出现虽然给人们带来了便利和社会效益，但任何事物都有两面性，它也带来了负面影响，因此潜伏着巨大的风险。P2P 具有门槛低、限制条件少、年化收益率较高的优点，备受投资者青睐。然而正因为限制条件少，导致平台数量出现了超速增长，道德因素、信用因素、管理因素等造成了许多 P2P 网络借贷平台面临着资金链断裂、倒闭的风险。众多 P2P 网络借贷平台如哈哈贷、东方创投等突然倒闭和出现提现危机，引起了圈内投资者们的恐慌，也使人们对 P2P 整个新兴行业产生了怀疑。

由于缺乏对网络借贷平台资金流向的控制，国家的宏观调控政策可能受到干扰；由于缺乏相关法律法规和监管部门的管制，P2P 的发展存在潜在风险，还有待解决；由于 P2P 网络借贷平台的技术投入不足和运营操作不规范，操作风险和网络风险也就产生了；由于借款者和网络借贷平台信用信息缺少，导致信用风险变高，这些问题也就成为了相关人士研究的重点和热点问题。如何防范 P2P 网络借贷平台跑路停业的风险，如何识别潜在的经营风险企业并做出正确的投资决定，如何消除大众的疑虑，是企业家、投资者和政府所关心的重要问题。

第三节　人力资源招聘相关文献综述

一、人力资源招聘对企业发展的重要性

一个企业要想实现长期发展和可持续发展的目标，必须引进和保有优秀的人才，因此人力资源管理对企业的重要性不言而喻。能否吸引到优秀的人才取决于公司的招聘录用工作是否科学合理。招聘作为人力资源管理的一个首要环节，是员工进入企业具体职位的重要入口。它能否被有效实施关系到人力资源管理能否正常运转，甚至关系到整个企业能否正常运营，因此，国内外许多研究者对人力资源管理的研究极为重视。

Steven Hunt（2006）提出企业应当健全招聘制度和流程，不断审视改进企业的招聘流程和方法，要全面考核员工，不能急功近利而招聘可能会损害公司利益的员工，避免给公司带来不必要的麻烦。Wang Coco（2008）提出部分企业在招聘时候存在歧视候选人的现象，这样会使企业陷入"歧视门"，有损企业形象。他强调企业的招聘制度必须要公正、公平、公开，要对候选者综合考察，避免歧视现象的发生。Alan Lewis（2010）指出企业在选拔人才的时候，要特别重视那些认同本企业文化和价值观的候选者；员工对企业内部文化的认同要比员工自身的能力、工作经验重要得多；招聘到认同本企业文化价值观的员工可以保证高的留职率和敬业度；这些员工是企业实现可持续发展的最佳方式，不仅可以降低离职率，还可以与顾客保持紧密的联系。

董克用、叶向峰（2007）指出招聘关系一个企业的生存和长久发展，能否招聘录用到潜在的、有意向的、能胜任的优秀人才是企业发展的关键，科学合理的招聘系统可以保证企业长久运营和人力资源管理系统正常运转。殷智红、

李英爽（2008）研究了企业招聘的方法，他们强调只有通过正确科学的招聘方法，才能聘用到优秀的人才，才能保证企业适应市场并实现持续发展的目标。他们介绍了许多有效招聘的招聘渠道、招聘方式、甄选准备以及一些面试的方法等。刘白兰（2010）指出随着经济全球化的发展，人员流动率逐渐提高，企业之间竞争越来越激烈，企业人员招聘的压力越来越大，只靠人才市场、熟人介绍、网络招聘等方法已经不能满足企业对优秀人才的需求，人力资源招聘进入了一个全面营销的时代。

综上所述，企业为寻求自身发展和长久利益，必须通过借助各种招聘渠道聘用到有潜力、有能力、有意向的人才，这是提高其核心竞争力的必要条件。招聘的有效实施，不仅有利于人力资源管理本身，还有利于企业的发展。招聘工作对企业的人力资本、人员流动、人力资源管理成本有很大的影响。招聘还有利于宣传本企业的文化，树立企业的良好形象，使企业对外宣传工作更加有效。

二、招聘的相关理论

（一）招聘的概念

招聘是指企业为完成某个目标或任务而进行的择人活动，主要由主体（用人单位）、载体（信息的传播体）和对象（符合标准的候选人）构成，三者缺一不可。员工招聘是一个企业实现其生存和发展的基本需要，根据用人部门对所需人员相应的要求，人力资源部门制定出科学合理完善的人员招聘规划，尽可能地用最少的成本，寻找最符合用人部门急需的优秀人才，并通过一系列的人才测评，对有潜力和有意向的人才给予录用的过程。完善的招聘制度可以使企业获得外界优秀的人才资本，补充企业新鲜的血液，提升企业的核心竞争力，有利于培养优秀的人才。招聘的渠道有多种多样，如报纸招聘、网络招聘、朋友介绍等，但是招聘的目的是相同的，就是寻找优秀的符合标准的人才，使其在合适的岗位上为实现企业利润最大化的目标而奋斗。

（二）招聘的地位和作用

在如今的知识经济时代，人才的竞争是企业之间最根本的竞争，人才对一个企业的生存和发展至关重要，优秀的人才是企业赖以生存和发展的重要资源，能够保障企业的顺利经营。人员招聘可以使企业获得急需的优秀人才，而招聘制度的完善程度会影响企业的运行效率，特别是对我国的中小企业来说，竞争力弱小、企业规模小、资金不足、经营环境较差等不利因素已使中小企业的市场前景发展受限，造成举步维艰的困境，只有把握优秀的人才才能脱颖而出，因此吸引高端人才、留住高质量的人力资本是这些小企业得以生存和发展的重要举措。

招聘作为获取人才的最初环节，在人力资源中的地位相当重要。它与人力资源规划、员工培训与开发等其他环节有着十分密切的关系，它的实施情况将直接影响其他各项业务的实施效果。

（三）招聘的目的

招聘的目的是尽可能用最小的成本，寻找获取最符合企业发展的优秀人才，将他们放在合适的岗位上，帮助企业完成招聘成本—效益最大化的目标，增强企业的核心竞争力，在完成企业利润最大化战略目标的同时，也实现员工自己的个人价值。

从短期来看，招聘使企业获得了职位空缺的人才，寻找到符合用人部门要求的优秀人才，提高了企业的运行效率。从长期看，招聘与企业的未来关系很大，科学合理的人力资源招聘有利于增强企业的核心竞争力，实现企业可持续发展、利润最大化的战略目标。此外招聘还可以宣传该企业文化，提高企业的知名度，树立企业形象，吸引更多有潜力、有意向的优秀人才；同时，应聘者可以全方位了解企业的文化，认同企业文化，增强了自己对企业的满意度和归属感，这样企业在一定程度上激励了员工，降低了员工的流失率。

（四）招聘的原则

1. 合法性
招聘必须要符合国家的相关法律法规，严禁出现违背法律法规的现象，禁止对应聘者性别、年龄、宗教信仰、肤色等歧视的现象发生。

2. 公平性
招聘过程一定要秉持公平公正的原则，择优录取，信息要对应聘者公开，要维持一个公平竞争的秩序，通过公平竞争获得所需的人才。

3. 经济性
企业要尽可能降低成本，考虑到招聘可能产生的显性成本和隐形成本，重视招聘过程的效率和效益，使招聘工作做到成本—效益最大化。

4. 科学性

招聘过程设计要科学合理，招聘规划能够有效地筛选出符合用人部门要求的、能够胜任的优秀人才，实现预期的招聘效果。

5. 动态性

企业的发展和岗位的需要是不断变动的，应聘者要在变动中找到适合自己的位置，企业也要在变动中寻找到适合岗位的人才，因此，招聘过程必须满足动态性变化的要求。

6. 双向性

企业通过招聘寻找符合其自身发展的优秀人才，求职者通过招聘寻找符合自己能力的、合适的岗位，双方都在各取所需，企业得到了更好的发展，应聘者也可以实现个人价值和社会价值，企业和应聘者都受益匪浅。

作为一个新兴行业，人才招聘对于 P2P 网络借贷平台的重要性更加凸显。我国的网络借贷平台大多创建于 2012 年以后。毋庸置疑的是，这些网络平台企业创建后，都会或多或少地进行人员招聘。在互联网招聘平台上，网络借贷企业招聘的信息非常丰富，这些丰富的信息为我们利用招聘信息分析和预判平台风险提供了重要的基础。

第四节　数据收集与模型构建

本书研究作为一个初步研究，主要通过选取具有较强对照性的样本小组进行数据收集和分析。

一、数据收集方法说明

为了实证招聘信息与企业经营风险之间的关系，需要首先收集 P2P 网贷企业的业绩和风险指标。为此，我们搜集了 P2P 公司 2016 年的业绩状况[①]。在网贷之家平台上，有网络借贷平台综合排名前 100 名公司名单、卷款潜逃的企业名单、停业歇业企业名单。在这三个名单中，我们抽取了 120 家企业作为样本企业，

---

① 来源：网贷之家，2016。

分别代表低风险、中低风险、中高风险和高风险企业，各类企业的每种风险选取 30 个样本。

低风险企业和中低风险企业样本来自该平台的网络借贷企业前 100 名公司的排名名单。由于该平台综合了成交量、口碑、背景等因素对网络借贷企业进行排名，前 100 名公司名单上的企业是几千家网络借贷企业中综合实力最靠前的企业。在这 100 家企业的名单上，我们抽取排名前 30 的公司（30 个），记为第一组，作为低风险样本企业。抽取排名后 30 的公司（即排名第 71~100 名）（30个）记为第二组，作为中低风险样本企业。

中高风险和高风险企业样本来自卷款跑路企业名单和停业歇业企业名单。随机抽取卷款跑路的公司 30 个记为第三组，作为高风险样本企业。随机抽取停业歇业公司 30 个记为第四组，作为中高风险样本企业。

针对这些样本企业，搜集他们互联网上发布的招聘信息，包括职位名称、发布时间、招聘人数、工资、发布渠道、职业性质、最低学历、工作经验、年龄、职位描述、其他任职要求等，进行整理汇总。招聘信息的收集渠道包括 58 同城、前程无忧、智联招聘等垂直平台，这些网络平台通常并不清除过期的招聘信息，部分招聘信息已经过期失效，但是仍然留在网上，这为我们全面收集企业成立以来的招聘信息提供了条件。多渠道收集招聘信息后，对于重复发布的信息进行去重。由于大部分企业成立于 2012 年之后，而我们收集数据的时间在 2016 年 6 月，所以这些企业的招聘数据具有比较强的可对比性。

去重之后，我们将这些招聘信息按照职责内容进行分类汇总。职责内容参照了几家典型网络借贷企业的岗位结构图，并选取了岗位较为全面的一个岗位结构图①（见图 9-1）作为我们划分岗位类型的依据。岗位结构大类划分为销售人员、行政人员、债权端人员、债务端人员和运营人员，最后再按照 P2P 公司的人员架构图将这些招聘信息划分到产品部、技术部、市场营销部、客服部、运营部、综合部、业务部和风控部。在招聘信息划分时，由于所有招聘信息都是通过互联网搜寻得到的，部分职位信息的职责内容有很多条，既可以分到某一类别，也可以分到其他类别，对于这种情况，本书研究按照招聘信息岗位要求的第一条（通常是最重要的一条）进行划分。

---

① 地标金融网·P2P 网贷平台运营公司人事组织架构图［EB/OL］.［2015-01-30］.http：//www.dib66.com/industryNews-1299-11.html.

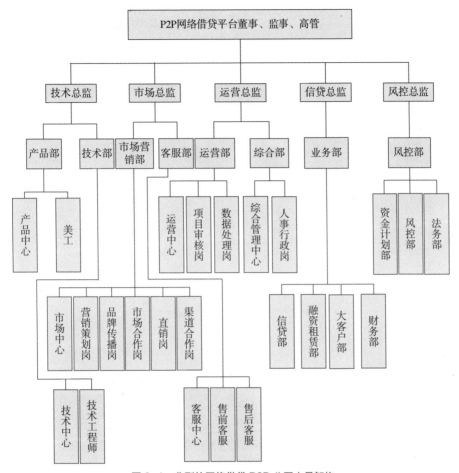

图 9-1 典型的网络借贷 P2P 公司人员架构

二、数据描述性统计

划分之后，根据类别分别对公司进行职位数量的加总，这样每个类别每组都有 30 个总和，利用这些总和进行统计分析。表 9-1 是对数据的描述性统计。

表 9-1 P2P 企业招聘数量描述性统计表

指标 类别	公司数	最大值	最小值	平均值	中值	标准差
销售人员	88	16	0	2.208	2	2.487
行政人员	82	12	0	2.133	1	2.631
债权端人员	26	4	0	0.358	0	0.776

续表

指标 类别	公司数	最大值	最小值	平均值	中值	标准差
运营人员	100	39	0	7.25	4	8.567
IT 技术人员	109	18	0	2.892	1	3.964
市场推广人员	112	13	0	2.325	1	2.654
产品部	104	7	0	0.967	0	1.511
技术部	106	14	0	2.25	1	3.242
市场营销部	113	19	0	3.583	2	3.918
客服部	105	3	0	0.55	0	0.754
运营部	105	10	0	0.825	0	1.762
综合部	113	13	0	1.858	1	2.384
业务部	109	12	0	1.383	1	2.079
风控部	103	6	0	0.858	0	1.368

注：公司数指拥有该类职位的公司总数（共有 120 家公司），最大值、最小值、平均值、中值和标准差的统计对象是所有公司招聘的职位数量。

从表 9-1 中可以看出，每一类型的最小值都为零，且公司数不到 120，说明每一类型中都有一些公司没有招聘人员。这些没有招聘人员的公司大多数可能是跑路、停业的公司，之后的统计分析会对这个观点加以证明。最大值、中值、标准差数据中最高的是运营人员，说明运营人员的招聘职位多，且公司之间招聘数量差异较大，所以运营人员很有可能与公司的经营业绩紧密相关。IT 技术人员、市场营销部、技术部的职位数量差异也很大。客服部与债权端人员的结果与之相反，平均值、标准差和最大值都是较小的，说明大多数公司在这两个类型招聘中职位数量普遍偏少，且差异不大。之后用平均值差异检验和 Logistics 回归检验做进一步分析。

三、模型构建方法介绍

本书研究所用的统计方法为平均值差异检验和 Logistics 回归检验。其中选用平均值差异检验的 T 检验—双样本异方差检验。

平均值差异检验是指根据两个样本平均数的差异检验两个相应总体平均数的差异。T 检验—双样本异方差检验是指假设两个样本的数据取自具有不同方差的分布，可以确定两个样本是否来自具有相同平均值的分布。因为前文所述的每组公司的经营业绩与经营状况各不相同，取自不同的总体，所以采用此方法进行分析。原假设 H0 为两组数据总体平均值相同，即实验的处理效应（平均值差异）为零，备择假设 H1 为两组数据总体平均值不相同，即存在处理效应，两组样本的招聘数据存在本质差异。

　　Logistics 回归是一种广义的线性回归分析模型，常用于数据挖掘、疾病自动诊断、经济预测等领域。Logistics 回归分为二分类回归和多分类回归，回归模型为式（9-1）：

$$Y=\alpha+\beta_1 X_1+\beta_2 X_2+\cdots+\beta_n X_n \qquad (9-1)$$

　　二分类的因变量 Y 值只有两种情况：0 和 1，因此在两组比较时，将前一组因变量记为 1，后一组记为 0，以此类推。

第五节　实证结果及分析

一、实证结果

（一）平均值差异检验的实证结果

　　统计结果如表 9-2 至 9-16。由于所有公司都没有招聘债务端人员，所以债务端人员没有统计。

表 9-2　第一种分类方法平均值差异检验显著性系数汇总

类别 ＼ 组合	一二	一三	一四	二三	二四	三四
销售人员	0.1033	0.019**	0.0669*	0.0001***	0.0011***	0.7735
行政人员	0.2106	0.0001***	0.0000***	0.0006***	0.0000***	0.2207
债权端人员	0.2987	0.0000***	0.0005***	0.007***	0.0308**	0.0831*
运营人员	0.1036	0.000***	0.000***	0.000***	0.000***	0.7489
总数	0.2617	0.000***	0.000***	0.000***	0.000***	0.9388

　　注："一二"表示第一组和第二组，"一三"表示第一组和第三组，以此类推，图中的数字为 P 值，"*"表示 P 值小于 0.1 大于 0.05，"**"表示 P 值小于 0.05 大于 0.01，"***"表示 P 值小于 0.01。星号越多，表示结果越显著，没有"*"表示结果不显著，后文的统计表格也适用于该注释。上表中最后一栏的总数是指每个组合公司所有的招聘总数。

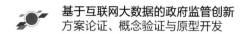

表 9-3 销售人员平均值差异检验显著性系数汇总

类别＼组合	一二	一三	一四	二三	二四	三四
资产端销售人员	0.7833	0.009***	0.0259**	0.0019***	0.0064***	0.3097
负债端销售人员	0.0830*	0.0747*	0.1659	0.0008***	0.0037***	0.7959

表 9-4 行政人员平均值差异检验显著性系数汇总

类别＼组合	一二	一三	一四	二三	二四	三四
人力资源	0.0061***	0.0000***	0.0001***	0.0066***	0.0161**	0.5648
法务人员	0.1423	0.0264**	0.0089***	0.0009***	0.0004***	0.3256
其他行政人员	0.6164	0.0079***	0.0007***	0.0251**	0.0021***	0.1454

表 9-5 运营人员平均值差异检验显著性系数汇总

类别＼组合	一二	一三	一四	二三	二四	三四
内容/产品运营	0.1443	0.0000***	0.0000***	0.0000***	0.0000***	0.5088
用户/数据运营	0.1134	0.0000***	0.0000***	0.0000***	0.0000***	0.7858
SEO/SEM/渠道/新媒体运营	0.0459**	0.0000***	0.0001***	0.0001***	0.0005***	0.5562
风险管理运营	0.8596	0.0007***	0.0003***	0.0000***	0.0000***	0.4994
财务运营	1	0.007***	0.0208**	0.0003***	0.0021***	0.2215
运营人员/经理/主管	0.8596	0.0023***	0.0085***	0.0081***	0.0229**	0.5120

表 9-6 债权端人员平均值差异检验显著性系数汇总

类别＼组合	一二	一三	一四	二三	二四	三四
贷前人员	0.3365	0.0046***	0.0819*	0.0960*	0.5538	0.0831*
贷后人员	0.4640	0.0008***	0.0008***	0.0055***	0.0055***	1

表 9-7 IT 技术人员平均值差异检验显著性系数汇总

类别＼组合	一二	一三	一四	二三	二四	三四
初级人员	0.2704	0.0000***	0.0000***	0.0001***	0.0000***	0.6355
高级人员	0.1590	0.0005***	0.0003***	0.0000***	0.0000***	0.1683

表 9-8　市场推广人员平均值差异检验显著性系数汇总

类别＼组合	一二	一三	一四	二三	二四	三四
初级人员	0.6219	0.0003***	0.0007***	0.0001***	0.0004***	0.5607
高级人员	0.6647	0.0003***	0.003***	0.0001***	0.003***	0.3763

表 9-9　产品部平均值差异检验显著性系数汇总

类别＼组合	一二	一三	一四	二三	二四	三四
产品中心	0.0848*	0.0002***	0.0003***	0.0002***	0.0004***	0.3256
美工	0.7068	0.0055***	0.0041***	0.0022***	0.0016***	0.7676

表 9-10　技术部平均值差异检验显著性系数汇总

类别＼组合	一二	一三	一四	二三	二四	三四
技术中心	0.5068	0.0043***	0.0002***	0.0377**	0.0026***	0.0434**
技术工程师	0.1116	0.0000***	0.0000***	0.0000***	0.0000***	0.8686

表 9-11　市场营销部平均值差异检验显著性系数汇总

类别＼组合	一二	一三	一四	二三	二四	三四
市场中心	0.0157**	0.0157**	0.0609*	1	0.1608	0.1608
营销策划岗	0.5678	0.0175**	0.0209**	0.0041***	0.0049***	1
品牌传播岗	0.2039	0.0317**	0.0532*	0.1033	0.2519	0.3256
市场合作岗	0.2115	0.0143**	0.0281**	0.0107**	0.0561*	0.1841
直销岗	0.1567	0.2695	0.3399	0.0183**	0.0264**	0.8913
渠道合作岗	0.3192	0.0000***	0.0003***	0.0000***	0.0005***	0.4904

表 9-12　客服部平均值差异检验显著性系数汇总

类别＼组合	一二	一三	一四	二三	二四	三四
客服中心	0.0686*	0.1828	0.1661	0.0029***	0.0023***	1

表 9-13　运营部平均值差异检验显著性系数汇总

类别＼组合	一二	一三	一四	二三	二四	三四
运营中心	0.0363**	0.0005***	0.0021***	0.0227**	0.1429	0.3036
项目审核岗	0.2064	0.0137**	0.0268**	0.0226**	0.0899*	0.3256

类别 \ 组合	一二	一三	一四	二三	二四	三四
数据处理岗	0.1152	0.0005***	0.0005***	0.0251**	0.0251**	1

表 9-14　综合部平均值差异检验显著性系数汇总

类别 \ 组合	一二	一三	一四	二三	二四	三四
综合管理中心	0.7573	0.0249**	0.0109**	0.0181**	0.0087***	0.6014
人事行政岗	0.0079***	0.0000***	0.0002***	0.0066**	0.0161**	0.5648

表 9-15　业务部平均值差异检验显著性系数汇总

类别 \ 组合	一二	一三	一四	二三	二四	三四
信贷部	0.5123	0.0002***	0.0007***	0.0036***	0.0123**	0.0899*
融资租赁部	0.0117**	1	0.1608	0.0117**	0.1341	0.1608
大客户部	0.3097	0.3256	1	0.0831*	0.3097	0.3256
财务部	0.7926	0.0079***	0.0228**	0.0004***	0.0032***	0.2886

表 9-16　风控部平均值差异检验显著性系数汇总

类别 \ 组合	一二	一三	一四	二三	二四	三四
资金计划部	1	0.0573*	0.0573*	0.0698*	0.0698*	1
风控部	0.4820	0.0027***	0.0003***	0.0010***	0.0000***	0.1503
法务部	0.1423	0.0264**	0.0089***	0.0009***	0.0004***	0.3256

（二）Logistics 回归检验的实证结果

统计结果是设因变量 Y 为公司的运营情况，X 为公司某类招聘职位的数量总和，前一组运营情况为 1，后一组运营情况为 0。实验结果如表 9-17 至 9-31 所示。

表 9-17　第一种分类方法 Logistics 回归检验显著性系数汇总

类别 \ 组合	一二	一三	一四	二三	二四	三四
销售人员	0.107	0.031**	0.086*	0.000***	0.006***	0.770
行政人员	0.212	0.001***	0.001***	0.003***	0.002***	0.223
债权端人员	0.297	0.042**	0.005***	0.998	0.060*	0.999

类别＼组合	一二	一三	一四	二三	二四	三四
运营人员	0.108	0.000***	0.001***	0.000***	0.000***	0.744
总数	0.259	0.000***	0.000***	0.000***	0.000***	0.517

表 9-18　销售人员 Logistics 回归检验显著性系数汇总

类别＼组合	一二	一三	一四	二三	二四	三四
资产端销售人员	0.779	0.054*	0.056*	0.008***	0.010**	0.324
负债端销售人员	0.089*	0.091*	0.178	0.004***	0.010**	0.792

表 9-19　行政人员 Logistics 回归检验显著性系数汇总

类别＼组合	一二	一三	一四	二三	二四	三四
人力资源	0.013**	0.001***	0.001***	0.014**	0.024**	0.560
法务人员	0.146	0.056*	0.999	0.011**	0.087*	1
其他行政人员	0.610	0.015**	0.004***	0.035**	0.007***	0.149

表 9-20　运营人员 Logistics 回归检验显著性系数汇总

类别＼组合	一二	一三	一四	二三	二四	三四
内容 / 产品运营	0.155	0.000***	0.001***	0.000***	0.000***	0.506
用户 / 数据运营	0.116	0.004***	0.003***	0.001***	0.001***	0.782
SEO/SEM/ 渠道 / 新媒体运营	0.053*	0.004***	0.003***	0.001***	0.002***	0.552
风险管理运营	0.857	0.004***	0.004***	0.001***	0.001***	0.500
财务运营	1	0.024**	0.045**	0.004***	0.008***	0.223
运营人员 / 经理 / 主管	0.896	0.008***	0.020**	0.023**	0.044**	0.510

表 9-21　债权端人员 Logistics 回归检验显著性系数汇总

类别＼组合	一二	一三	一四	二三	二四	三四
贷前人员	0.337	0.999	0.095*	0.999	0.551	0.999
贷后人员	0.458	0.998	0.998	0.998	0.998	1

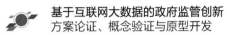

表 9-22　IT 技术人员 Logistics 回归检验显著性系数汇总

类别　　　　组合	一二	一三	一四	二三	二四	三四
初级人员	0.269	0.000***	0.001***	0.001***	0.001***	0.632
高级人员	0.165	0.008***	0.022**	0.001***	0.002***	0.194

表 9-23　市场推广人员 Logistics 回归检验显著性系数汇总

类别　　　　组合	一二	一三	一四	二三	二四	三四
初级人员	0.616	0.002***	0.003***	0.001***	0.002***	0.555
高级人员	0.659	0.003***	0.010**	0.001***	0.009***	1

表 9-24　产品部 Logistics 回归检验显著性系数汇总

类别　　　　组合	一二	一三	一四	二三	二四	三四
产品中心	0.097*	0.019**	0.010**	0.042**	0.006***	1
美工	0.701	0.015**	0.014**	0.005***	0.005***	0.763

表 9-25　技术部 Logistics 回归检验显著性系数汇总

类别　　　　组合	一二	一三	一四	二三	二四	三四
技术中心	0.501	0.010**	0.061*	0.054*	0.998	0.999
技术工程师	0.118	0.000***	0.000***	0.000***	0.000***	0.866

表 9-26　市场营销部 Logistics 回归检验显著性系数汇总

类别　　　　组合	一二	一三	一四	二三	二四	三四
市场中心	0.998	0.998	0.093*	1	0.999	0.999
营销策划岗	0.561	0.035**	0.040**	0.012**	0.015**	1
品牌传播岗	0.229	0.998	0.114	0.999	0.288	1
市场合作岗	0.236	0.997	0.047**	0.998	0.086*	0.999
直销岗	0.159	0.274	0.340	0.029**	0.037**	0.889
渠道合作岗	0.315	0.004***	0.005***	0.001***	0.004***	0.490

表 9-27　客服部 Logistics 回归检验显著性系数汇总

类别　　　　组合	一二	一三	一四	二三	二四	三四
客服中心	0.072*	0.184	0.168	0.006***	0.005***	1

表9-28 运营部 Logistics 回归检验显著性系数汇总

类别\组合	一二	一三	一四	二三	二四	三四
运营中心	0.048**	0.007***	0.009***	0.041**	0.159	0.316
项目审核岗	0.218	0.998	0.076*	0.999	0.119	1
数据处理岗	0.122	0.087*	0.087*	0.998	0.998	1

表9-29 综合部 Logistics 回归检验显著性系数汇总

类别\组合	一二	一三	一四	二三	二四	三四
综合管理中心	0.753	0.038**	0.022**	0.034**	0.024**	0.595
人事行政岗	0.016**	0.002***	0.002***	0.014**	0.024**	0.560

表9-30 业务部 Logistics 回归检验显著性系数汇总

类别\组合	一二	一三	一四	二三	二四	三四
信贷部	0.507	0.018**	0.005***	0.010**	0.027**	0.119
融资租赁部	0.999	1	0.999	0.999	0.146	0.999
大客户部	0.324	1	1	0.999	0.324	1
财务部	0.788	0.027**	0.048**	0.003***	0.007***	0.287

表9-31 风控部 Logistics 回归检验显著性系数汇总

类别\组合	一二	一三	一四	二三	二四	三四
资金计划部	0.654	0.999	0.999	0.999	0.999	1
风控部	0.475	0.009***	0.005***	0.003***	0.001***	0.176
法务部	0.146	0.056*	0.999	0.011**	0.087*	1

二、实证结果分析

通过交叉对比分析，发现一些结果在平均值差异检验中是显著的，在 Logistics 回归检验中是不显著的，这是由于两组数据中有一组全为零导致的，即某组公司在某类人员中没有发布招聘职位，所以均值为零，对比其他不为零的均值，就呈现出差异，所以按照平均值差异检验的结果来分析。

通过比较研究，发现存在显著性差异的结果大多都是第一组和第三组、第一组和第四组、第二组和第三组、第二组和第四组，其中第一组和第二组都是有排名的公司，第三组是跑路的公司，第四组是停业的公司，这样的结果表明跑路、停业的公司相比于经营业绩良好的公司在招聘上存在很大的问题，从而也证明了招聘在很大程度上与企业业绩和风险密切相关的观点。下面进行具体分析：

第一，销售人员的结果表明，第一组和第三组、第一组和第四组、第二组和第三组、第二组和第四组均值有差异，第一组和第四组显著性没有其他组大，逻辑回归说明数学模型有效，即职位数量和企业经营情况有关联，证明跑路、停业的公司在销售人员方面存在欠缺，跑路和停业的公司在销售人员的招聘数量上远远小于排名前100的公司，资产端和负债端人员也是这样的结果。销售人员（包括销售代表、客户经理、投资理财顾问、市场营销推广专员等）主要负责开拓市场和渠道、完成销售计划、维护新老顾客、把握顾客需求的工作，对于企业的成长至关重要，销售业绩直接影响企业的利润，所以如果销售人员不足，企业的销售指标无法完成，获得的利润无法弥补支出的成本，这样长期下去的结果是企业资金断裂、亏损严重，最终面临停业和跑路的风险。

第二，行政人员的结果表明第一组和第三组、第一组和第四组、第二组和第三组、第二组和第四组均值有差异，职位数量和企业经营情况显著相关。人力资源专员、法务人员、其他行政人员也是这样的结果。行政人员（包括前台文员、招聘助理、行政助理等）主要负责办公室日常维护、后勤保障、公司对外接待、人事管理等工作，跑路、停业的公司行政人员招聘数量明显少于排名靠前的公司。这样对公司的后勤保障、日常运行极为不利，很可能会出现公司内部运营问题，而企业要想长期发展，内部一定要积极维护、平稳运营。第一组和第二组的人力资源专员招聘结果显著，人力资源主要负责员工的招聘与发展、后期培训、薪酬制定、绩效考核等工作，第二组企业可能是因为在人力资源方面存在问题，从而排名靠后，因此要重新审核招聘制度，既要加大人力资源招聘的数量，还要重视行政人员的招聘。

第三，债权端人员的结果表明第一组和第三组、第一组和第四组、第二组和第三组、第二组和第四组、第三组和第四组均值有显著差异，职位数量和企业经营情况显著相关。贷前人员包括信贷审批专员、贷前审核员、信审主管等，贷后人员包括贷后管理专员、电话催收专员、贷后经理等。跑路公司的贷前人员和贷后人员招聘数量都为零，可能是因为该公司本来就不存在实质性的运营业务，是恶意诈骗公司。停业公司贷后人员招聘数量为零，说明导致公司经营业绩不好被迫停业的一条重要原因就是没有贷后人员，导致资金管理不到位。

债权端人员（包括信审专员、催收专员、资信评估专员等）是指处理债权的工作人员。P2P企业对客户的信誉等级要严格审查，如若审核制度不严格，审核专员不仔细，贷款无法及时追回，会导致资金无法收回，资金链断裂，出现跑路、停业的状况，所以业绩良好的公司都会招聘有能力、有经验的债权端人员，使贷前贷后人员相互协助、共同工作。

第四，运营人员的结果表明第一组和第三组、第一组和第四组、第二组和第三组、第二组和第四组均值有差异，职位数量和企业经营情况显著相关。运营人员（包括SEO主管、财务主管、软件测试工程师、出纳员等）主要负责数据分析、渠道合作、文案撰写、媒体合作、博客微信等线上推广、引擎优化、新产品研发等工作。运营人员的缺少会导致公司对外无法正常运营，产品服务无法推广，网络优化不到位，从而利益受损，第三组和第四组就是这样的结果。第一组和第三组在内容产品运营上、数据用户运营上存在差异，说明靠前的公司意识到内容产品运营、数据用户运营的重要性，从而招聘相关人才。公司能够合理分析用户需求数据，生产满足客户需求的产品，对产品质量严格把关，使企业正常经营，所以排名靠前，业绩良好。第一组和第二组在新媒体渠道运营上存在差异，说明排名靠后的公司可能没有充分利用新型渠道，没有建立多媒体（如微博、微信等）合作关系，公司应该注意在新渠道方面的运营，这样可以拓展市场，为企业赢得商机。

第五，从总数上看，第一组和第三组、第一组和第四组、第二组和第三组、第二组和第四组均值有差异，职位数量和企业经营情况显著相关。第一组公司职位总数的平均值是22个，第二组是18个，第三组和第四组都是4~5个，所以从招聘总数上就可以看出公司的经营业绩的可能情况。不排除跑路、停业的公司招聘数量少是由于公司出现危机后部分招聘信息被删除的可能性。正常运营的公司每年都会招聘一定数量的员工，来维持公司的运营。

第六，从IT技术上看，第一组和第三组、第一组和第四组、第二组和第三组、第二组和第四组均值有差异，职位数量和企业经营情况显著相关。无论是初级人员还是高级人员，很多跑路、停业的公司在IT技术人员的招聘上都为零，所以差异很明显，P值低于0.01。IT技术人员包括Java工程师、程序员、软件开发工程师、安卓开发工程师等，这些都涉及公司的核心技术。技术人员对于公司的发展极为重要，高级技术人员是公司的财富，也是人才招聘市场上急缺的人员。先进的技术可以使公司高效率运行，还可以降低成本，增加利润。排名靠前的公司会招聘一定数量的高级技术人员，确保公司在竞争中获得一定的

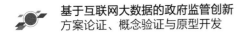

优势，处于领先地位。

第七，从市场推广人员上看，第一组和第三组、第一组和第四组、第二组和第三组、第二组和第四组均值有差异，职位数量和企业经营情况显著相关。市场推广人员（包括市场总监、品牌策划、渠道拓展经理等）主要负责拓展新市场和渠道，推广产品，扩大销售范围，提高销售量。跑路的公司在市场推广人员的招聘上有可能是因为恶意诈骗，而不考虑公司以后的发展。停业的公司在市场推广方面做得不够，不能及时发现新的市场，销售量较低，导致公司被迫停业。而排名靠前的公司不仅有较高的市场推广人员的招聘数量，还有较多的市场推广人员的招聘类型。

第八，从产品部上看，第一组和第三组、第一组和第四组、第二组和第三组、第二组和第四组均值有差异，职位数量和企业经营情况也有关联，其中跑路和停业的公司在产品中心人员上面没有招聘信息，这也是导致它们失败的重要原因。产品中心包括产品设计师、产品助理、产品研发人员、产品经理主管等，这项工作主要负责产品的质量问题和生产问题，以及后期的产品检测问题，如果公司在这方面没有招聘到合适的人才，会导致公司产品出现堆积问题，严重者会影响到公司的信誉问题，所以从产品部的招聘上也可以看出公司的经营状况。

第九，技术部分为技术中心人员和技术工程师，它和前面的IT技术类别结果相似，其中停业公司的技术中心人员（包括技术主管、技术运营、技术管理培训生等）里面没有招聘信息，说明停业公司没有重视技术人员的招聘。在这方面的欠缺也许是导致停业的一个重要原因，排名靠前的公司对技术人员的需求很多，说明他们认识到科技对公司发展的重要性，同时也注意到技术职位类型的多样性。

第十，市场营销部的结果和市场推广的结果类似，第一组和第三组、第一组和第四组、第二组和第三组、第二组和第四组均值有差异，职位数量和企业经营情况也有关联。跑路公司的市场中心、品牌传播岗、渠道合作岗都没有招聘信息，也许是因为这些公司本身就是诈骗集团，没有实质性运营业务，只是想非法集资而已。排名靠前的企业和排名靠后的企业在市场中心人员均值上也有差异，排名靠后的企业都没有招聘市场中心人员，这可能是落后于排名靠前公司的重要原因。市场中心包括市场总监、市场助理、市场顾问等，主要负责市场的整体工作，统筹策划市场推广，维护市场的运营。如果在这方面没有招聘到合适的人才，公司的市场工作就形如散沙，没有核心方向和目标，品牌传播、产品推广等工作也不会顺利进行。

第十一，客服部的结果表明第一组和第二组、第二组和第三组、第二组和第四组均值有差异，职位数量和企业经营情况也有关联。客服部的主要工作是面对顾客，及时提供便利服务，解答客户有关问题，并适当推销公司的新产品，还要进行后期的顾客反馈收集与整理，与顾客积极沟通，维持关系。如果客服人员招聘存在问题，那么就可能会丢失一些老顾客和潜在的顾客，也会影响公司的市场拓展和信誉问题。其中第一组和第二组的 P 值大于 0.05 小于 0.1，显著性没有其他两个强，第二组排名靠后的公司在招聘数量上略少于第一组排名靠前的公司。如若排名靠后的公司能够增加客服人员的招聘职位数量和类型，或许可以弥补不足，增加企业业绩。

第十二，运营部的结果和前文运营人员的结果相似，它细分为运营中心、项目审核岗、数据处理岗。通过比较发现，跑路公司的项目审核岗和数据处理岗没有招聘数据，停业公司的数据处理岗也没有招聘信息，这可能是公司出现危机的原因。项目审核岗主要包括项目经理、项目助理、项目管理专员。数据处理岗主要包括数据库管理专员、数据分析师、数据决策经理等。项目审核岗关系到项目的完成度，如果项目能够顺利完成，对公司的发展有很大的意义。如今的社会对数据的要求很高，急需高级处理数据人才。只有通过数据处理，公司才能发现客户的潜在需求和公司目前的问题，及时改进才能实现长久发展，否则会出现经营危机。

第十三，综合部分为综合管理中心和人事行政岗，两类都是第一组和第三组、第一组和第四组、第二组和第三组、第二组和第四组均值有差异，职位数量和企业经营情况有关联。综合管理中心包括一些行政人员和司机等后勤人员，是维持公司内部正常运营的保障人员。人事行政岗包括招聘专员、人力资源专员、员工关系主管等，是维持员工关系、促进员工发展的重要岗位。跑路和停业的公司在这两类上招聘数量不多，不够重视。排名靠前的公司和靠后的公司在人事行政岗招聘上也有差异，排名靠前的公司重视人事工作的重要性，招聘专业的人力资源专员，保证公司充分利用员工的才能，实现最大化利用人才资源。如果公司没有意识到这些，可能排名就比较靠后了。

第十四，业务部分为信贷部、融资租赁部、大客户部、财务部，其结果都是第一组和第三组、第一组和第四组、第二组和第三组、第二组和第四组均值有差异，职位数量和企业经营情况有关联。信贷部包括信贷专员、信贷主管、贷后管理专员、信贷审批专员等，负责公司贷款的审核和管理，对借款人的资信进行严格把关。融资租赁部包括融资专员、经理等，负责公司的融资，财务部包括会计、出纳、财务主管、结算专员等，负责公司的财务运营，保障资金的顺利流通与公司的利润积累，及时发现财务危机并做出解决办法。跑路公司可能存在恶意诈骗；停业的公司之所以出现资金链断裂、贷款无法追回、财务危机的问题，很大程度上是因为业务部的招聘制度不够严格，招聘数量不充分和类型不全面，导致招聘人员不合适。

第十五，风控部分为资金计划部、风控部和法务部，其结果都是第一组和第三组、第一组和第四组、第二组和第三组、第二组和第四组均值有差异，职位数量和企业经营情况有关联。资金计划部的差异没有其他两个部门显著，它主要包括资金对接专员、资本运营、资金总监等，负责资金规划与安排。风控部主要包括风控专员、风控经理等，主要负责公司的风险防范。法务部包括法律专员、法律顾问、法律主管等，负责起草公司的法律文件，制定公司的相关法规，维护公司的合法权益。停业的公司在后两类的人员招聘上没有足够重视，招聘职位明显少于有排名的公司；跑路的公司都没有招聘法务部的人员，更加预示其公司可能是恶意诈骗、非法集资集团。

第十六，第三组跑路的公司和第四组停业的公司出现差异的职位分类不多，在债权端人员的贷前人员、技术部的技术中心人员、业务部的信贷部出现差异，均值差异的 P 值大于 0.05 小于 0.1。跑路公司没有招聘贷前人员，停业公司招聘没有技术中心人员，30 家跑路公司只有一个信贷部的招聘职位，停业公司有五个信贷部的招聘职位。这些说明跑路公司很大可能没有设立信贷审核业务，也不会放贷，只是非法集资诈骗，收集资金后占为己有；停业公司没有重视技术人员的重要性，也没有设立严格的信贷审核制度，信贷部人员数量少，导致公司业绩差，最终被迫停业。

第六节　建议与总结

一、P2P 风险防范的建议

很多 P2P 公司出现跑路或是停业的危机，看似是突然发生的，其实是很多因素长时间积累造成的，其中招聘制度就是一个重要的因素。每个 P2P 网络借贷平台的风险情况在很大程度上可以通过它的招聘信息体现出来。对于那些招聘职位类型单一、招聘数量少的公司，可以作为重点风险防范对象。如果长时间招聘信息没有得到改善，公司的经营业绩没有发生转变，广大投资者应注意风险防范，监管机构也可以启动相应的预警机制。

第一，政府应该加强对 P2P 网络借贷平台的监管，明确借贷平台的监管部门，确定监管主体，明确监管责任。监管部门可以通过定期或不定期浏览企业的招聘信息，或建立相应信息监测系统，发现问题及时跟踪，比如发现某 P2P 公司招聘信息中没有信贷部人员和法务部人员，那这家公司极有可能存在问题，相关部门应该及时调查其背景，核实企业的经营业务是否合法。政府要与各部门相互配合，共同监管借贷平台；还可以制定相关的法律法规，将网络借贷平台纳入正常的发展轨道。

第二，投资者自身也要意识到风险防范，事前充分了解投资对象的主营业务、运营情况、公司内部结构等，然后再浏览公司发布的招聘信息是否全面，是否重视技术人员、信贷审核人员，了解招聘制度是否完善，不要盲目投资，以免发生不必要的风险损失。根据前文所述，一个业绩良好的新业态金融企业招聘类型是全面的，招聘数量是充足的，招聘要求也是严格的，投资者可以大胆尝试从招聘信息上判断企业未来的经营状况。

第三，招聘优秀的人员对公司的发展意义重大，要使公司长久发展，应该考虑各种类型的人员招聘。在发布招聘信息前，工作人员首先将部门细分成不同的岗位，然后在不同的岗位上招聘合适的人才，充分发挥人力资源优势，为公司赢取长远利益。以下是对公司招聘方面的建议：

一是公司要明确自己的市场和顾客群体，明确自己的社会责任，明确自己的经营目标，根据目标制定合适的岗位，将岗位职责细分，如负责产品的岗位，可以设置产品质量岗、产品设计岗、产品研发岗等。岗位之间明确工作职责，相互衔接，在控制成本的条件下尽可能招聘更多的优秀人才，使其在自己的岗位上创造最大的价值。

二是在招聘中，销售、行政、运营、债权端、债务端、风控等人员都要考虑到，以确保招聘的完善，不能只招聘其中一两个类型的人员，而忽视其他类型的人员，因为所有类型的职位对新业态金融公司的发展都是不可或缺的，招聘信息必须要充分完整。以上考虑的公司都没有招聘债务端的人员，债务端人员是负责处理债务的工作人员。债务指债权人向债务人提供资金，以获得利息。很多公司都是因为在债务方面缺乏管理与控制，导致借债很多而且无法及时偿还，最后破产，所以债务端人员要及时查看企业的债务，并且发现潜在的风险，提醒公司主管及时还债，以免后续出现资金短缺的问题。

三是招聘信息上的岗位职责和要求尽可能明确完整。很多跑路、停业的公司在招聘信息上要求很低，而且岗位职责很少或是没有，所以不满足招聘的有效性，招聘的人才不仅数量少，能力也不足，无法给公司带来价值。

四是除了招聘方面，公司还要建立健全自身的监管机制，成立专门的风险监控小组，招聘优秀的风控专员和风控经理，建立完善的风险防范机制和应对策略，以免发生风险后公司失控。建立风险准备金制度，将自有资金抽出一部分放入资金池。在以后的日常经营中，定期从公司收益中抽取一定的资金放入资金池，还要坚持公开透明的原则，定期公布风险准备金的使用额度和剩余额度。

二、总结

P2P 作为一个新兴的金融模式，打破了传统地域的局限性，为金融借贷渠道提供了便利，但是也带来了资金危机。由于监管到位需要时日、职责不明确、制度不严谨，许多 P2P 公司内部、外部都出现了资金短缺问题。众所周知，公司的经营业绩和招聘之间存在着很大的关联，招聘制度的严谨度和信息的完善度决定着经营业绩的好坏程度。所以本书研究主要立足于 P2P 公司的招聘信息，通过平均值差异检验和 Logistics 回归检验得出两者之间具体的关系，再分别给出建议和总结。

总结下来，预期结论和研究结论相同，跑路、停业的公司与业绩优良的公司招聘信息有显著性的差异，在各个种类的招聘上都可以体现出。跑路的公司招聘种类单一，人员结构简单，说明了本身就是恶意诈骗集团。停业的公司招聘数量明显偏少，说明对招聘没有足够重视，对应聘者要求也不严格，导致公司的人才资源不足，最后的结果是公司的经营现状出现问题。判断一个 P2P 网络借贷平台是否可靠，可以从它的招聘信息作出一定的预判。企业也可以从中改善自己，避免出现经营危机。

本书研究取得了显著的成果，但是将本书研究成果进行工程化实施还需要解决如下问题：如何通过工程化方法持续获取可靠的数据，如何通过自然语言处理技术等获得招聘信息的自动化精准分类，如何在招聘信息上进一步区分和预警大规模的庞氏骗局和小规模的在短期内发生的卷款潜逃、集资诈骗等。这些可在后续的研究中，通过开展与招聘信息平台的合作，建立招聘信息的文本处理本体词库，将招聘信息的时间发布的时间节点纳入研究体系中等进行进一步探索和提高。

本章参考文献

［1］Freedman S., Jin G.Z. Do social networks solve information Problems for peer-to-peer lending?Evidence from Prosper.com［J］.NET Institute Working Paper，2008-11-06：31-36.

［2］Herrero-Lopez S. Social interactions in P2P lending：Proceedings of the 3rd Workshop on Social Network Mining and Analysis［C］.ACM，2009.

［3］Tsai K.S. Beyond Banks：The Local Logic of Informal Finance and Private Sector Development in China：Proceedings of the Conference on Financial Sector Reform in China［C］. Department of Political Science Johns Hopkins University，2001.

［4］Mckinnon R. I. Money and capital in economic development，Brookings Institution Press，1973.

［5］Shen D.，Krumme C.，Lippman A. Follow the profit or the herd？ Exploring social effects in peer-to-peer lending：in Social Computing［C］. Proceedings of the IEEE Second International Conference，2010.

［6］Hunt T. Left to see selection methods must be correct，Right to see the work target to match. The world managers［EB/OL］.［2016-12-20］. http：//www.linkedin.com/in/stevenmhunt.

［7］艾金娣 .P2P 网络借贷平台风险防范［J］.中国金融，2012（14）：79-81.

［8］董克用 .人力资源管理概论［M］.中国人民大学出版社，2007.

［9］高新波，张军田 .金融抑制还是信息优势——重论非正规金融的存在根源［J］.商场现代化，2006（11）：162.

［10］林乐芬，林彬乐 .农村金融制度变迁时期的非正规金融探析［J］.现代经济探讨，2002（8）：47-50.

［11］林毅夫，孙希芳 .信息、非正规金融与中小企业融资［J］.经济研究，2005（7）：35-44.

［12］刘白兰.赢在招聘——人力资源招聘的营销时代［J］.北大纵横，2010.

［13］刘丽丽.我国P2P网络借贷的风险和监管问题探讨［J］.征信，2013（11）：29-32.

［14］马运全.P2P网络借贷的发展,风险与行为矫正［J］.新金融,2012（2）：46-49.

［15］王振.P2P网络借贷模式洗钱风险及应对措施探析［J］.南方金融，2012（11）：82-85.

［16］殷智红，李英爽.人力资源管理［M］.北京：北京邮电大学出版社，2008.

［17］张庆亮.体制转轨中的中国民有金融研究［M］.北京：经济科学出版社，2003.

落地篇：原型开发

一个基于大数据的政府监管项目，经过方案论证和实证研究概念验证阶段后，在正式进入工程化实施以前，还有一个关键的步骤：原型开发。在原型开发阶段，研究开发人员对于系统需求做出比较详细的描述，实验数据采集接口，设计系统框架，设计人机交互界面和可视化界面，并做出 DEMO 模型，供用户进行评估和优化。经过成功的原型开发，项目落地基本可以做到水到渠成。

　　本篇展示几个基于不同数据来源的监测系统的用户需求文档、系统框架和人机交互界面的 DEMO 模型，用以说明一个基于大数据的政府监管项目在落地过程中需要进行的一些工作。

　　监管项目往往存在一些敏感信息，本篇对很多内容进行了脱敏处理，敬请读者谅解。

|第十章|
政府风险监管信息系统设计需求描述

以下是笔者为某风险监测系统工程项目撰写的设计需求书样本。

第一节　项目拟解决的主要问题

因为制度创新，尤其是在贸易便利化、金融创新开放等方面推出了一些举措，某市某开发区吸引了大量企业入驻，发展极为迅速。作为改革开放的先行先试区域，为了加强事中事后监管，××市率先建成了跨部门的政府大数据中心，归集和动态更新涉及区内 3 万多家企业以及工商、税务、人民银行等 70 多个政府部门和事业单位信息，希望通过跨部门数据中心的建立，解决各行业主管部门和监管部门的信息孤岛问题，提高对市场主体的风险监管和服务能力。

在各种高风险的市场主体行为中，网络借贷 P2P 企业的风险尤其引起了注意。一些企业打着网络借贷企业之名，进行非法集资和网络金融诈骗之实，还有一些网络借贷企业由于经营不规范或竞争实力薄弱，导致关门、歇业、跑路、资金链断裂等现象发生，给金融安全带来极大的隐患。2016 年 2 月 4 日，国务院发布《国务院关于进一步做好防范和处置非法集资工作的意见》，提出要充分利用互联网、大数据等技术手段加强对非法集资的监测预警，抓早抓小，强化事中事后监管，遏制非法集资问题蔓延的势头，地方各级人民政府要有效落实属地管理职责，做好本行政区域内风险排查、监测预警等工作。

在这些背景下，本书拟结合互联网大数据和 × × 市数据中心数据，建立网络借贷 P2P 企业的监控系统，采用计算机智能方法，动态实时监测辖区内注册企业从事网络借贷 P2P 业务运营的状况，减少诈骗、跑路、不规范经营等现象

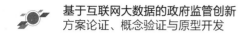

给人民群众带来的财产损失，防止发生系统性、区域性金融风险。

第二节　系统拟实现的主要功能

系统主要由三个模块组成，辖区内网络借贷企业信息自动搜集模块、辖区内网络借贷企业合规状况监管模块、网络借贷企业风险预警模块。各模块拟实现的主要功能如下：

一、辖区内网络借贷企业信息自动搜集模块

网络借贷企业信息自动搜集模块是通过按照一定时间间隔动态扫描和收集××市注册企业的网站信息，识别出从事网络借贷业务的企业名单，并通过企业网站、互联网和××市数据库采集这些企业的基本信息，并进行结构化和可视化输出。企业的基本信息又分为两大类，一类为主要从互联网采集、归集并结构化的信息，另一类为数据库中现有的关于该企业的信息。其中需要从互联网采集的企业基本信息包括：业务与运营信息，企业股东背景信息，企业工商登记与变更、奖惩信息，企业知识版权信息，企业股东和高级管理人员等信息以及企业网站评价信息，企业移动终端应用 APP 信息，企业舆情信息。

业务与运营信息包括企业网址及 ICP 注册类型、日期，P2P 固定期限产品和非固定期限产品的年化收益率范围及中位值、平均值，固定期限产品的期限类型，注册地址、经营地址和联络方式，支付方式和第三方支付渠道，风控方法。

企业股东背景信息主要是确定企业最终控股股东的企业性质，是银行、上市公司、国有企业还是民营企业，有无在国内著名风险投资公司投资。

企业工商登记与变更、奖惩信息包括注册日期，最近三年年报中的各项信息，企业变更信息的种类及各类变更信息数量，企业股东构成单位或人员的名称，企业高级管理人员的名称、数量，企业受到工商处罚的信息，最近一年的处罚的数量和处罚的类型，企业分支机构数量，企业对外投资的企业名称和数量。

企业知识版权信息包括知识版权的类型、各类型知识版权的数量及登记时间。

企业股东和高级管理人员信息包括企业在宣传中出现的股东名称、高管人

员名称、高管介绍及学历情况等。通过网络采集的这部分信息，可以与企业工商登记信息进行对照，并检测股东、经理、主要控制人员名称是否一致。

企业网站评价信息是从网站访问日均次数、外部链接数和内部链接数、在同类型网站中的活跃度和搜索量排名情况等几个指标得出网站质量综合评价分数。

企业移动终端应用APP信息包括APP名称、是否具有投资功能、上线日期等。

企业舆情信息包括企业舆情的类型、企业宣传诚信度评价、企业舆情的频次、企业舆情渠道、企业舆情正面和负面评价、网络对企业评价的情感计算结果类型及数值、企业评价标签等。

二、辖区内网络借贷企业合规状况监管模块

这个模块按照《网络借贷信息中介机构业务活动管理暂行办法》的各项要求，综合网络借贷企业的网络数据和自填数据，审查评估网络借贷企业的经营合规状况，指出不合规问题，纳入风险预警模块风险评估参考指标，并将合规状况评估结果进行结构化、可视化输出。

该暂行办法由中国银行业监督管理委员会、中华人民共和国工业和信息化部、中华人民共和国公安部、国家互联网信息办公室于2016年8月发布，从备案管理、业务规则与风险管理、出借人与借款人保护、信息披露等方面，规定了网络借贷信息中介、借款人、出借人应该遵守的各项规定。

××市可从该暂行办法的规定出发，选择一些关键的规范指标，形成合规状况、监管状况评估模块。数据来源可结合网络采集数据和企业自填数据。

三、网络借贷企业风险预警模块

风险预警模块通过合规审查和机器算法模型，以互联网上的辖区内外网络借贷企业信息和××市内部网络借贷企业信息为数据输入，动态评测××市网络借贷企业风险，将企业分成四种类型：诈骗嫌疑企业、高风险企业、中风险企业和低风险企业，并将风险评估结构进行结构化和可视化输出。对于除诈骗嫌疑企业外的企业，给出风险评价分和重点风险点的解释，以提示监管部门对于高风险企业和诈骗嫌疑企业进行重点监管。

|第十一章|

基于移动应用APP的P2P企业排查方法和
经营规模排摸系统原型开发

第一节 项目需求

一、问题描述

以往针对网络借贷 P2P 企业的监管多从网页端出发，但是随着移动互联网的兴起，越来越多的 P2P 企业开始在移动端做理财 APP，以期跟随顾客使用习惯扩展市场规模。而事实上，对理财 APP 的监管一直缺乏行之有效的手段和路径。为了能够全方位、多角度的监管 P2P 企业，不让理财 APP 成为法外之地，有必要发展出一条道路并结合相应的技术手段自动化地对 P2P 企业进行监管。

二、项目目标

××市在册企业近 4 万家，数量庞大且经营的业务种类繁多。基于移动应用 APP 排查 P2P 企业的第一步是找出企业是否有相关的 APP；第二步是判断其 APP 是否与投资理财相关，从而将这部分企业识别出来并对其 APP 进行有效监管。故项目目标概括为：

①找出相关的技术路径，识别公司是否在移动端做 P2P 或者其他金融类业务；

②如何对这些 APP 进行监管，以及重点监管哪些层面的信息；

③以上过程自动化的实现。

三、基本假设

通过对 ×× 市 81 家待查企业进行排查发现，81 家名单中有 APP 信息的有 39 家，占比 48.18%。同时对 39 家有 APP 信息的企业进一步分析，发现其应用类型一共被划分为三种，并且 92% 的企业应用类型为财务类，如图 11-1 所示。基于此，我们猜想当通过公司名称查找出相关的应用时，是否可以通过其应用分类这个指标，来判断企业是否有 P2P 理财相关业务。所以我们提出以下研究假设：

假设 1a：当通过公司名称查找出相关的应用时，若此应用分类在苹果应用商店中是"财务类"应用，我们则认为其有 P2P 相关业务，应该重点监管。

假设 1b：当通过公司名称查找出相关的应用时，若此应用分类在苹果应用商店中是"财务类"应用，且在安卓应用商店是"理财类"应用时，我们则认为其有 P2P 相关业务，应该重点监管。

假设 1c：当通过公司名称查找出相关的应用时，若此应用分类在苹果应用商店中是"财务类"应用或者安卓应用商店是"理财类"应用时，我们则认为其有 P2P 相关业务，应该重点监管。

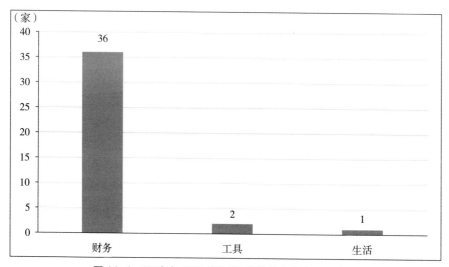

图 11-1　39 家有 APP 信息的网络借贷企业的 APP 类型

第二节　系统设计

一、数据来源

在 APP 应用信息的获取上，目前流行的在线工具有 APPDUU、App Annie、ASO、应用雷达等。本书研究经过对比测试发现，ASO100 的功能较为广泛，用户除了可查看关键词热度、排名信息、下载量等信息之外，最重要的是可以根据公司名称查询企业 APP 应用信息。因此，我们选取了 ASO 平台作为我们的信息来源。

为了兼顾对 APP 的风险评估，我们将 ×× 市 190 家数据名单作为排查的基础。第一步是根据企业名称作为关键词进行信息检索。将所有与企业相关的 APP 信息抓取出来。第二步是根据平台名称进行检索。这样做的目的有两个：一是进行查全性验证；二是对比验证相关假设是否成立，并给予正确的判断方案。

二、主要指标定义

当我们已经判断出企业在移动端有 P2P 相关业务时，我们又应该重点关注哪些层面的信息呢？一个基本的判断是若 APP 排名靠前、下载量大，则当企业出现问题时，对于一般民众和社会的影响也大，那么这部分企业应该放到监管的优先级，并给予持续关注。所以我们提出要重点监管以下信息（见表 11-1）。

表 11-1　网络借贷企业 APP 信息提取指标

指标	指标释义
公司名称	用于查询 APP 应用的公司名称
应用数量	在 ASO 页中显示与搜索词相关的应用数量
总榜排名	苹果应用商店中的总榜排名
分类排名	该应用在其所属应用类型中的排名
应用名称	苹果商店应用的名称
应用介绍	苹果商店提交的用于描述应用的介绍

续表

指标	指标释义
开发商	开发此应用的开发商
IOS 应用类型	IOS 商店中的应用类型分类，包含财务、生活、工具等分类
应用上线日期	此应用首次上线的日期
应用更新日期	当前版本的更新日期
当前版本	该应用的当前版本
查询下载量时间段	查询下载量的时间段
最近一周下载量	最近一周的下载量
有无安卓应用	应用是否有安卓版本
安卓应用类型	应用在安卓上的分类
历史下载量	ASO 估算的应用在各大安卓应用商店的历史下载量
昨日下载量	查询日前一天的下载量

三、排查系统框架

本系统主要结合了天眼查[①]和 ASO100[②]两个网站。天眼查是一款谁都能用的商业调查工具，实现了企业信息、企业发展、司法风险、经营风险、经营状况、知识产权等 40 种数据维度查询。ASO100 是中国专业的移动推广数据分析平台，可以实现对 APP 搜索指数、版本信息、评论、产品类型、应用介绍等信息的查询。

第三节　模型构建与验证

一、查全性验证

针对 2017 年 6 月 ×× 市提供的 190 家 P2P 企业的名录，按照公司名称进

[①] https://www.tianyancha.com/.

[②] https://aso100.com/.

行搜索发现,无 APP 应用的企业有 146 家,有 APP 应用的企业是 44 家(数据见附录 1)。当按照平台名称进行搜索发现,无 APP 应用的企业有 134 家,有 APP 应用的企业有 56 家(数据见附录 2)。一般而言,按照平台名称结果进行查询时,默认是能比较全面地查询出企业 APP 信息的。也就是说,当按照公司名称直接进行 APP 信息查询时,遗漏了 12 家,查全率 78.6%。换言之,对于一般情况而言,当我们只知其平台名称而不知其公司名称时,只能通过方法一进行查询,尽管查全率不及预期,但是这种查询方法速度较快,相对也较为省时。

同时还应指出,直接使用平台名称进行 APP 信息查询,容易出现大量冗余信息。举一个例子,当搜索"×本×金融"这家平台时,出现 565 条搜索结果,即对应 565 条相关应用,然而却没有一条和"×本×金融信息服务有限公司"相对应,出现这种情况的原因主要是与平台本身的搜索引擎设置有关,容易造成大量冗余结果,增加排查的时间成本。

二、判断应用是否是 P2P 企业逻辑验证

对以上通过平台名称查询出 APP 应用消息的 56 款应用进一步分析发现,将应用有无安卓版本划分为两大类,其中既有苹果版本又有安卓版本的有 32 家,占比 57%。只有苹果版本无安卓版本的有 24 家,占比 43%。分布情况如图 11-2 所示。

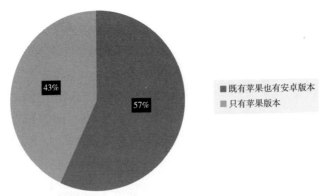

图 11-2 P2P 企业 APP 应用版本分布情况

这 56 款 APP,在 IOS 类型为财务类的有 52 款,非财务类有 4 款,直接看其 IOS 分类是财务类这一单一指标,准确率为 92.8%;同时在有安卓版本的 32

家平台中，30 款均为理财类应用，准确率为 93.8%。若按照此应用分类在苹果应用商店中是"财务类"应用或者安卓应用商店是"理财类"应用这一标准判断时，只有 3 家未排查正确，准确率为 94.6%。若按照此应用分类在苹果应用商店中是"财务类"应用且安卓应用商店是"理财类"应用这一标准判断时，查询出 30 家，准确率为 53.6%。具体如表 11–2 所示。

表 11–2 P2P 企业 APP 应用类型排查结果

划分方法	准确率（%）
IOS 分类是财务类单一指标	92.8
安卓分类是理财类单一指标	93.8
IOS 分类是财务类或者安卓分类是理财类	94.6
IOS 分类是财务类且安卓分类是理财类	53.6

为了进一步测试这种分类结果的准确性，同时随机抽取 ×× 市 90 家无 P2P 理财业务的公司进行排查，发现只排查出上海 ×× 投资管理有限公司的一款 APP ×× 钱包，其 IOS 分类是财务类。再对 APP 进行下载，进一步判断是否为 P2P 业务时发现，其只有借款功能，不算严格意义上的 P2P 理财应用。那么在这种情况下，好像按照我们的指标误判了，但其实在这种情况下我们的错误率仅为 1.1%。考虑到现在普惠金融和现金贷等类金融应用有高下载量、排名靠前、存在潜在风险的特点，监管部门也应该将这类企业纳入监管范围。

综上所述，尽管假设 1a、假设 1b、假设 1c 的假设均不成立，但是假设 1c 对应的方法准确度较高，并且通过这种判断方式不必建模，对于可能造成的误分类影响较小，推荐使用。

三、初步排查结果

历史下载量可以反映出用户数量的多寡和应用的人气，将 56 家平台有关信息按照安卓平台上历史下载量进行排序，排名如图 11–3 所示。不难发现，×× 钱、×× 金融、×× 企这三款 APP 历史下载量均在百万以上，其中 ×× 钱排名第一，单在安卓平台下载量便超过 700 万次。历史下载量过万的平台共计 25 家，历史下载量中位数为 42204.5 次。

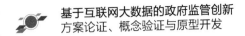

图 11-3　××市 P2P 企业 APP 按历史下载量排名（截至 8 月 23 日）（略）

昨日下载量反映出应用在近日的热度，排名结果如图 11-4 所示。×× 金融和 ×× 企的单日下载量高达万次，其中下载量超过 100 次以上的平台应用有 12 家，下载中位数为 55.5 次。

图 11-4　××市 P2P 企业 APP 按昨日下载量排名（2017 年 8 月 22 日）（略）

第四节　原型开发主要结论

通过以上研究，我们基本实现了当输入公司名称时，能判断其是否有 APP 相关信息，进而提供一个较为准确的金融类应用的分类方法。并给出监管部门要重点监管的 17 个指标；同时对于监管部门的建议如下：

（1）考虑到现在普惠金融和现金贷等类金融应用有高下载量、排名靠前、存在潜在风险的特点，监管部门也应该将这类企业纳入监管范围。

（2）在判断企业 APP 是否有金融类应用时，看其 IOS 分类和安卓分类即可。只要其 IOS 分类是财务类或者安卓分类是理财类，就予以监管。这种分类方法准确率高达 94.6%。

（3）重点关注排名和下载量靠前的应用和相关企业。

（4）因为从网贷之家的数据来看，×× 汇的成交量在 ×× 市 P2P 企业居首位，所下载量超过 ×× 汇的应用需要更加重视，包括 ×× 钱、×× 金融、×× 财富等。

|第十二章|

基于苹果热搜榜单的P2P类
移动应用排查系统原型设计

第一节　系统需求的背景介绍

监管部门很关心 ×× 市近 4 万家企业是否有业务量比较大的 P2P 网络借贷企业仅通过移动 APP 开展业务，且并不在 ×× 市当前的网络借贷企业名单上。于是我们在 10 月初对应用搜索引擎 ASO100 上面的苹果应用热搜榜与 ×× 市 4 万家企业的名单进行了交叉排查。

第二节　系统技术路线

本部分研究技术路线如图 12-1 所示，首先基于 ASO100 提供的苹果应用热搜榜单，ASO100 提供了苹果商店各分类热点榜单下载量前 1500 名的应用，这份榜单约两小时更新一次。我们根据 ASO100 提供的财务类热搜榜单、生活类热搜榜单和工具类热搜榜单共计 4500 款应用的名称抓取其开发商信息。之所以对生活类应用和工具类应用进行排查，是因为之前发现过有 P2P 企业的应用在自己申报分类的时候分类为生活类和工具类。然后再与 ×× 市目前在册的 38187 家企业进行比对，若名称匹配一致，则将该应用的具体信息提取出来。

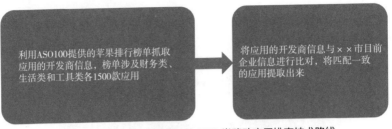

图 12-1　基于苹果热搜榜单的 P2P 类移动应用排查技术路线

第三节　系统原型开发的结论

通过热点榜单查询出了八款应用，这八款中有七属于财务类应用，一款属于生活类应用，排查结果如表 12-1 所示。

表 12-1　×× 市在册企业中的热点应用（2017 年 10 月 2 日）（略）

APP 排名较高企业排查出来后，我们将排查出来的企业与 ×× 市 P2P 企业名单进行了交叉对比，对于不在 P2P 企业名单上的企业，排查了其网址，并从网址内容判断了其业务性质（见表 12-2）。其中，两家企业是 ×× 投资和 ×× 产品交易中心，我们认为需要重视。

表 12-2　排查结果分析

企业名称	应用名称	是否在 ×× 市 P2P 企业名单中	是否是 P2P 企业	企业网址
略	略	略	略	略

×× 投资从事线下理财，在苹果分类排名比较高，可能预示线下理财的交易量比较大。而线下理财一直没有明确的政策，在《网络借贷信息中介管理办法》中，明确 P2P 企业不可以从事线下理财业务。×× 产品交易中心这家网站上写出，其产品交易中心业务是经过 ×× 市批准的。事实是否如此，还请 ×× 市查证。

另外有两家企业通过 APP 从事放贷业务，×× 金融和 ×× 金融，是否属于需要持牌经营业务，目前我们没有找到特别的法律依据。一些新闻文章将这种业务也视作网络借贷信息中介业务。近期关于移动端放贷业务的负面报道较多，是否需要加强监管，亟待政策明朗。

第四节 监测系统搭建建议

第一，苹果商店提供了各分类的 1500 款热点应用，通过查询热点应用匹配开发商的方式，不仅可以解决热点应用的漏查问题，还大大提高了排查的效率。

第二，可考虑建立自动排查系统，每星期进行一次排查。同时将热点应用的企业加入监管名单中，从而将企业名称查询和热点榜单查询这两种排查方式有效结合起来。

第三，从检测出来的热点应用看，网络借贷企业有通过分离理财和放贷业务逃避银监会《网络借贷信息中介机构业务活动管理暂行办法》的倾向，需要引起监管方的注意。

第十三章

P2P企业负面舆情监测与
风险分级系统原型设计

第一节　舆情来源

网贷天眼社区论坛是网贷天眼一个极为重要的板块，网贷天眼成立于2012年3月28日，隶属于北京银讯财富有限公司。网贷天眼是目前国内较为权威的网贷第三方机构，旨在为网贷投资者提供各种网贷平台数据与档案，实时汇聚网贷行业与平台新闻资讯，并提供方便投资者交流的社区论坛等服务。平台汇集近5000家P2P网贷平台信息，聚合数千名行业意见领袖和近百万注册用户沉淀的网络发帖和评论，成为中国网贷行业第一信息集聚地。公司致力于减少投资人与P2P平台间的信息不对称问题，降低用户互联网理财投资门槛，减小投资风险。

网贷天眼社区论坛包括讨论天地、新手入门、网贷研究、平台专区、社区精品、社区版务六个板块，提供投资交流、平台曝光、理财经验、天眼精华、平台考察、理财直投、借款交流等讨论区供投资者交流与分享。在这里，投资者可以随时发表看法，分享投资心得，曝光平台信息，相互学习，交流成长，识别并规避网贷投资风险，它是一个互动式的社区。由于投资人会对网站信息、各个平台的投资收益、提现状况等发表看法，所以通过分析各个投资人发表的帖子可以了解到众多P2P平台的正面或负面信息，以及投资人对于P2P平台的态度等，并以此来预测P2P平台的风险程度。

第二节 排查系统框架

网络借贷企业负面舆情排查总体框架如图 13-1 所示。

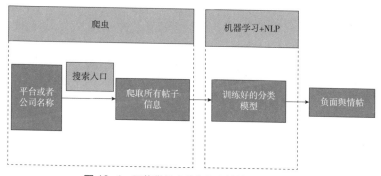

图 13-1 网络借贷企业负面舆情排查总体框架

排查系统主要分为三个板块：第一个板块为数据抓取，基本实现的功能是输入公司或者平台的名称，自动抓取与此平台相关的帖子；第二个板块是利用"机器学习＋NLP 自然语言处理技术"，训练出最优的分类模型，并将此模型作为最后的分类模型；第三个板块是在前两个板块的基础上建立风险衡量方法，将负面舆情、正面舆情等相关信息可视化展出，协助管理部门使用。

第三节 实验过程

实验过程主要包含数据来源的获取、文本预处理、特征选择、特征降维、舆情分类模型训练等步骤，以下内容将分别进行介绍。

一、数据来源

本书研究所用数据由网贷天眼社区和网贷之家用户评论数据两部分组成。

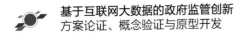

对于网贷天眼社区论坛，我们主要抓取了帖文的标题、URL 链接、创建日期、创建时间、创建者、查看数、回复数。对于网贷之家，我们主要抓取了评价时间、等级、评价、公告内容等信息。

对任意抽取的 3522 条数据进行人工标注，其具体做法是：分别请两位同学对评论进行情感标注，标注其是正面的还是负面的。对于两位同学标注结果一致的，则认为其标注无误；对于标注结果不一致的，则请组里的老师进行裁酌。

二、文本预处理

对文本去除停用词。停用词包含两类，一类是标点符号，另一类则是像"的""在"等连接词或者语气助词。停用词词典是从网络下载的。

三、特征选择

对于中文的文本分析，特征提取的出发点是从词出发。词又可分为单词和双词，在这里我们采用中文分词比较流行的 Jieba 分词工具，将文本的句子分为具体的单词。文本一共使用两类特征选择方法：一类是词袋法，即利用分词之后的每一个单词做特征；另一类是最佳特征词法，在词袋法的基础上，挑选出一定数量具有较高信息量的单词作为特征。

四、特征降维

特征降维主要是减少特征的数量。这有两个意义，一个是特征数量减少之后可以加快算法计算的速度，另一个是如果用一定的方法选择信息量丰富的特征，可以减少噪声，有效提高分类的准确率。其中减少特征数量的方法是通过一定的统计方法找到信息量丰富的特征，常用的统计方法是：词频、文档频率、互信息、信息熵、卡方统计等。特征可以是单词也可以是双词。这里我们主要是选择了词频，并结合卡方统计量计算词语的信息量。

具体做法是先计算每个词在整个语料库中的信息量，根据信息量进行排序，然后选择排名靠前的词。若对于给出的一个帖子，应预先对其分词，然后挑选出句中和最优特征中重叠的单词作为特征。

五、舆情分类模型训练

在分类模型训练中，我们需要将数据划分为训练集和测试集，数据集的划分直接影响我们的结果。由于在 3522 条帖子中，正面帖和负面帖分别为 709 条和 2813 条，为了解决由于正负样本不均衡造成的实验结果的偏差，我们采用欠采样的方式使训练集和测试集中的正负样本比例保持在 1：1，同时使训练集和测试集的比例保持在 7：3。

将数据集划分之后，我们便可使用朴素贝叶斯、决策树、支持向量机等机器学习方法训练出最合适的舆情分类模型。

六、舆情分类及结果分析

实验采取的分词方法包含两大类，词袋法和最佳特征法。词袋法（bag-of-word）是选取词当作特征，最佳特征法（best-word-features）是在词袋法的基础上，选取信息量最丰富的 500 词、1000 词、1500 词、2000 词作为特征。为了比较这两大类分词方法对不同机器算法的影响，本书研究按照图 13-1 的实验流程进行实验，同时采用准确率、召回率、F1 值比较模型的优劣。

各分类算法效果对比如表 13-1 所示。

表 13-1　各分类算法效果对比

分词方法	分类模型	准确率（%）	召回率（%）	F1 值
bag-of-word	SVC	82	73	0.71
	linearSVC	82	82	0.83
	LogisticRegression	84	83	0.83
	MultinomialNB	82	81	0.81
	BernoulliNB	84	82	0.82
best-word-features（500 词）	SVC	84	79	0.78
	linearSVC	86	85	0.85
	LogisticRegression	86	85	0.85
	MultinomialNB	85	85	0.84
	BernoulliNB	86	83	0.83

续表

分词方法	分类模型	准确率(%)	召回率(%)	F1 值
best-word-features(1000 词)	SVC	80	74	0.73
	linearSVC	86	84	0.84
	LogisticRegression	85	82	0.82
	MultinomialNB	84	83	0.82
	BernoulliNB	87	83	0.82
best-word-features(1500 词)	SVC	78	75	0.74
	linearSVC	81	80	0.80
	LogisticRegression	83	82	0.82
	MultinomialNB	82	81	0.81
	BernoulliNB	85	81	0.80
best-word-features(2000 词)	SVC	81	74	0.72
	linearSVC	85	84	0.84
	LogisticRegression	85	84	0.84
	MultinomialNB	84	83	0.83
	BernoulliNB	85	81	0.80

一是从表 13-1 的实验结果可以发现，采用不同的分词方法对实验结果有不同的影响。总体来说，无论采用何种分词方法和机器学习算法，都可以对舆情有较好的分类效果。

二是对实验结果进行分析发现，在上述五种模型中，SVC 模型的分类效果表现最差，主要体现在其召回率不高，而召回率不高是由于模型对正面帖文的召回率不高；同时，linearSVC 和 LogisticRegression 这两种模型在各分类方法中准确率和召回率都相对比较高，F1 值也相对较高，其对舆情的分类效果表现相对较好。

三是对各分词方法结果进一步分析发现，并不是提取特征词的个数越多越好，利用最佳特征法提取 500 个特征词的分类方法最好。

为了确定最终的分类模型，我们还需要对 linearSVC 和 Logistic Regression 这两种模型进一步深度分析（见表 13-2）。从表中分析发现，linearSVC 模型对负面帖文的召回率为 94%，高于 Logistic Regression 模型的 92%；同时在对正面帖文进行分类的准确率方面，linearSVC 模型为 93%，高于 Logistic Regression 模型的 91%。对于一个舆情分类模型而言，我们希望要尽可能的将负面帖文筛选出来，同时对正面帖文的误判要少，基于这个原因，我们确定最终的分类模型为 linearSVC。

表 13-2　基于 linearSVC 和 LogisticRegression 模型的舆情分类结果

分类模型	舆情情感	准确率（%）	召回率（%）	F1 值
linearSVC	负面	80	94	0.87
	正面	93	77	0.84
LogisticRegression	负面	80	92	0.86
	正面	91	77	0.83

第四节　系统原型开发与试运行结果分析

一、基于负面舆情的风险衡量方法

为了准确地评定出负面舆情帖文中所蕴含的企业风险，我们设计了打分机制来衡量企业风险的大小。同时，为了避免打分的随意性，我们设计表格的过程遵循了完整性和排他性两个原则。完整性是指用户负面帖文的内容尽可能被覆盖；排他性是指同一个事件只适用于一个分值。分值范围在 1~5，分值越大代表风险越高。由于我们不可能穷尽所有事件，所以表只只选择了典型事件，实际事件可以此作为参照。负面舆情打分基准如表 13-3 所示。

表 13-3　负面舆情打分基准

分值	负面事件
5	经侦介入 跑路 雷了

续表

分值	负面事件
4	无法提现
	自融
	网站打不开、无法访问
3	骗子平台
	不结算
	逾期
	电话打不通
2	罚款
	涉嫌虚假宣传
1	投资者质疑

注：负面事件词汇来自网络，或较口语化。

二、原型系统排查结果

根据 8 月 31 日排查结果显示，××市尚存的 81 家 P2P 企业总体舆情数目共计 206 条，其中有负面舆情的企业共计 25 家，有 83 条负面舆情。为了有效考察舆情随时间变化的发展趋势，我们分别计算了有负面舆情的平台在一个月、三个月、半年、一年以及整个期间内风险评分的情况，其中评分的计算是根据负面舆情打分基准表的标准对每一条负面舆情打分，然后依照具体的时间区间进行加总，评分情况表 13-4 所示。

表 13-4　××市 P2P 企业负面舆情评分

平台名称	最近一个月风险评分	最近三个月风险评分	最近半年风险评分	最近一年风险评分	历史风险评分
略	略	略	略	略	略

根据表 13-4，依照历史负面舆情评分从高到低进行排序，排名前五的风险平台分别是××贷、××财富、××投资、××财富、×××资。同时为了更好的展现出各平台舆情在一定时间段的集中情况，可以参照图 13-2。

参照图 13-2，以××贷为例，最早一条舆情是从今年 5 月开始有用户披露××贷停业的情况，随着用户继续曝光，舆情在 6~7 两个月呈集中爆发趋势，进一步证实了××贷非正常和高风险的运营状态，给社会带来了极大的不安定因素。

图 13-2　各平台负面舆情评分汇总图（略）

第五节　××市P2P企业负面舆情监测平台DEMO展示

本书研究成果为 ×× 市监测 P2P 企业负面舆情建立了可行方法，可以用训练好的舆情分类模型对舆情进行分类汇总。基于此我们构建了舆情监测平台的 DEMO 模型。舆情监测平台是用于直观、快速、便捷地展示和查询 ×× 市企业舆情监测状态和结果的交互平台，不仅全面地展现了本书部分的研究结果，更便于监测部门在未来进行高效管理。

如图 13-3 所示，企业舆情监测平台由三部分组成。

图 13-3　企业舆情监测平台主页

第一部分是搜索框，输入要查询的企业名称或者平台名称便可从数据库中调取与此企业相关的舆情和可视化交互图表。舆情来源分为论坛、新闻和企业自身网站三个部分构成。目前主要针对的是论坛舆情，其他部分将在以后继续推进和完善。

第二部分是搜索结果显示界面，显示了舆情的标题、链接、发布人、发布时期、来源等，每个界面显示 10 条搜索结果。

第三部分是可视化交互部分，该部分由三个图表组成。最上面的图表是近一年舆情统计表，表格显示了企业随时间变化的总体舆情和负面舆情，可以用于监管部门追踪舆情的变化趋势。表格内容可根据用户喜好选择柱状图和折线图；中间的舆情统计图表用于显示负面舆情的内容状况，可以帮助监管部门分析舆情的主要内容；最下面的舆情风险评分图表显示了随时间变化的企业风险评估，评分越高则代表企业的风险越大，表格内容可根据用户喜好选择柱状图和折线图显示。

目前搭建的平台为舆情监测平台的一期内容，其中部分内容尚未进行展示，在今后的研究中将继续推进，并结合最前沿的自然语言处理技术，深入和拓展大数据企业监管的研究范畴。

第六节　原型开发结论

通过以上研究，本书研究实现了对 P2P 平台负面舆情的获取、分类和风险评级。从目前的结果来看，有以下几点总结：

（1）选取网贷天眼论坛和网贷之家作为我们舆情获取的来源，这两类平台负面舆情较为即时和准确，后期可以进一步选取其他网站作为我们信息获取的来源。

（2）用机器学习算法对论坛帖文情感进行识别时，linerSVC 模型表现较为出色，准确率为 86%。因此，选取该模型作为我们最终的舆情分类模型。

（3）利用平台名称比利用公司名称作为关键词能查询出更多更好的结果，因此需要结合 2016 年的研究成果和本书研究移动应用 APP 排查的成果，事先根据公司名称查找出公司的平台名称，并以此作为搜索的备用关键词。

参考文献

［1］何克抗.大数据面面观［J］.电化教育研究，2014，35（10）：8-16.

［2］De Mauro A，Greco M，Grimaldi M. A formal definition of Big Data based on its essential features［J］. Library Review, 2016, 65（3）：122-135.

［3］维克托·迈尔 - 舍恩伯格，肯尼思·库克耶，ViktorMayer-Shonberger，等.大数据时代：生活、工作与思维的大变革［M］.杭州：浙江人民出版社，2013.

［4］孟小峰，慈祥.大数据管理：概念、技术与挑战.计算机研究与发展，2013，50（1）：146-169.

［5］国家自然科学基金委."大数据驱动的管理与决策研究"重大研究计划2015年度项目指南［EB/OL］.（2015-09-08）. http：//www.nsfc.gov.cn/publish/portal0/zdyjjh/2015/info49994.htm.

［6］国务院.国务院关于印发促进大数据发展行动纲要的通知［EB/OL］.（2015-08-31）. http：//www.gov.cn/zhengce/content/2015-09/05/content_10137.htm.

［7］国务院办公厅.国务院办公厅关于运用大数据加强对市场主体服务和监管的若干意见［EB/OL］.（2015-07-01）. http：//www.gov.cn/zhengce/content/2015-07/01/content_9994.htm.

［8］国务院.国务院关于印发"十三五"市场监管规划的通知［EB/OL］.（2017-01-12）. http：//www.gov.cn/zhengce/2017-01/23/content_5162631.htm.

［9］刘晓洋.大数据驱动公共服务供给的变革向度［J］.北京行政学院学报，2017（4）：73-79.

［10］饶守燕.大数据时代国家治理现代化的变革与提升［J］.技术经济与管理研究，2017（11）：89-93.

［11］许欢，孟庆国.大数据公共治理价值观：基于国家和行政层面的分析［J］.南京社会科学，2017（1）：94-101.

［12］赵建超.社会主义核心价值观融入网络文化治理的大数据策略探究［J］.毛泽东思想研究, 2017（6）: 105-110.

［13］张敏.交易安全视域下我国大数据交易的法律监管.情报杂志［J］.2017, 36（2）: 127-133.

［14］李鑫.分享经济监管困境与信用监管体系构建［J］.学习与实践, 2017（8）: 82-89.

［15］陈朝兵.发达国家应用互联网与大数据推进政府治理的主要做法与借鉴［J］.中国特色社会主义研究, 2017（6）: 56-64.

［16］黄道丽, 何治乐.欧美数据跨境流动监管立法的"大数据现象"及中国策略［J］.情报杂志, 2017, 36（4）: 47-53.

［17］燕道成.论国外青少年网络政治参与的监管及启示［J］.湖南师范大学社会科学学报, 2017, 46（1）: 149-156.

［18］陈谊, 刘莹, 田帅, 等.食品安全大数据可视分析方法研究［J］.计算机辅助设计与图形学学报, 2017, 29（1）: 8-16.

［19］刘海二.大数据与股票市场非规范行为规制: 一个分析框架.南方金融, 2017（11）: 3-8.

［20］宋林霖, 何成祥.大数据技术在行政审批制度改革中的应用分析［J］.上海行政学院学报, 2018（1）: 72-80.

［21］陈沁, 叶辰.以大数据技术应对商事改革后税收监管困境［J］.企业经济, 2016（9）: 137-141.

［22］曾子明, 杨倩雯.面向第四范式的城市公共安全数据监管体系研究［J］.情报理论与实践, 2018（2）: 82-87.

［23］韩丹, 慕静.基于大数据的食品安全风险分析研究［J］.食品工业科技, 2016, 37（13）: 24-28.

［24］付杨.农产品质量安全监管信息平台的构建: 基于国内外的经验［J］.世界农业, 2017（12）: 31-36.

［25］刘嵩, 刘宇, 胡霞敏.运用大数据提升食药监管水平［J］.学习与实践, 2017（5）: 87-92.

［26］黄家良, 谷斌.基于大数据的电子商务行业监管体系［J］.中国科技论坛, 2016（5）: 46-51.

［27］王大海, 赵吉, 孙娜.辽吉黑农产品供应链大数据平台构建研究［J］.中国农业资源与区划, 2017, 38（4）: 197-201.

［28］高录军，刘玲，张积慧，等．兽药大数据平台的应用架构研究［J］．中国兽药杂志，2017，51（10）：62-67.

［29］胡昌勤，成双红．大数据时代药品质量监管体系发展趋势［J］．中国新药杂志，2016（20）：2281-2286.

［30］封清云，郭炯，郑晓俊．大数据支持的甘肃省教育精准扶贫科学决策研究［J］．电化教育研究，2017（12）：21-26.

［31］王彬，高林峰，郑钧正，等．上海市放射卫生综合监管信息系统建设［J］．辐射防护，2017（6）：483-489.

［32］王钦，蒋怀光，文福拴，等．智能电网中大数据的概念、技术与挑战［J］．电力建设，2016，37（12）：1-10.

［33］Rumbold J.M.M., Pierscionek B.K. A critique of the regulation of data science in healthcare research in the European Union［J］. BMC Medical Ethics, 2017, 18（1）：1-17.

［34］Shamsi J.A., Khojaye M.A. Understanding Privacy Violations in Big Data Systems［J］. It Professional, 2018, 20（3）：73-81.

［35］Blumer L., Giblin C., Lemermeyer G., et al. Wisdom within：unlocking the Potential of big data for nursing regulators［J］. International Nursing Review, 2017, 64（1）：77-82.

［36］Morrison M., Bell J., George C., et al. The European General Data Protection Regulation：challenges and considerations for iPSC researchers and biobanks［J］. Regenerative Medicine, 2017, 12（6）：693-703.

［37］Tikkinen-Piri C., Rohunen A., Markkula J. EU General Data Protection Regulation：Changes and implications for Personal data collecting companies［J］. Computer Law & Security Review, 2017, 34（1）：134-153.

［38］Broeders D., Schrijvers E., Sloot B.V.D., et al. Big Data and security policies：Towards a framework for regulating the phases of analytics and use of Big Data. Computer Law & Security Review, 2017, 33（3）：309-323.

［39］Walsh D., Parisi J.M., Passerini K. Privacy as a right or as a commodity in the online world：the limits of regulatory reform and self-regulation. Electronic Commerce Research, 2017, 17（2）：185-203.

［40］Loenen B. V., Kulk S., Ploeger H. Data Protection legislation：A very hungry caterPillar：The case of mapping data in the EuroPean Union［J］.

Government Information Quarterly, 2016, 33（2）: 338-345.

［41］Yeung K. "Hypernudge": Big Data as a mode of regulation by design［J］. Information Communication & Society, 2016（1）: 118-136.

［42］Glaeser E. L., Kominers S. D., Luca M., et al. Big Data And Big Citles: The Promises And Limitaions of Improved Measures of Urban Life［J］. Economic Inquiry, 2016, 56（1）: 114-137.

［43］Valle L.D., Kenett R. Social Media Big Data Integration: A New Approach Based on Calibration［J］. Expert Systems with Applications, 2017, 111: 76-90.

［44］Chen H. M., Kazman R., Haziyev S. Strategic Prototyping for Developing Big Data Systems［J］. IEEE Software, 2016, 33（2）: 36-43.

［45］Chen D., Chen Y., Brownlow B. N., et al. Real-Time or Near Real-Time Persisting Daily Healthcare Data Into HDFS and ElasticSearch Index Inside a Big Data Platform［J］. IEEE Transactions on Industrial Informatics, 2017, 13（2）: 595-606.

［46］Chen P. H., Loehfelm T. W., Kamer A. P., et al. Toward Data-Driven Radiology Education—Early Experience Building Multi-Institutional Academic Trainee Interpretation Log Database（MATILDA）［J］. Journal of Digital Imaging, 2016, 29（6）: 638-644.

［47］Liu W. K., Yen C. C. Optimizing Bus Passenger Complaint Service through Big Data Analysis: Systematized Analysis for Improved Public Sector Management ［J］. Sustainability, 2016, 8（12）: 1-21.

［48］Digiulio D. C., Jackson R. B. Impact to Underground Sources of Drinking Water and Domestic Wells from Production Well Stimulation and Completion Practices in the Pavillion, Wyoming, Field［J］. Environmental Science & Technology, 2016, 50（8）: 4524-4536.

［49］Liu Y. The effects of public attention on the environmental performance of high-polluting firms: Based on big data from web search in China［J］. Journal of Cleaner Production, 2018, 186: 335-341.

［50］Zhang Y., Li Z., Gao C., et al. Mobile Social Big Data: WeChat Moments Dataset, Network Applications, and Opportunities［J］. IEEE Network, 2018, 32（3）: 146-153.

［51］Luo X., Dong L., Dou Y., et al. Analysis on spatial-temporal features of taxis' emissions from big data informed travel patterns : a case of Shanghai, China［J］. Journal of Cleaner Production, 2016, 142 : 926-935.

［52］Li J., Ye Q., Deng X., et al. Spatial-Temporal Analysis on Spring Festival Travel Rush in China Based on Multisource Big Data［J］. Sustainability, 2016, 8（11）: 1-16.

［53］Fazekas M., King L. P. Perils of development funding? The tale of EU Funds and grand corruption in Central and Eastern Europe［J］. Regulation & Governance, 2019-01-01 : 405-430.

［54］戚安邦. 项目论证与评估［M］. 北京：机械工业出版社, 2004.

［55］Alexander O. The Business Model Ontology : A Proposition In A Design Science Approach［D］. University of Lausanne, 2004.

［56］张磊, 魏全申, 李锋. 基于价值网络的智能可持续产品服务系统运作范式［J］. 科技管理研究, 2019（21）: 185-193.

［57］臧维, 方之翰. 基于效益评价的软件上市公司商业模式研究［J］. 科技进步与对策, 2015（9）: 76-79.

［58］Joyce A., Paquin R. L. The triple layered business model canvas : A tool to design more sustainable business models［J］. Journal of cleaner production, 2016, 135 : 1474-1486.

［59］Hall J. A. Information technology auditing［M］. Cengage Learning, 2015.

［60］Wikipedia. Proof of concept［EB/OL］.（2020-05-16）. https : //en. wikipedia.org/wiki/Proof_of_concept.

［61］Maksimavičius V. Proof of Concept vs. Prototype vs. Pilot［EB/OL］.（2017-05-29）［2020-5-25］. https : //www.valdas.blog/2017/05/29/proof-of-concept-vs-prototype-vs-pilot/.

［62］乐正. 论应用性社会科学的实践范式——决策咨询研究要素的若干探讨［J］. 深圳社会科学, 2018（1）: 82-87.

［63］肖铜. 决策咨询报告的特点［N］. 学习时报, 2018-12-07.

［64］冯果, 袁康. 走向金融深化与金融包容：全面深化改革背景下金融法的使命自觉与制度回应［J］. 法学评论, 2014（2）: 69-81.

［65］李丹钰. 论中国的金融抑制与金融深化［J］. 财经界（学术版）, 2016

（1）：11.

［66］陈斌开，林毅夫．金融抑制、产业结构与收入分配［J］．世界经济，2012（1）：3-23.

［67］新华社．中共中央关于全面深化改革若干重大问题的决定［EB/OL］．［2013-11-15］．http：//cpc.people.com.cn/n/2013/1115/c64094-23559163-3.html.

［68］网贷天眼．网贷行业平台数量［EB/OL］．［2018-02-01］．http：//www.p2peye.com/shuju/hysj/ptsl/p1/.

［69］陈明聪，陈岱松．我国新型金融组织创新发展研究［J］．亚太经济，2017（1）：46-52.

［70］张天骄．金融新业态统计的思考——以杭州市为例［J］．统计科学与实践，2017（7）：12-15.

［71］王志成，徐权，赵文发．对中国金融监管体制改革的几点思考［J］．国际金融研究，2016，（7）：33-40.

［72］胡经生．关于完善中央与地方金融监管职责与风险处置体系的思考［J］．证券市场导报，2017（7）：11-15.

［73］国务院．国务院关于印发新一代人工智能发展规划的通知［EB/OL］．［2017-07-20］．http：//www.gov.cn/zhengce/content/2017-07/20/content_5211996.htm.

［74］邵海燕，卢进勇．金融创新支持小微企业出口研究——基于出口新业态的视角．当代经济管理，2016（2）：31-34.

［75］黄明刚，杨昀．贫困地区中小企业融资模式创新研究——基于互联网金融新业态视角．技术经济与管理研究，2016（5）：55-59.

［76］北京市第三中级人民法院．P2P网络借贷司法审判、行政监管、行业自律［EB/OL］．［2017-12-18］．http：//osscdn.wdzj.com/upload/tonggao.pdf.

［77］国务院．国务院关于进一步做好防范和处置非法集资工作的意见［EB/OL］．［2016-02-04］．http：//www.gov.cn/zhengce/content/2016-02/04/content_5039381.htm.

［78］新华社．全国金融工作会议在京召开［EB/OL］．［2017-07-15］．http：//www.gov.cn/xinwen/2017-07/15/content_5210774.htm.

［79］中国政府网．国务院金融稳定发展委员会成立并召开第一次会议［EB/OL］．［2017-11-08］．http：//www.gov.cn/guowuyuan/2017-11/08/content_5238161.htm.

〔80〕山西省副省长王一新.一位副省长的金融见识〔EB/OL〕.〔2018-02-19〕.https：//mp.weixin.qq.com/s/tnbGGP33EpW93GexFpYalw.

〔81〕洪正,胡勇锋.中国式金融分权〔J〕.经济学（季刊）,2017（2）：545-576.

〔82〕王冲.地方金融监管体制改革现状、问题与制度设计〔J〕.金融监管研究,2017（11）：94-108.

〔83〕中国银行业监督管理委员会,中华人民共和国工业和信息化部,中华人民共和国公安部,国家互联网信息办公室.网络借贷信息中介机构业务活动管理暂行办法〔EB/OL〕.〔2016-08-24〕.http：//www.cbrc.gov.cn/chinese/home/docDOC_ReadView/D934AAE7E05849D185CD497936D767CF.html.

〔84〕上海市金融服务办公室.关于公开征求对《上海市网络借贷信息中介机构业务 管理实施办法（征求意见稿）》意见的通知〔EB/OL〕.〔2017-06-01〕.http：//www.shanghai.gov.cn/nw2/nw2314/nw2315/nw18454/u21aw1233611.html.

〔85〕上海市金融服务办公室,中国银行业监督管理委员会上海监管局.关于印发上海市网络借贷信息中介机构合规审核与整改验收工作指引表（2017年12月）的通知〔EB/OL〕.〔2017-12-26〕.http：//sjr.sh.gov.cn/PublicInformation/Detail?id=vFRWPzUFXds=.

〔86〕浙江省金融办.关于公开征求《浙江省网络借贷信息中介机构业务活动管理实施办法（试行）》（征求意见稿）和《浙江省网络借贷信息中介机构备案登记管理实施细则（试行）》（征求意见稿）意见的公告〔EB/OL〕.〔2017-12-18〕.http：//zfxxgk.zj.gov.cn/xxgk/jcms_files/jcms1/web59/site/art/2017/12/18/art_5755_1982464.html.

〔87〕蒋海,刘少波.金融监管理论及其新进展〔J〕.经济评论,2003（1）：106-111.

〔88〕刘志阳,黄可鸿.梯若尔金融规制理论和中国互联网金融监管思路〔J〕.经济社会体制比较,2015（2）：64-76.

〔89〕Rubio M, Carrasco-Gallego J. A. The New Financial Regulation in Basel Ⅲ and Monetary Policy：A Macroprudential Approach〔J〕. Journal of Financial Stability, 2016, 26（8）：294-305.

〔90〕Baker A. Varieties of Economic Crisis, Varieties of Ideational Change：How and Why Financial Regulation and Macroeconomic Policy Differ〔J〕. New Political Economy, 2015, 20（3）：342-366.

［91］Bassett W. F., Marsh W. B. Assessing targeted macroprudential financial regulation : The case of the 2006 commercial real estate guidance for banks［J］. Journal of Financial Stability, 2017, 30 : 209-228.

［92］Dewatripont M, Tirole J. Macroeconomic Shocks and Banking Regulation ［J］. Journal of Money Credit & Banking, 2012, 44（S2）: 237-254.

［93］范文波, 李黎明. 美国金融监管改革法案及其对中国的启示［J］. 当代财经, 2011（2）: 54-60.

［94］綦相. 国际金融监管改革启示［J］. 金融研究, 2015（2）: 36-44.

［95］谢平, 邹传伟. 金融危机后有关金融监管改革的理论综述［J］. 金融研究, 2010（2）: 1-17.

［96］周小川. 金融政策对金融危机的响应——宏观审慎政策框架的形成背景、内在逻辑和主要内容［J］. 金融研究, 2011（1）: 1-14.

［97］中证网. 中国人民银行、银监会、证监会、保监会、外汇局《关于规范金融机构资产管理业务的指导意见（征求意见稿）》［EB/OL］.［2017-11-17］. http : //www.cs.com.cn/xwzx/201711/t20171117_5577721.html.

［98］岳彩申, 张晓东. 金融监管制度发展的新趋势——消费者保护与审慎监管的分离［J］. 上海财经大学学报, 2011, 13（3）: 25-33.

［99］周浩. 从英美欧金融监管体制变革看我国宏观审慎管理发展趋势——兼谈金融监管与货币政策关系问题［J］. 经济体制改革, 2011（3）: 144-148.

［100］巴曙松, 王璟怡, 杜婧. 从微观审慎到宏观审慎：危机下的银行监管启示. 国际金融研究, 2010（5）: 83-89.

［101］刘鹤. 两次全球大危机的比较研究［M］. 北京：中国经济出版社, 2013.

［102］徐忠. 以矩阵式管理充实金融委是金融监管体制改革最优方案 ［EB/OL］.［2018-02-10］. http : //finance.sina.com.cn/zl/bank/2018-02-10/zl-ifyrmfmc1305919.shtml?cre=zl&r=user&Pos=3_3.

［103］田海山, 胡锡亮, 吴恒煜. 宏观审慎监管框架下金融业系统性风险研究［J］. 现代经济探讨, 2016（4）: 35-38.

［104］张健华, 贾彦东. 宏观审慎政策的理论与实践进展［J］. 金融研究, 2012（1）: 20-35.

［105］钟震. 宏观审慎监管相关研究综述［J］. 经济理论与经济管理, 2012（7）: 49-55.

［106］黎四奇.后危机时代对宏观审慎监管理念法律化的冷思考［J］.法学评论,2014（1）：44-54.

［107］孙天琦.金融业行为风险、行为监管与金融消费者保护［J］.金融监管研究,2015（3）：64-77.

［108］陈雨露,马勇.宏观审慎监管：目标、工具与相关制度安排［J］.经济理论与经济管理,2012,（3）：5-15.

［109］黄韬.我国金融市场从"机构监管"到"功能监管"的法律路径——以金融理财产品监管规则的改进为中心［J］.法学,2011（7）：105-119.

［110］Merton R. C. A Functional Perspective of Financial Intermediation［J］. Financial Management, 1995, 24（2）：23-41.

［111］杨东.防范金融科技带来的金融风险［J］.红旗文稿,2017（16）：23-25.

［112］吴晓求.中国金融监管改革：逻辑与选择［J］.财贸经济,2017（7）：33-48.

［113］杜宁,沈筱彦,王一鹤.监管科技概念及作用［J］.中国金融,2017（16）：53-55.

［114］孙天琦.我国应该建立独立的金融业行为监管（消费者保护）体系［J］.上海金融,2016（4）：64-71.

［115］焦瑾璞.构建中国金融行为监管体系［J］.清华金融评论,2015（12）：53-55.

［116］雍冀慧,李国栋.英国金融行为监管特征及规律研究——与ARROW监管框架的比较.现代管理科学,2015（9）：58-60.

［117］贾晓雯.内双峰模式下我国实施行为监管的挑战与展望［J］.银行家,2017（11）：62-64.

［118］刘宪权,金华捷.论互联网金融的行政监管与刑法规制［J］.法学,2014（6）：8-16.

［119］王建文,奚方颖.我国网络金融监管制度：现存问题、域外经验与完善方案［J］.法学评论,2014（6）：127-134.

［120］曾威.互联网金融竞争监管制度的构建［J］.法商研究,2016（2）：27-36.

［121］赵渊,罗培新.论互联网金融监管［J］.法学评论,2014（6）：118-126.

［122］尹海员，王盼盼．我国互联网金融监管现状及体系构建［J］．财经科学，2015（9）：12-24.

［123］张景智．"监管沙盒"制度设计和实施特点：经验及启示［J］．国际金融研究，2018（1）：57-64.

［124］李敏．金融科技的监管模式选择与优化路径研究——兼对监管沙箱模式的反思［J］．金融监管研究，2017（11）：21-37.

［125］李有星，柯达．我国监管沙盒的法律制度构建研究［J］．金融监管研究，2017（10）：88-100.

［126］尹海员，王盼盼．我国互联网金融监管现状及体系构建［J］．财经科学，2015（9）：12-24.

［127］朱文生．完善地方政府金融管理体制研究［J］．上海金融学院学报，2012（1）：96-101.

［128］徐婷，薛莉．金融过度？金融抑制？——对区域性信贷风波的剖析［J］．征信，2015（2）：61-66.

［129］黄曼晶．完善地方政府金融管理体制研究［J］．科技经济市场，2014（5）：51-52.

［130］刘艾琳．山东转型样本：地方金融监管局很忙［N/OL］．21世纪经济报道，［2014-06-26］．https：//m.21jingji.com.

［131］阳建勋．论自贸区金融创新与金融监管的互动及其法治保障——以福建自贸区为例［J］．经济体制改革，2017（1）：50-56.

［132］李正辉，彭浬，谢梦园．区域性系统性金融风险影响因素研究——基于空间面板数据的实证分析［J］．财经理论与实践，2017（1）：36-41.

［133］Kaminsky G, Lizondo S, Reinhart C. M. Leading Indicators of Currency Crises［J］. Staff Papers（International Monetary Fund），1998，45（1）：1-48.

［134］牛润盛．区域性金融风险预警的神经网络模型研究［J］．吉林金融研究，2013（5）：9-13.

［135］李有星，陈飞．论温州金改的制度创新及其完善——以我国首部地方性金融法规为视角［J］．社会科学研究，2015（6）：103-109.

［136］易元芝．地方金融组织体系与区域金融市场发展问题的研究——基于温州金融改革背景下的思考［J］．上海经济研究，2015（10）：70-75.

［137］屈淑娟．地方政府参与金融监管的制度逻辑及构建路径［J］．中国管理科学，2017，25（7）：18-27.

［138］王涛，秦建文．我国地方金融监管框架优化问题研究——基于动态演化博弈模型的分析［J］．上海经济研究，2016（4）：14-22．

［139］吴弘．上海国际金融中心建设的制度创新［J］．法学，2016（9）：76-81．

［140］周师迅．防控风险倒逼地方金融监管体制改革［N］．上海证券报，2016-09-14．

［141］陈宇红，梁恒，杨书琴．跨境电子商务风险及防范研究［J］．社科纵横，2018（3）：22-26．

［142］人民日报海外版．跨境电商"跨"出外贸新步伐"海淘"洋年货成新喜好［EB/OL］．［2017-01-27］．http：//www.xinhuanet.com/xilanRight2.htm?channel=newscenter．

［143］国务院．国务院办公厅关于促进跨境电子商务健康快速发展的指导意见［EB/OL］．［2015-06-20］．http：//www.gov.cn/zhengce/content/2015-06/23/content_9969.htm．

［144］深圳海关．中国海关以创新实践直面跨境电商机遇与挑战［EB/OL］．［2018-02-09］．http：//shenzhen.customs.gov.cn/shenzhen_customs/511680/511681/1719348/index.html．

［145］杭州海关．2017 年杭州外贸增速创新高［EB/OL］．［2018-02-01］．http：//hangzhou.customs.gov.cn/publish/portal120/tab60406/info880075.htm．

［146］上海海关．上海海关助力跨境电商发展 塑造直购进口生态圈［EB/OL］．［2018-02-02］．http：//shanghai.customs.gov.cn/shanghai_customs/423446/423447/1720658/index.html．

［147］宁波海关．4600 万单 80 亿元 宁波跨境电商 2017 年成绩单［EB/OL］．［2018-01-18］．http：//ningbo.customs.gov.cn/ningbo_customs/470749/470750/1725978/index.html．

［148］杨智中．跨境贸易电子商务的海关监管研究［D］．大连：大连理工大学，2015．

［149］杨春梅，胡丽明．我国跨境电商监管制度存在的问题及完善路径［J］．对外经贸实务，2017（6）：45-48．

［150］黄埔海关课题组．制度输出背景下我国跨境电商海关监管机制面临的挑战与路径完善［J］．海关与经贸研究，2018（1）：36-44．

［151］上海市工商局课题组．我国跨境电子商务发展现状与监管对策研究

［J］.中国工商管理研究，2015（10）：38-42.

［152］吕瑶.我国零售进口跨境电商面临的问题与对策［J］.对外经贸实务，2018（3）：4-7.

［153］桂嘉越，李晓峰.B2C模式下我国跨境进口电商成功经验探析——以网易考拉海购为例［J］.湖北工程学院学报，2018（1）：86-91.

［154］周坚男，朱海鹏，杨坚争.上海市跨境电子商务发展情况分析［J］.中国林业经济，2018（1）：24-27.

［155］耿菲菲，韩小红.跨境电商安全风险国家监测中心上线［EB/OL］.［2016-11-06］.http：//www.aqsiq.gov.cn/zjxw/dfzjxw/dfftPxw/201611/t20161102_476724.htm.

［156］段曙东.在法治轨道上创新跨境电商监管［N］.中国国门时报，2017-05-25.

［157］赵旭.跨境电商：新业态亟须新监管［J］.金融世界，2017（1）：116-117.

［158］于偶.中国跨境电商零售进口监管面临的挑战与对策——基于海关与消费者角度的定性分析［J］.海关与经贸研究，2018（1）：45-59.

［159］城市快报.截获非法进境多肉［EB/OL］.（2017-12-13）.http：//news.163.com/17/1213/07/D5H5K3B800014AED_mobile.html#.

［160］汪晨聪，李嘉琪.跨境电商产品的质量问题及对策研究［J］.中国市场，2018（5）：165-166.

［161］李超.多肉植物"萌萌哒"却有毒致幻？［N］.深圳晚报，2018-05-24.

［162］大公国际.跨境电商国家监测中心发布：2017年跨境商品质量安全风险检测报告［EB/OL］.［2017-11-06］.https：//www.creditchina.gov.cn/home/zhuantizhuanlan/aWeek/xinyongdongtai/201711/t20171106_93014.html.

［163］电子商务研究中心.2017年度中国跨境电商消费问题研究报告［R］.2018.

［164］上海市工商行政管理局.12315消费者投诉信息公示［EB/OL］.［2018-05-19］.http：//www.sgs.gov.cn/shaic/index/12315gongshi.html.

［165］施雯.基于大数据的情报分析如何助力城市管理——纽约实践及启示［J］.图书情报工作，2016（8）：113-117.

［166］王忠，安智慧.国外城市管理大数据应用典型案例及启示［J］.现代

情报，2016，36（9）：168-172.

［167］马述忠，濮方清，潘钢健.跨境零售电商信用管理模式创新研究——基于世界海关组织 AEO 制度的探索［J］.财贸研究，2018（1）：66-75.

［168］海关总署.中华人民共和国海关企业信用管理暂行办法［EB/OL］.［2014-10-08］.http：//www.customs.gov.cn/publish/portal0/tab2824/info721523.htm.

［169］欧阳晨.海关应用大数据的实践与思考.海关与经贸研究［J］.2016，37（3）：33-43.

［170］方堃.国家监测中心与网易考拉海购签订质量共治合作备忘录［EB/OL］.［2017-03-09］.http：//www.chinanews.com/cj/2017/03-09/8169094.shtml.

［171］深圳海关.深圳跨境快件大提速［EB/OL］.［2018-01-03］.http：//shenzhen.customs.gov.cn/shenzhen_customs/511680/511681/1723056/index.html.

［172］为跨境电商"打假"中日韩三方共建产品溯源平台［J］.中国防伪报道，2017（10）：96-97.

［173］严凤.跨境电子商务中我国消费者权益的保护［J］.法制博览，2018（5）：81-82.

后　记

2015年底，国家自然科学基金重大研究计划"大数据驱动的管理与决策研究"在上海召开开题报告会，我有幸聆听了各位中标课题的优秀学者发表的开题演讲及与会专家的精彩点评和互动。其中齐佳音教授负责的"大数据驱动的三类典型工商市场主体风险识别决策研究"课题更是吸引了我的强烈兴趣。从此我把科研重心从以前的公司金融领域转换到了现在的"基于大数据和互联网信息的政府监管创新"这一重大课题上来。在此，我首先感谢上海对外经贸大学人工智能与变革管理研究院院长齐佳音教授，正是有了她的引领，我在科学研究上才进入了这个新的领域，并在之后深深沉浸其中，找到科研的乐趣。

之后，在齐佳音教授的悉心指导下，我接连申请并中标了一系列相关课题，包括教育部人文社会科学规划研究项目"大数据环境下的新业态金融风险监管预警模型研究"（编号：16YJA630011）、某市项目"大数据在市场主体风险监管中的运用"和"基于金融风险防控的企业舆情监测方案研究"、上海市决策咨询项目"基于大数据的跨境进口电商风险监测研究"、某市项目"大数据征信在政策性融资担保中的应用"等，并有幸参与了齐佳音教授领衔的国家自然科学基金重大研究计划项目（编号：91546121）、国家社会科学基金重大项目（编号：16ZDA055）和国家自然科学基金项目（编号：72042004），以及戴伟辉教授领衔的教育部哲学社会科学研究重大课题攻关项目"新一代人工智能发展的自然语言理解研究"（课题编号：19JZD010）。在此，衷心感谢国家自然科学基金委员会、国家社会科学基金委员会、教育部、上海市政府发展研究中心和相关政府部门。正是在这些部门和机构的支持下，本书的研究才得以进行，研究成果才得以在实践中得到了检验。

同时，衷心感谢相关政府部门的多位工作人员。他们伴随和推动了我们科研的每一个关键节点，仔细提出问题，精心审阅报告，认真探讨课题研究成果落地的每一个细节，并花费巨大精力将我们的研究成果付诸实践。书中的很多研究成果，其实是我们与多位政府领导和基层同志们密切合作的共同成果。虽然由于保密原因，很多研究成果的细节并未在书中披露，但是各级政府领导和基层同志在工作中孜孜以求、加班加点、忘我投入的精神，种种细节都铭记在我的脑海中，并使我更加相信，中国的明天一定会越来越好。

本书的内容主要涉及 2015~2019 年的研究。在这些课题的研究过程中，我指导的硕士研究生邓日美、孙传超、尤奔、阮进达（越南）、李敏，本科生宋玥等，他们或者是积极参与了其中几个课题的全过程，并在课题交付后，将课题成果进行理论提升和研究细化，形成了本书的具体章节；或者是在书稿整理方面付出了辛苦的劳动。在这些过程中，我和他们一起经历设想讨论、科学论证、科学实验、课题汇报、研究论证提升等各个环节，体会了科研的艰辛，也获得了创新的喜悦，更体验到了学以致用、造福社会的成就感。在此，衷心感谢我的这些学生，并衷心祝愿你们在今后的人生道路上取得一个又一个的成功和进步。

最后，我衷心感谢我的家人。我年迈的母亲，尽心尽力做好我的一切后勤工作。我朴实的爱人，无条件支持我所有的决定。我挚爱的女儿，永远追求做最好的自己，是我要好的朋友之一。我的好友和师长谭先生，无论我要做什么，只要谈一个想法，就开动各种脑筋，为我创造条件，细化我的思路，挑战我的想法，并引领我前行。你们的支持和鼓励让我有动力投入科学研究中，并让我永远感到幸福和充实。谢谢你们！